解构公司实际控制人股权杠杆控制

武胤 高丽君——著

法律出版社
LAW PRESS·CHINA
——北京——

图书在版编目(CIP)数据

解构公司实际控制人股权杠杆控制 / 武胤，高丽君著. -- 北京 : 法律出版社，2021

ISBN 978-7-5197-6256-8

Ⅰ. ①解… Ⅱ. ①武… ②高… Ⅲ. ①公司法-研究-中国 Ⅳ. ①D922.291.914

中国版本图书馆 CIP 数据核字(2021)第 246981 号

解构公司实际控制人股权杠杆控制
JIEGOU GONGSI SHIJI KONGZHIREN GUQUAN GANGGAN KONGZHI

武胤 高丽君 著

策划编辑 似 玉
责任编辑 似 玉
装帧设计 臧晓飞

出版发行 法律出版社
编辑统筹 法律应用出版分社
责任校对 邢艳萍
责任印制 吕亚莉
经　　销 新华书店

开本 A5
印张 8.375　**字数** 190 千
版本 2021 年 12 月第 1 版
印次 2021 年 12 月第 1 次印刷
印刷 北京建宏印刷有限公司

地址：北京市丰台区莲花池西里 7 号(100073)
网址：www.lawpress.com.cn
投稿邮箱：info@lawpress.com.cn
举报盗版邮箱：jbwq@lawpress.com.cn

销售电话：010-83938349
客服电话：010-83938350
咨询电话：010-63939796

书号：ISBN 978-7-5197-6256-8　**定价**：52.00 元

凡购买本社图书，如有印装错误，我社负责退换。电话：010-83938349

序　一

武胤是我2016年毕业的博士，研究方向是公司法、证券法，对资本市场有自己的观察和理解，毕业后从事国有资本投资运营工作，学以致用。在他毕业之后的几次相见时都能感觉到他对公司制度和资本市场有了越来越深刻的理解。第一次见高丽君是在2018年皋月，两人婚礼的前夕，茶叙间得知她是财务背景，从事开发性金融的相关工作。追随保树老师研习商法之前，我也有财会领域的经历，因此与丽君相谈甚欢。2020年平安夜，武胤将与丽君合著的《解构公司实际控制人股权杠杆控制》书稿发给了我，很欣慰他博士毕业后仍坚持自己的学术追求，笔耕不辍，更欣慰他和丽君跨学科、跨专业的切磋琢磨、琴瑟和鸣。

2019年3月，全国人大常委会法工委正式启动公司法的修改程序，这意味着我国公司法又要迎来一次较大规模的修改。显然,本次公司法的修改不同于1993年公司实践不足与立法空白的背景,也不同于2005年主要是回应社会的呼声,完善公司法中一些基本制度。应当说,中国公司法的现代化已经初具规模,而本次修改,应在较高层级上实现公司法的国际化与本土化的融合。公司法作为规范投资人设立公司、运营公司的商事组织法,与公司实践密切相关,是为解决公司运行中的问题而诞生。我国历次公司法修改都体现了本土化与国际化相互交融的特点。为中国企业的创新创业保驾护航,提升国际化的竞争力,是本次公司法修正启动的动因。

公司经历了几百年的发展历程,已经成为市场经济中一种基本的投资工具。但今日之公司与公司制度创设之初已今非昔比。君不见,今日公司之股东,绝大多数为法人股东。股权的金字塔结构安排,使公司层层嵌套,深深地遮挡住金字塔尖上的实际控制人。这些最终的实际控制人以小博大,滥用权力的道德风险也数倍放大。因此,有效地规制公司集团是公司法现代化的重要标志之一。

公司本是拟制之人,必须依赖于自然人代表或者代理其行为。从某种意义上讲,这些代表人或者代理人就是公司的实际控制人。这些代表人或者代理人在执行公司职务时能否尊重公司的独立人格并始终将公司的利益置于自己的利益之上,真正地为公司利益最大化服务,早已成为著名的公司代理成本问题。从公司制度诞生那一日起,人类就一直谋求怎样通过完善公司治理来降低代理成本,使这些实际控制人能够克制追逐自己利益的冲动,特别是不能为了自己利益的实现而损害公司的利益。其中一个重要内容就是课以义务,诸如信义义务、诚信义务等,同时确立违反这些义务的责任。事实上,公司控制权如果被滥用,公司人格之独立性便受到威胁,公司利益将受到损害,间接地就会影响公司的相关利益者。

我从20世纪90年代起，就一直研究“公司法人人格否认”，主张将实际控制人引入“公司法人格否认”制度下进行规制，其一，有利于遏制规避法律的行为，是法律公平正义的所在；其二，有利于解决董事、经理等管理层侵害公司利益，间接地损害公司债权人利益时，债权人获得有效救济的问题。

当然，“公司法人格否认”是一把“双刃剑”，司法实践中更应谨慎适用，以达到既能不折不扣地坚持维护公司法人制度大厦的基础——公司独立人格和股东有限责任——这个被视为可以与蒸汽机之发明相媲美的法律创举，又能有效地惩罚公司独立人格面纱背后的损害债权人利益的可耻行为。这就如同走钢丝的杂技演员，必须时刻保持一种平衡，不可以随意适用这一规则而使债权人渐渐丧失看管自己钱包的能力，甚至可能因为过度适用这一原则而颠覆整个公司制度大厦的基础；亦不可以放纵股东和实际控制人滥用控制权而无视公司独立人格的存在，进而使债权人蒙受额外的损失。

《解构公司实际控制人股权杠杆控制》一书在分析公司实际控制人股权杠杆控制的金钱利益时，引入代数表达式并具体赋值，更加直观地证明投票权与收益权分离、异化后，公司实际控制人对整个控制链上的公司及其中小股东利益的攫取。在分析规制公司实际控制人股权杠杆控制的原因时，在稻田假设和资本市场效率曲线的基础上，进行公司实际控制人、股东和债权人的风险—收益分析，从线性规划上说明规制公司实际控制人的合理性与必要性。通过搜集、整理国内中小板上市公司禾盛新材等股价、交易量的相关数据和信息披露，借助金融学领域的技术分析，识别与股权杠杆控制公司的实际控制人相关的证券违法行为。通过搜集、整理安然等巨头构建所有权金字塔，设立特殊目的实体并进行关联交易的案例资料、财务数据，借鉴公司财务、公司金融领域的财务报表分析和金融产品分析，识别与股权杠杆控制公司的实际控制人相关的财务造假行为。以上种种，是对我商法学理论研究特别是“公司法人人格否认”“公司治理本土化与国际化融合”等的一种传承，更是武胤和丽君的感情在公司治理、公司金融领域的一种升华。书稿付梓之际，以寥寥数语为序，祝贺该书出版。

朱慈蕴

清华大学法学院教授、博士生导师、

中国法学会商法学研究会常务副会长

2020 年 12 月 25 日于清华园

序　二

高丽君是我在安徽工作时的下属，温婉贤淑、敏而好学，对于工作认真负责、兢兢业业，对于财务会计有自己的认识和思考。丽君和武胤“身无彩凤双飞翼，心有灵犀一点通”的爱情故事，我也不止一次听安徽的同事提起。丽君在向我问候2021新年之际，将与武胤合著的《解构公司实际控制人股权杠杆控制》书稿一并发给了我，有幸近水楼台、先睹为快。

2020年12月召开的中央经济工作会议确定，2021年要继续全面推进改革开放，健全现代企业制度，完善公司治理，激发各类市场主体活力。

2020年12月31日，银保监会相关部门负责人就近期媒体关注问题答记者问时明确指出，低效的公司治理确实是当前我国银行保险机构尤其是诸多中小机构风险事件的主要根源。部分机构股权结构不透明，股权代持、隐形股东问题较为突出，股东行为越位、错位，有的大股东直接干预机构经营，对董事会和高管层进行幕后操纵，通过违规关联交易进行利益输送，肆意侵占机构利益。

公司治理，是经济学、金融学、财务学和法学的交叉领域，是国内外理论界和实务界研究、关注甚至争论的热点、焦点、难点，更是现代企业制度的重要组成部分，关系到国家治理体系和治理能力的建设。

近年来，为了实现快速扩张，一些企业热衷于设立金融控股公司，这样一方面能支持一定程度的自融，另一方面便于大额从表外获得融资。更有甚者，通过虚假出资、抽逃出资和循环出资等方式，进行野蛮扩张。在这种情况下，一旦某个环节出现问题，这些企业便会拖垮一部分金融机构（包括但不限于其股权杠杆控制的金融机构）。由于整个市场具有系统性、关联性，又会拖累另外一部分金融机构。本人从事金融工作20余年，认为高效、规范的公司治理之于金融稳定以及防范和化解金融风险至关重要，关系到整个经济增长模式向高质量、可持续转型升级。低效、失范的公司治理，会导致一些企业陷入危机，甚至被接管、清盘，波及部分金融机构特别是中小机构，由此引发连锁反应，导致金融风险上升，各类违约现象增多。

杠杆性融资是金融控股公司的另一个面向，是涉及公司治理的重大问题，是股权杠杆控制的一个重要体现和显著弊端。高杠杆的首要成因是通过向金融机构借款、通过发债等增加负债端，很多还是利用自己控制（包括但不限于股权杠杆控制）的金融机构进行关联交易。上述交易存在巨大缺陷和风险：没有公司治理的基本架构，或者公司治理流于形式，没有正常的决策程序，异化成少数人的“一言堂”；财务上没有内审机构，也没有正常外部审计，各种会计科目随意腾挪甚至乱用；等等。这是典型的公司实际控制人股权杠杆控制，建造个人帝国。

《二十国集团/经合组织公司治理原则》明确规定，企业借贷有可能影响股东利益的，需要董事会作出决议。但是实践中可能存在这样一种观念：公司注资属于重大事项，需要通过董事会；借款属于日常经营事项，由管理层决策。实际上这里需要更加精细的类型化。若借款有风险，则发生的损失最终必然由股东承担。因此公司治理原则应明确：如果是循环使用的流动资金，如果是金融机构给予的循环融资额度，额度之内授权管理层决策即可；但如果是新增债务，则属于股东的风险，需要董事会决策。但是，通过股权杠杆控制，董事会也会被架空，成为傀儡。在高杠杆融资时，可能根本没有正常的决策程序，仅是少数人在公司治理、公司金融领域的暴政。

当然，“黑天鹅”和“灰犀牛”是个别现象，国有企业和金融机构，特别是开发性金融机构的公司治理让我们看到了“增强国力、改善民生”的使命担当，也让我们看到了“为经济社会发展提供永续支持”的愿景规划。坚持发挥党委在公司治理中的作用，规范严谨的董事会运作，审慎发达的风控合规体系，以及高效透明的信息披露机制等，都是开发性金融机构在公司治理领域不断积累并值得借鉴的宝贵经验。

《解构公司实际控制人股权杠杆控制》一书在经典法律分析的基础上，引入法律经济分析、公司金融和财务管理等相关理论，运用理性人假设、有效市场假设、资产定价模型、现金流折现模型、博弈论、公共选择和税收效用等，更加全面、深入地研究公司实际控制人的股权杠杆控制。特别是书稿中数理分析和实证研究，不禁让我回想起自己所写的《开发性金融对中国经济影响的实证研究》论文，殊途同归、所见略同。希望本书之于公司治理现代化，可以提供研究问题的视角和推进改革的方向,这里诚挚向各位读者推荐。

是为序。

李曦光

国家开发银行香港分行行长

2021 年 1 月 1 日于北京

前　言

“解构”一词由钱钟书先生翻译，或译为“结构分解”，是后结构主义提出的一种批评方法。是解构主义者德里达的一个术语。“解构”概念源于海德格尔《存在与时间》中的“deconstruction”一词，原意为分解、消解、拆解、揭示等。1967 年，法国哲学家、文艺理论家、美学家德里达提出了解构主义理论（又名分解主义或消解哲学），作为法国的另一种哲学思潮出现了，其理论对于结构主义的瓦解、反对、否定的目的产生了一种新的思潮。德里达割裂了能指和所指的联系，语言不再具有清晰的意义，只是一张漫无头绪的蜘蛛网。对于“解构”，德里达在海德格尔的基础上补充了“消除”“反积淀”“问题化”等意思。他从语言观念的分析入手，对西方形而上学的传统思维方式进行反思，对有形而上学稳固性的结构及其中心进行消解，每一次解构都表现为结构的中断、分裂或解体，但每一次解构的结果又都产生新的结构。本书试图在解构主义理论的大框架下，分析、研究公司实际控制人股权杠杆控制。

在商事组织和收购活动激烈变革的非凡岁月里，组织经济学和现代公司金融新的分析工具之运用，重新塑造着相关部门法学特别是商法学。现在，公司革命这一事实已被广泛地接受，以致无需用统计的方法加以证明。现代公司股东对公司的所有权与其对公司的控制权日益分离，公司治理结构经历了从"股东会中心主义"到"董事会中心主义"再到"经理层中心主义"的嬗变。① 值得注意的是，现代公司中，可能同时存在名义上的经营者和实际上的控制人。公司终极的控制权往往掌握在实际控制人手中，所谓的"公司法人人格独立"，业已成为他们滥用控制权，攫取控制利益，规避法定义务和责任的工具。当然，公司治理革命的"猫鼠游戏"中，实际控制人也越来越被监管、学界、实务界乃至社会各界关注。

公司实际控制人的产生，以公司所有权与控制权的分离为前提，以公司治理结构为载体，是现代公司法律制度发展的必然结果。现代公司制度中，处于公司股权金字塔（见图1）顶端的实际控制人是与股东、董事、监事、高级管理人员等同样重要，甚至更为重要的主体。然而，我国理论界和实务界对于公司实际控制人股权杠杆控制的界定还有待明晰，对于其存在的原因以及规制的必要性，缺乏全面、深入的分析；对于与公司实际控制人股权杠杆控制有关的违法行为，缺乏明晰、多维的认识；对于其滥用控制权损害公司、股东及债权人等的利益相关主体合法权益的情形，也缺乏

① 参见［美］加德纳·C. 米恩斯：《公司革命在经济理论上的含义》，载［美］阿道夫·A. 伯利、加德纳·C. 米恩斯：《现代公司与私有财产》，甘华鸣、罗锐初、蔡如海译，商务印书馆2007年版，第43页。

行之有效的对策。

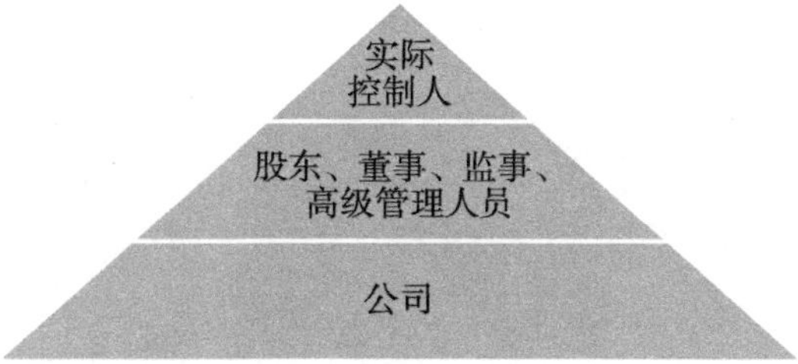

图 1　公司股权金字塔

鉴于此,本书试图研讨以下核心问题:(1)什么是公司实际控制人股权杠杆控制;(2)为什么存在公司实际控制人股权杠杆控制;(3)理论维度为什么要规制公司实际控制人股权杠杆控制;(4)实践维度为什么要规制公司实际控制人股权杠杆控制;(5)如何规制公司实际控制人股权杠杆控制。针对上述核心问题,从法律、经济、金融和财务等维度,做一些力所能及的工作。

目录

第一章　什么是公司实际控制人股权杠杆控制

要解答"什么是公司实际控制人股权杠杆控制"这一问题,首先需要从语言学上明晰单字,进而厘清单词,从而为之后梳理规范性文件的相关规定、辨析法解释学的有关学说打下坚实的基础。

第一节　语言学上的源起

仓颉之初作书也,盖依类象形,故谓之文。其后形声相益,即谓之字。文者,物象之本;字者,言孳乳而寖多也。[①] 公司实际控制人的股权

---

① 参见 http://www.shuowen.org,最后访问日期:2020年12月1日。

杠杆控制自然有其语言学上的源起。

一、需要明晰的单字

1. 之于“实”

实,富也。从宀,从贯。贯,货贝也。实,富裕。通俗解释就是实字形采用“宀”作偏旁,采用“贯”作声旁。贯,代表财货宝贝。表示家有宝贝。造字本义:家境富裕,柜中藏贝。①

“公司实际控制人股权杠杆控制”中的“实”,取其作为形容词的扩大引申,表不虚的,有内涵的,真的。

2. 之于“际”

际,壁会也。从阜,祭声。通俗解释就是际,岩壁交接的地带。字形采用“左耳旁”(阜),“祭”是声旁。表示山路上设祠祭拜的地界。造字本义:设祠的地界。古人在两邑地界的路边设祠敬拜,以求一方水土的安康幸福。②

“公司实际控制人股权杠杆控制”中的“际”,取其作为名词的扩大引申,表边缘,边界。

3. 之于“控”

控,引也。从手,空声。《诗经》曰:“控于大邦。”匈奴名引弓控弦。控,拉开弓弦。通俗解释就是控字形采用“手”作偏旁,采用“空”作声旁。《诗经》上有诗句唱道:“像拉开弓弦一样对大国表态。”匈奴将拉开弓弦称作“控弦”。空,既是声旁也是形旁,表示虚无。造字本义:拉弓绷弦,引而不发。③

“公司实际控制人股权杠杆控制”中的“控”,取其作为动词的扩大引申,表制动,掌握,管制。

---

① 参见 http://www.shuowen.org,最后访问日期:2020 年 12 月 1 日。

② 参见 http://www.shuowen.org,最后访问日期:2020 年 12 月 1 日。

③ 参见 http://www.shuowen.org,最后访问日期:2020 年 12 月 1 日。

4. 之于“制”

制，裁也。从刀从未。未，物成有滋味，可裁断。一曰止也。古文制如此。通俗解释就是制，剪裁。字形采用“刀、未”会义。未，表示植物的果实已初步长成，略有滋味，末梢和新枝可以剪断了。一种说法认为，“制”是“抑止”的意思。古文的“制”写法如此。古人发现，如果果树的枝叶太茂盛，就会过多消耗树木所获得的养分，以至于缺少足够的能量用于开花结果。造字本义：为了让果树结出更好、更多的果子，用刀具修剪果树的新梢，减省营养浪费。①

“公司实际控制人股权杠杆控制”中的“制”，取其作为动词的扩大引申，表约束，限定，规定。

5. 之于“股”

股，髀也。从肉，殳声。通俗解释就是股，大腿。字形采用“肉（月）”作偏旁，采用“殳”作声旁。殳，既是声旁也是形旁，手持器械。造字本义：臀部，大人教训孩子时常鞭打的部位。②

“公司实际控制人股权杠杆控制”中的“股”，取其作为名词的扩大引申，表分支，分支部分。

6. 之于“权”

权，黄华木。从木，雚声。一曰反常。通俗解释就是权，黄华木。字形采用“木”作偏旁，“雚”是声旁。一种说法认为，“权”是反常。权表示手杖所代表的上对下的支配资格。造字本义：手杖所代表的决策、支配的资格，影响环境的势力。③

“公司实际控制人股权杠杆控制”中的“权”，取其名词本义，决策、支配的资格，影响势力。

---

① 参见 http://www.shuowen.org，最后访问日期：2020 年 12 月 1 日。

② 参见 http://www.shuowen.org，最后访问日期：2020 年 12 月 1 日。

③ 参见 http://www.shuowen.org，最后访问日期：2020 年 12 月 1 日。

7. 之于“杠”

杠,床前横木也。从木,工声。通俗解释就是杠,床前的横木。字形采用“木”作偏旁,“工”是声旁。“工”在汉字中通常有“大”的意思,大棍为“杠”。造字本义:承重的粗大的木棍。①

“公司实际控制人股权杠杆控制”中的“杠”,取其名词本义,承重的粗大的木棍。

8. 之于“杆”

说文解字中没有收录“杆”字,但根据语言学的一般原理和造字规律,类推认为,字形“木”作偏旁,“干”是声旁。“干”,树的主体,从树根到树冠之间的部分。因此,杆的造字本意与杠“类似”,但偏细长。

“公司实际控制人股权杠杆控制”中的“杆”,取其名词本义,承重的细长的木棍。

二、需要明晰的单词

1. 之于“实际”

根据第6版的《现代汉语词典》,“实际”词条下有3个释义:①客观存在的事物或情况;②实有的,具体的;③合乎事实的。②

“公司实际控制人股权杠杆控制”中的“实际”,综合了以上3个释义,因为公司实际控制人既是客观存在的,又是实有的,具体的,更是合乎公司终极控制权归属的事物或情况。

2. 之于“控制”

根据第6版的《现代汉语词典》,“控制”词条下有2个释义:①掌握住不使任意活动或越出范围;②使处于自己的占有、管理或

① 参见 http://www.shuowen.org,最后访问日期:2020年12月1日。

② 参见中国社会科学院语言研究所词典编辑室编:《现代汉语词典》(第6版),商务印书馆2012年版,第1145页。

影响之下。①

"公司实际控制人股权杠杆控制"中的"控制",综合了以上 2 个释义,因为公司实际控制人既掌握公司不使任意活动或越出范围,又使公司处于自己的占有、管理或影响之下。

3. 之于"股权"

根据第 6 版的《现代汉语词典》,"股权"词条下只有 1 个释义:公司股东或其他合伙经营单位的投资人就其出资所享有的权利。②

"公司实际控制人股权杠杆控制"中的"股权",特指公司股东就其出资在公司治理中所享有的权利。

4. 之于"杠杆"

根据第 6 版的《现代汉语词典》,"杠杆"词条下有 2 个释义:①简单机械,是一个能绕着固定点转动的杆。绕着转动的固定点叫支点,动力的作用点叫动力点,阻力作用的点叫阻力点。改变三点的两端距离的比例,就可以改变力的大小。②比喻起平衡或调控作用的事物或力量。③

"公司实际控制人股权杠杆控制"中的"杠杆",综合了以上 2 个释义,实际控制人通过直接或者间接持有公司较低比例的股权,甚至不直接持有股权,但控制绝对多数或者相对多数的投票权,进而掌握公司的控制权。公司治理就是杠杆的定点 O,持股比例就是动力点 A,公司的控制权就是阻力点 B,通过杠杆原理,实际控制人可以用较小的力 F(持股比例,甚至不持股,参考微积分的思维,如果杠

① 参见中国社会科学院语言研究所词典编辑室编:《现代汉语词典》(第 6 版),商务印书馆 2012 年版,第 723 页。

② 参见中国社会科学院语言研究所词典编辑室编:《现代汉语词典》(第 6 版),商务印书馆 2012 年版,第 451 页。

③ 参见中国社会科学院语言研究所词典编辑室编:《现代汉语词典》(第 6 版),商务印书馆 2012 年版,第 414 页。

杆的动力臂 *OA* 的长度无限大，阻力臂 *OB* 无穷小，动力 *AF* 可以无限小），撬动公司的控制权 *G*（见图 2）。

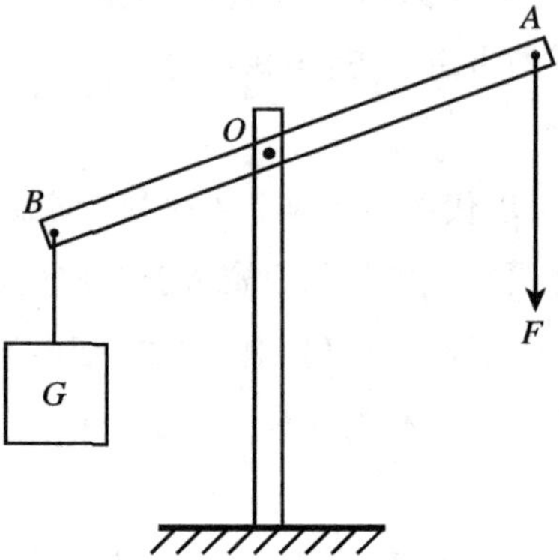

图 2　公司治理中的杠杆

综上，从语言学上对单字："实""际""控""制""股""权"，单词："实际""控制""股权"的释义（见表 1）如下。

表 1　相关单字/单词语言学上的释义

单字/单词	释义
实	形容词的扩大引申，不虚的，有内涵的，真的
际	名词的扩大引申，表边缘，边界
控	动词的扩大引申，表制动，掌握，管制
制	动词的扩大引申，表约束，限定，规定
股	名词的扩大引申，表分支，分支部分
权	名词本义，决策、支配的资格，影响势力
杠	名词本义，承重的粗大的木棍
杆	名词本义，承重的细长的木棍
实际	客观存在的，实有的，具体的，合乎公司终极控制权归属的事物或情况

续表

单字/单词	释义
控制	掌握公司不使任意活动或越出范围,使公司处于自己的占有、管理或影响下
股权	公司股东就其出资在公司治理中所享有的权利
杠杆	直接或者间接持有公司较低比例的股权,甚至不直接持有股权,但控制绝对多数或者相对多数的投票权,进而掌握公司的控制权

第二节　规范性文件的梳理

民商法领域的解释论,是通过解释既存的民商法规范而形成的理论,其目的在于正确地理解和适用民商法规范。民商法领域的立法论,是围绕着如何设计出合理的民商法规范或者如何改进既有的民商法规范而发表的见解、观点和理论,其目的在于指导或者影响民商事立法实践。进行民商法解释论的作业,是要遵循一定的解释方法,这些方法就是民商法解释方法,而研究这些方法的学问就是民商法解释学或者法学方法论,它大体包括狭义的法律解释方法、法律漏洞的补充方法等内容。[①] 具体到本书“公司实际控制人股权杠杆控制”的语境,规范性文件的相关规定,是上述法解释学的逻辑起点,也是分析并厘清“什么是公司实际控制人股权杠杆控制”的基础与重要依据。

一、国内相关规范性文件沿革

自 1994 年 7 月 1 日起实施的《中华人民共和国公司法》没有关于公司实际控制人的直接规定。2005 年 10 月 27 日修订通过,于 2006 年 1 月 1 日起实施的《中华人民共和国公司法》第 217 条第 3

---

① 参见韩世远:《合同法总论》(第 3 版),法律出版社 2011 年版,序言第 1 页。

项明确规定:实际控制人,是指虽不是公司的股东,但通过投资关系、协议或者其他安排,能够实际支配公司行为的人。2013 年 12 月 28 日修订通过,于 2014 年 3 月 1 日起实施的《中华人民共和国公司法》(以下简称《公司法》)第 216 条第 3 项的规定同《公司法》(2006 年)第 217 条第 3 项。除《公司法》外,我国其他法律、法规以及规范性文件也对实际控制人作出了相关规定。

早在 2002 年证监会颁布的《上市公司股东持股变动信息披露管理办法》(已废止)中就已对实际控制人作出了规定,其中第 8 条规定:股份控制人是指股份未登记在其名下,通过在证券交易所股份转让活动以外的股权控制关系、协议或者其他安排等合法途径,控制由他人持有的上市公司股份的自然人、法人或者其他组织。该办法中的股份控制人即为现行《公司法》中所规定的实际控制人,且该办法规定,股份控制人的身份可以是自然人、法人或者其他组织,至今并未有其他法律法规就该项规定作出修改或细化,所以应认为直至今日仍具有指导意义。

2006 年证监会修订的《上市公司章程指引》第 192 条第 2 项规定:实际控制人,是指虽不是公司股东,但通过投资关系、协议或者其他安排,能够实际支配公司行为的人。该描述与《公司法》中对实际控制人的规定完全一致。上海证券交易所 2012 年修订的《上海证券交易所股票上市规则》,①深圳证券交易所 2008 年修订的《深圳证券交易所股票上市规则》②以及 2006 年发布的《深圳证券交易所

---

① 《上海证券交易所股票上市规则》(2012 年修订版)第 18.1 条第 7 项规定:实际控制人:指虽不是公司的股东,但通过投资关系、协议或者其他安排,能够实际支配公司行为的人。

② 《深圳证券交易所股票上市规则》(2008 年修订版)第 18.1 条第 6 项规定:上市公司实际控制人是指虽不是公司的股东,但通过投资关系、协议或者其他安排,能够实际支配公司行为的人。

上市公司信息披露工作指引第2号——股东和实际控制人信息披露》①也完全复制了这一定义。另外，上海证券交易所2010年发布的《上海证券交易所上市公司控股股东、实际控制人行为指引》②中的相关规定也与《公司法》相似。

值得注意的是，深圳证券交易所近几年修订和发布的主板和创业板规范性文件就实际控制人主体的规定发生了相应的变化。《深圳证券交易所股票上市规则》(2012年修订版)第18.1条第6项规定：实际控制人：指通过投资关系、协议或者其他安排，能够支配、实际支配公司行为的自然人、法人或者其他组织。此处，深圳证券交易所2012年修订的上市规则删去了《公司法》存在争议的"不是股东"的描述，仅留下对控制方式、控制力的描述，增加了对构成主体积极构成要素，即"自然人、法人或其他组织"。

此外，深圳证券交易所2007年发布的《中小企业板上市公司控股股东、实际控制人行为指引》，③以及2012年修订的《深圳证券交易所创业板股票上市规则》④也相对于《公司法》中实际控制人的定义发生了变化。《中小企业板上市公司控股股东、实际控制人行为指引》中对实际控制人主体身份的描述是："虽不直接持有公司股

---

① 《深圳证券交易所上市公司信息披露工作指引第2号——股东和实际控制人信息披露》第3条规定：上市公司实际控制人是指虽不是公司的股东，但通过投资关系、协议或者其他安排，能够实际支配公司行为的人。

② 《上海证券交易所上市公司控股股东、实际控制人行为指引》第6.2条规定：本指引所称实际控制人是指虽不是公司股东，但通过投资关系、协议或者其他安排，能够实际控制、影响公司行为的人。

③ 《中小企业板上市公司控股股东、实际控制人行为指引》第4条规定：本指引所称实际控制人是指虽不直接持有公司股份，或者其直接持有的股份达不到控股股东要求的比例，但通过投资关系、协议或者其他安排，能够实际支配公司行为的自然人或法人。

④ 《深圳证券交易所创业板股票上市规则》(2012年修订版)第17.1条第6项规定：实际控制人：指虽不是公司的控股股东，但通过投资关系、协议或者其他安排，能够实际支配公司行为的人。

份,或者其直接持有的股份达不到控股股东要求的比例”,即实际控制人可以是股东,二者身份并不必然相斥。至于直接持有股份的比例标准,应当理解为不完全列举,即无论是否达到相应的比例,依然不排除该股东实际控制人的身份。另外,上述规定同样为实际控制人的主体身份设定了积极的构成要素,但与《深圳证券交易所股票上市规则》(2012年修订版)相比,此处则没有“其他组织”的描述。鉴于该指引发布时间早于《深圳证券交易所股票上市规则》,应当认为深圳证券交易所通过后来发布的规则修改了其早前对于实际控制人主体认定积极构成要素的设定,恢复了“其他组织”这一要素。

二、国内现行规范性文件解读

我国现行的法律法规,以及证监会、证券交易所等发布的规范性法律文件中,全国人大颁布的《证券法》《公司法》,最高人民法院颁布的《最高人民法院关于适用〈中华人民共和国公司法〉若干问题的规定(三)》,财政部发布的《企业会计准则——关联方关系及其交易的披露》,证监会颁布的《上市公司股东持股变动信息披露管理办法》《上市公司章程指引》《上市公司收购管理办法》,以及证监会发布的《〈首次公开发行股票并上市管理办法〉第十二条“实际控制人没有发生变更”的理解和适用——证券期货法律适用意见第1号》《公开发行证券的公司信息披露内容与格式准则第2号——年度报告的内容与格式》,上海证券交易所发布的《上海证券交易所股票上市规则》《上海证券交易所上市公司控股股东、实际控制人行为指引》,深圳证券交易所发布的《深圳证券交易所股票上市规则》《深圳证券交易所创业板股票上市规则》《深圳证券交易所上市公司信息披露工作指引第2号——股东和实际控制人信息披露》《中小企业板上市公司控股股东、实际控制人行为指引》,原银监会发布的《商业银行与内部人和股东关联交易管理办法》分别对公司实际控制人的主体、控制方式以及控制力作出了相关的规定(见表2)。

表2 我国现行规范性法律文件对公司实际控制人的相关规定

要件	法律/部门规章/规范性文件	内容
主体	《公司法》	虽不是公司的股东
	《最高人民法院关于适用〈中华人民共和国公司法〉若干问题的规定(三)》	其他股东、董事、高级管理人员或者实际控制人
	《深圳证券交易所创业板股票上市规则》	虽不是公司的控股股东
	《中小企业板上市公司控股股东、实际控制人行为指引》	虽不直接持有公司股份,或者其直接持有的股份达不到控股股东要求的比例
	《深圳证券交易所股票上市规则》	自然人、法人或者其他组织
控制方式	《公司法》	投资关系、协议或者其他安排
	《上市公司股东持股变动信息披露管理办法》	通过在证券交易所股份转让活动以外的股权控制关系
	《上市公司收购管理办法》《深圳证券交易所股票上市规则》	1. 持股50%以上的控股股东 2. 可以实际支配上市公司股份表决权超过30% 3. 通过实际支配上市公司股份表决权能够决定公司董事会半数以上成员选任 4. 依其可实际支配的上市公司股份表决权足以对公司股东大会的决议产生重大影响

续表

要件	法律/部门规章/规范性文件	内容
	《上海证券交易所股票上市规则》	1. 股东名册中显示持有公司股份数量最多 2. 能够直接或者间接行使一个公司的表决权多于该公司股东名册中持股数量最多的股东能够行使的表决权 3. 通过行使表决权能够决定一个公司董事会半数以上成员当选
控制力	《公司法》	能够实际支配公司行为
	《〈首次公开发行股票并上市管理办法〉第十二条"实际控制人没有发生变更"的理解和适用——证券期货法律适用意见第1号》	能够对股东大会的决议产生重大影响或者能够实际支配公司行为的权力
	《上海证券交易所股票上市规则》《深圳证券交易所股票上市规则》《企业会计准则——关联方关系及其交易的披露》	能够决定一个企业的财务和经营政策,并可据以从该企业的经营活动中获取利益的状态

综上,不难发现,国内现行规范性文件对于公司实际控制人的定义还不统一,对于股权杠杆控制虽然有所涉及,如"可以实际支配上市公司股份表决权超过30%""通过实际支配上市公司股份表决权能够决定公司董事会半数以上成员选任""依其可实际支配的上市公司股份表决权足以对公司股东大会的决议产生重大影响""能够直接或者间接行使一个公司的表决权多于该公司股东名册中持股数量最多的股东能够行使的表决权""通过行使表决权能够决定一个公司董事会半数以上成员当选"等,但这些规定相对零散、初级,还没有明确的定义,也没有系统的类型化,针对其作用原理、机

制进行周延的规制。

三、公司实际控制人再定义

1. 关于公司实际控制人的主体

国内学界对于公司实际控制人的主体存在较大争议:实际控制人是否不得具有股东身份,即实际控制人与股东是否是两个相互独立的概念?大致可以归纳为以下三种学说。

(1)包含说

公司实际控制人的概念包含股东的概念,或者说公司实际控制人可以是股东。将《公司法》第216条中对于实际控制人所规定的“虽不是公司股东”解释为“不完全列举”,即无论行为主体是否具有公司股东或控股股东的身份,只要该主体通过“投资关系”、“协议”或“其他安排”支配了公司行为的相关主体,即应认定为实际控制人。①

(2)分立说

公司实际控制人的概念不包含股东的概念,或者说公司实际控制人不是股东。《公司法》将实际控制人作为一个与公司股东并列的主体,明确地排除了股东身份与实际控制人的重合。② 将可能享有公司控制权的主体进行简单的二分,《公司法》第216条第2项规定了控股股东这一概念,直接持有公司股份的股东若通过股权比例上的优势获得控制权即为控股股东,非直接持股的股东以外的主体通过其他方式获得公司控制权的主体即为实际控制人。③

(3)折中说

从广义上讲,凡是能对公司产生控制力的人都可以叫作实际控

---

① 参见叶敏、周俊鹏:《公司实际控制人概念辨析》,载《国家检察官学院学报》2007年第6期。

② 参见裴东梅:《浅论公司实际控制人》,载《网络财富》2008年第6期。

③ 参见王天瑜、陈震:《上市公司实际控制人界定的法律问题研究》,载《法制与社会》2008年第9期。

制人。比如,公司的股东、董事、经理抑或在公司中无任何名分但可以控制公司的人。而从狭义上讲,实际控制人仅指并无公司董事、经理及股东之身份,但实际能够影响、指挥、引导公司进行意思表示,并能产生对公司有利或者不利后果的人。①

本书更加倾向于折中说,因为广义与狭义的类型化更加科学,汲取了包含说与分立说的精华,概念涵摄的范围更广,同时也兼顾了现行立法的体例与体系。

2. 关于公司实际控制人的认定标准

国内学界对于公司实际控制人的认定标准也存在一定的争议,大致可以归纳为以下四种学说。

(1)支配现实性标准

该说认为公司控制人的确定应适用支配现实性标准,并非支配的潜在可能。②

(2)法定主体标准

该说认为应当根据《公司法》对实际控制人的规定及享有控制权的主体范围予以认定。其认为应该严格解释《公司法》第 216 条第 3 项,实际控制人不具有股东身份,隐名股东、债权人、利益相关者等都可以成为实际控制人。③

(3)表决权标准

该说持有以股份表决权控制为基础,将控制的其他情形交由证

---

① 参见朱慈蕴:《将公司实际控制人纳入公司法人格否认适用中的法律思考》,载《中国法律:中英文版》2011 年第 1 期。

② 参见李建伟:《关联交易的法律规制》,法律出版社 2007 年版,第 36 页。

③ 参见王天瑜、陈震:《上市公司实际控制人界定的法律问题研究》,载《法制与社会》2008 年第 9 期。

监会行使认定权的认定思路。①

(4)综合标准

该说认为实际控制人应区分不同类别控制人的不同情况,综合考虑各种因素,从事实控制标准和行为外观标准两个角度入手,在具体个案的司法实践中进行裁量。②

本书以股权杠杆控制为面向,认为表决权是实际控制人控制公司最传统、经典和具象的手段,因此更加倾向于表决权标准。

3. 关于公司实际控制人的再定义

(1)文义解释

从文义解释的维度,《公司法》第 216 条明确规定,公司的实际控制人“不是公司的股东”,其控制公司的手段包括“投资关系、协议或者其他安排”,判断的标准是“能够实际支配公司行为”。

(2)体系解释

从体系解释的维度,《公司法》第 216 条将“高级管理人员”“控股股东”“董事”“监事”与“实际控制人”视为并列的主体,似乎也排除了高级管理人员、控股股东与实际控制人身份的重合。

(3)目的解释

从目的解释的维度,公司的实际控制人在公司中处于强势地位并享有相应的诸多权力和权利,其有滥用控制权侵害公司、股东、债权人和其他相关主体合法权益的可能性。因此,基于法理学的实质正义观和民法学的诚实信用原则,为了完善公司治理结构,规范公司控制权的正当行使,实现公司实际控制人权利与义务的统一,避

---

① 参见梁上上:《股东表决权:公司所有与公司控制的连接点》,载《中国法学》2005 年第 3 期。

② 参见梁上上:《股东表决权:公司所有与公司控制的连接点》,载《中国法学》2005 年第 3 期。

免其侵犯其他相关主体的合法权益,《公司法》有必要对公司的实际控制人进行规制。

(4)类推解释

从类推解释的维度,基于相同或者类似的情况应得到相同或者类似处理的基本原则,对处于公司实际控制人地位或者拥有公司实际控制权的主体,有必要进行规制,无论其主体身份是公司股东、高级管理人员还是名义上与公司不相关的主体,这也是平等和正义原则的具体要求。

(5)综合解释

综上,目的解释及其类推解释的结论似乎与体系解释和文义解释相矛盾,即某个公司法上的主体,是否可以同时拥有公司股东和实际控制人的双重身份。依据法解释学的基本原则和方法,结合更加倾向的折中说,本书倾向于将《公司法》第 216 条扩大解释为:实际控制人,从广义上,是指无论是否是公司的股东、董事、监事或者高级管理人员,但通过投资关系、协议或者其他安排,能够实际支配公司行为的人;从狭义上,仅指并无公司股东、董事、监事或者高级管理人员及之身份,但通过投资关系、协议或者其他安排,能够实际支配公司行为的人。这样可以使上述条款在尊重现有立法文义、体例的基础上,涵摄的范围更加广泛,规制的体系更加周延,更加符合公司法的制度价值,从而更好地保护相关主体的合法权益。

四、域外相关规范性文件的镜鉴

1. 美国法上的控制人与控制权

美国法上,与公司实际控制人对应的概念,是公司法领域的控制股东(controlling shareholder)和证券法上的控制人(control person)。

美国《1933 年证券法》第 15 节规定:“任何人,通过股权所有权或其他方式,或者通过股权所有权与一人或多人达成协议或备忘,控制他人违反第 11 节和第 12 节的规定,应当与该人承担相同程度的连带责任,除非该控制人不知情或有合理理由相信受控制人由于其他原因承担责任的事实是存在的"。①

美国证券交易委员会于 1933 年将控制权规定为"直接或间接地拥有操纵某一法人的管理和政策或者导致此种发生的权力,无论此种权力是通过持有有表决权的股份、合同或其他途径来取得"。②

《1934 年证券交易法》第 20 条 a 款中规定,"所有直接或间接控制他人违反本法规定,应与违法之人承担程度相同的连带责任,除非该控制人是出于善意并且没有直接或者间接诱使该人违法"。③

美国参议员委员会在提及《1934 年证券交易法》中有关"控制"的概念时指出:"'控制'不仅包含所谓合法的及可执行的控制,也包括实质上的控制,我们不打算在法律中直接对该概念加以定义,因为试图列举或预测可能实时控制的种种途径如果不是不可能的话,那也是困难的。……控制目的可以通过持股来达到,也可以通过持股与其他因素共同作用而达到。"④即无论通过什么方式,指挥经营政策是关键,这也为法官对具体案件的自由裁量和律师的诉讼活动提供了空间。

立法历史表明,在 1933 年之前美国国会没有规定控制人的责任,⑤该条的立法目的正是在经济危机之后,为了防止人们利用被控

---

① Section 15 of Securities Act 1933, U. S. C. § §77a – 77aa (1976).

② [美]莱瑞 · D. 索德奎斯特:《美国证券法解读》,胡轩之、张云辉译,法律出版社 2005 年版,第 2 页。

③ Securities Exchange Act of 1934, 511 U. S. C. § §78a – 78kk(1976).

④ L. Loss, Fundamentals of Securities Regulation 303, 2ded. 1988, p. 121.

⑤ See John O'Shea Sullivan Ashby L. Kent, *Trial Practice And Procedure*, Eleventh Circuit Survey January 1, 2008, December 31, 2008, Mercer Law Review, Summer 2009, p. 3.

制的人为其从事违反证券法的活动而专门设计的。[①] 从条文上可以看出,《1933 年证券法》中的控制人责任范围比较窄,仅限于第 11 条虚假登记陈述和第 15 条招股说明书中信息不实的责任,而《1934 年证券交易法》则包含《1934 年证券交易法》下所有的违法责任,含 10(b)节规则 10(b)5 项下的宽泛的反欺诈责任,适用范围较广。[②] 但是,尽管《1933 年证券法》与《1934 年证券交易法》的规定不尽相同,法院和美国证券交易委员会仍然认为在如何认定控制人及其责任构成上两条是一致的。[③]

美国《1940 年投资企业法》将控制权规定为"对一个公司的经营或政策具有决定性影响的权力"。[④] 美国《1940 年投资企业法》还规定,任何持有公司有表决权股票 25% 以上者,均被认为控制该公司。而一公司被认为对他公司的控制达到使他公司立于其代理人的地位或沦为经营工具,即为控制股东的实质标准,这也已成为美国理论界的通说。

"全球公司之都"特拉华州的法院认为,控制是拥有以下事项的投票权:(1)选举公司董事;(2)决定公司解散;(3)与另一家公司合并;(4)挤出公众投资者;(5)修改公司章程;(6)出售全部或者大部

---

① See H. R. Rep. No. 73 – 152, at 12 (1933). See also Loftus C. Carson, Ⅱ, *The Liability of Controlling Persons Under the Federal Securities Acts*, 72 Notre Dame L. Rev. 263, 266 (1997); William O. Douglas, *Directors Who Do Not Direct*, 47 Harv. L. Rev. 1305 (1934).

② See Erin L. Massey, *Control Person Liability Under Section* 20(*a*): *Striking a Balance of Interests for Plaintiffs and Defendants*, 6 Hous. Bus. & Tax L. J. 109, 113 (2005).

③ See James L. Burns, *Pruning the Judicial Oak: Developing a Coherent Application of Common Law Agency and Controlling Person Liability in Securities Cases*, Columbia Law Review, Vol. 93, No. 5 (Jun., 1993), p. 1187.

④ Investment Company Act of 1940, se2 (9).

分公司资产;(7)其他事项实质上改变公司性质和公众股东利益。[①]

2. 英国法上的影子董事与控制股东

英国法上,与公司实际控制人对应的概念,是影子董事(shadow director)和控制股东(controlling shareholder)。英国《2006年公司法》第251条规定:"影子董事指公司董事习惯于根据其指导或指示而行事的人。一个人不仅仅因为董事根据其以专业身份出具的建议行事而视为隐名董事。"其认定必须满足四个条件:(1)公司有选任的董事;(2)影子董事指令选任的董事进行公司行为;(3)公司董事接受指令;(4)公司董事习惯于接受影子董事的指令。[②] 第255条规定了董事被认为控制法人的几种情形:(1)董事或与董事相关联的任何人对该法人的权益股本之任何部分享有利益;(2)在该法人的任何成员大会上有权行使或控制行使表决权的任何部分,并且,董事或与董事相关联的人以及该公司的其他董事一起对该股本的50%以上享有利益,或者有权行使或控制行使20%以上的表决权。第859条进一步规定:"隐名(影子)董事"视为董事。影子董事承担董事的义务和责任,但只有公司的全部董事或多数董事习惯于根据影子董事的指令开展活动时,影子董事才承担法律责任。[③]

英国《2006年公司法》第736条规定:……(3)根据股东协议的约定,单独控制多数的表决权,或(4)通过子公司控制了子公司的子公司,就被认为是控制公司或者控股股东。[④]

3.《国际会计准则》和《国际财务报告准则》

《国际会计准则》和《国际财务报告准则》对控制权的解释为

---

① Paramount Communications, Inc. v. QVC Network, Inc. 637 A. 2d 34 (Del. 1994).

② 参见英国《2006年公司法》,葛伟军译,法律出版社2008年版,第154~155页。

③ 参见英国《2006年公司法》,葛伟军译,法律出版社2008年版,第221~226页。

④ 参见英国《2006年公司法》,葛伟军译,法律出版社2008年版,第157~158页。

"统驭一个企业的财务和经营决策,借此从该企业的活动中获取利益的权力(利)"。[①] 具体内容如下。

《国际会计准则》第27条规定,以下情形,尽管一个实体拥有另一个实体小于50%的投票权,但可以视为该实体控制另一个实体:(1)通过与其他投资者之间的协议获得超过50%的投票权;(2)法定或者约定对被投资方的管理权;(3)对被投资方管理机构过半数成员的选任与解聘权;(4)支配被投资方管理机构过半数成员的投票权。"实际控制"或者被包含在上述情形之中,或者被排除在外,根据其含义,仅是绝对的和事实上的权力(利),抑或是一个基于特定的情形实际上可以实行的权利,例如,股东持有的资本分散,大股东不存在上述(3)或(4)情形。另外,当前的立法和实践表明可能存在无法被归入上述情形的实际控制。[②]

《国际财务报告准则》第10条规定,控制是投资者对被投资的支配,投资者必须拥有现时的权力(利),第10条B2款规定了基于控制关系和其他合并财务报表的情形。对被投资的支配权,赋予投资者管理被投资者相关事务的现时能力。上述权力基于投票权和其他第10条B15款规定的权利。第10条B38款规定,一个投资者可以拥有支配权即使其拥有的投票权不过半数。第10条B41～B45款列举了投资者控制被投资者的情形。IFRS专家组认为,以下因素和事实值得注意:(1)投资者拥有投票权的数量与其他投资者拥有投票权的分散程度;(2)投资者、其他投资者或者其他相关方拥有的潜在投票权;(3)通过合同安排获得的权利;(4)其他事实或者情形(包括之前股东会的投票方式)表明投资者在决策过程中,拥有或者

---

① IFRS and IAS Summaries(2012), p.120.

② IAS Summaries(2012), p.400.

不拥有管理被投资者相关事务的现时能力。①

综上，不难发现，域外相关立法就控制、控制人和控制权等的相关规定，更多地关注投票权，特别是对公司经营管理机构及其成员的选择权，以及对公司重大经营决策事项的决策权；对于知情权、收益权等其他权能关照较少，对此，控制只是手段，其目的是获得排他的、高额的，不合理甚至不合法的控制利益。

第三节　法解释学上的辨析

《布莱克法律词典》（2009年）将控制权定义为："通过表决权、合同或其他方式，直接或间接支配、管理个人或者组织决策的权力，或管理、指导和监督的权力、权威。具体构成要件包括：（1）行使权力或者影响力；（2）通过内部规章、预算等方式规制、管理；（3）谋取控制收益。"②基于《布莱克法律词典》（2009年）对控制权的定义，结合之前语言学上的探源和规范性文件的梳理，有以下几个问题需要也值得进一步明晰。

一、之于"控制（权）"

1. 权力还是权利

控制权的性质，即其是权力还是权力，是需要明晰的第一个问题。

（1）权力

Bertrand Russell 认为，"权力可以被定义为意图结果的产生"。③

---

① IFRS Discussion Group Report on Meeting-October 18, 2012.

② Black's Law Dictionary, 9th, West, a Thomson business, 2009, p.353.

③ Bertrand Russell, *Power: A New Social Analysis*, Routledge Classics, 1938, p.35.

Harold Lasswell 和 Abraham Kaplan 认为,"权力是参与决策"。[①] Max Weber 则认为,"权力是这样一种可能性,即处于某种社会关系的一个行动者能够不顾抵制而实现其个人意志的可能性,而不论这一可能性所依赖的基础。一个人的所有品质及环境的一切组合都可能使他在某种特定的环境中强施其意志"。[②]

上述第一个定义和第二个定义均未把法律置于同构成这两个定义之基础的权力概念必然相对立或相冲突的地位。当一个立法机关通过一项有效的法律时,或者当一个法院作出一项具有约束力的终审判决时,一次"意图结果的主产"便完成了。为了有效法律的实施,立法者和执法者也需要和运用这一广义上的权力。毫无疑问,参与决策同样也构成了立法人或执法人的职能中的一个重要组成部分。[③]

根据 Max Weber 的权力观念来看法律时,便会出现一个更为贴切的问题。诚然,强制性和禁止性的律令应当被适用于社会上那些不服从和抵制法律的人,然而我们却不能因此说,消除法律调整对象所作出的抵制便是法律控制的特征。一个切实可行并有效的法律制度必须以民众的广泛接受为基础,而相当数量的不满和反对现象的存在所标示的则是法律的一种病态而非常态。当人们对掌权者的抵制来自有关设定掌权者之权限的法律规范时,权力与法律之间就会表现出某种对立。

为了恰当地认识权力与法律间的关系,有必要将注意力集中于那种纯粹形式的权力之上。此一意义上的权力旨在实现对人的绝

---

① Harold Lasswell, *Abraham Kaplan*, *Power & Society*, Routledge, 1998, p. 75.

② *The Theory of Social And Economic Organization*, Free Press, 1997, p. 152 - 153.

③ 参见[美]E. 博登海默:《法理学:法律哲学与法律方法》,邓正来译,中国政法大学出版社 2004 年版,第 358 页。

对统治：一个拥有绝对权力的人试图将其意志毫无拘束地强加于那些为他所控制的人身上。这种统治形式具有一个显著特征，即它往往是统治者出于一时的好恶或者为了应急而发布的高压命令，而不是根据被统治者的长远需要而产生的原则性行动。Bertrand Russell 将这一形式的权力称为"赤裸裸的权力"。当权力"仅仅产生于个人或群体的权力欲，并且是通过其臣民的惧怕而非积极合作而获得对其权力的服从"的时候，这种赤裸裸的权力便出现了。[①]

具体到本书语境下的控制权，其有权力的属性，通过行使该项权力进而控制公司，是公司实际控制人意图产生的结果；实际控制人凭借该项权力，不仅参与，甚至控制公司的决策；实际控制人具有很大可能性可以不顾中小股东、债权人和公司其他利害关系人的抵制而实现其个人意志。

（2）权利

Kant 曾说过，问一个法学家"什么是权利"就像问逻辑学家一个众所周知的问题"什么是真理？"一样，同样使人为难。[②] Roscoe Pound 也曾说过，作为一个名词的权利，比别的任何一个名词的含义都丰富。[③] 对于什么是权利，确实是一个法学上富有魅力又难以回答的问题。关于权利的本质，有以下四种具有代表性的学说。

意思说，主张该说的有 Savigny、Windscheid 等。该说认为权利的本质是意思自由，或意思之支配。即权利为个人意思所能自由活动的范围，或个人意思所能支配的范围。故意思为权利的基础，无

---

① See Bertrand Russell, *Power: A New Social Analysis*, Routledge Classics, 1938, p. 383.

② 参见［德］康德：《法的形而上学原理：权利的科学》，沈叔平译，林荣远校，商务印书馆 1991 年版，第 39 页。

③ 参见［美］罗斯科·庞德：《通过法律的社会控制》，沈宗灵译，楼邦彦校，商务印书馆 1984 年版，第 44 页。

意思则无权利，权利的本质归结于意思。权利就是法律制度所赋予的意思力。这种学说显然受到了“权利即是自由”观念的深刻影响。

利益说，亦称利益保护说，倡导该说的是 Jhering，针对当时作为主流观点的意思说，他提出一个目的性的问题，即为什么有意思自由，意思自由是为了什么。权利不是服务于作为游戏和实验领域的意思，而是要满足人们的需要和利益。之所以赋予权利人以意思支配力和私法自治，乃是因为只有权利人知道他需要什么以及以何种方式能得到最佳满足。权利的本质是法律所保护的利益，其中，利益是权利构成的实质要素，而法律的保护是权利构成的形式要素。①

意思力说，是意思说与利益说的折中，认为权利乃依意思力而实现的利益，或称权利是因实现特定利益而具有的意思力。该说的创立人 Regelsberger 批评了 Jhering 的权利概念，认为不能将权利的本质混同于权利的目的，权利的本质是力量或强力，相应地，他将权利界定为，一种满足被承认的利益的力量。② 与其相似，Jelinek 也将权利界定为“一种以受到法律制度承认和保护的财富或利益为标的的意思力”。③

法力说，提出该说的是 Schuppe 和 Merkel，他们认为权力的本质为对特定的利益赋予法律上之力，权利是由特定利益和法律上之力两个因素构成的。权利是一种法律上的力。法律上的力是法律所赋予的，受到法律的支持和保护，依照这种力量，权利人可以支配特定的标的物，进而支配他人。当然不同的权利其法律上之力也各不

---

① 参见［德］耶林：《法学的概念天国》，柯伟才、于庆生译，中国法制出版社 2009 年版，第 15 页。

② Regelsberger, Pandekten, Band I, 1893, 14, S. 76. 转引自崔建远等：《民法总论》，清华大学出版社 2010 年版，第 238 页。

③ Georg Jelinek, System der subjektiven offentlichen Rechts, 2. Aufl, 1905, S. 44. 转引自崔建远等：《民法总论》，清华大学出版社 2010 年版，第 239 页。

相同,但将法律上之力作为所有权利的共同特征深具意义。Darban认为,“从根本上讲,主观权利是归属—控制,归属引起并决定着控制”。[①] 权利是可以享受特定利益的法律上之力。[②] 法律之所以赋予人以法律上之力,其目的在于使人享受特定利益。人类为了维持和发展其社会生活,必有欲求,因欲求而生之关系,即为利益关系。利益非尽为财富,利益可分为财产利益和非财产利益。利益形态各种各样,其受到法律之保护者谓之为法律利益,法律为保护或充实个人的特定利益,因而确立权利之形态,即予人以特定的法律上之力,以使其享受特定利益。[③] 权利产生于利益的稀缺性,权利乃是人们进行利益分配的工具,即权利的作用在于定分止争。

法力说客服了意思说与利益说的不足,能够较为完满地解释民事权利的本质,而且缺点较少,因而为大多数民法学者所赞同和接受,成为现今民法学界的有力通说。[④]

具体到本书语境下的控制权,其有权利的属性,控制权是控制人意思所能自由活动的范围,或其意思所能支配的范围;控制权是法律所保护的控制人利益;控制权是依控制人意思力而实现的利益,是其因实现特定利益而具有的意思力;控制权是对控制人的对特定利益赋予法律上之力。

(3)权力还是权利

就如同政治领域中的主权(sovereignty)概念一样,控制权也是一个难以捉摸的概念,因为我们很难将权力(power)严格地分离或

① [法]雅克·盖斯旦、吉勒·古博:《法国民法总论》,谢汉琪等译,法律出版社2004年版,第135页。

② Enneccerus-Nipperdey, Burgerliches Rechts, 2 Aufl,1905, S.44. 转引自郑玉波:《民法总则》,台北,三民书局1979年版,第45页。

③ 郑玉波:《民法总则》,台北,三民书局1979年版,第47页。

④ 施启扬:《民法总则》,台北,三民书局2005年版,第29页。

对其明确定义。[①] 但是,我们仍然可以通过区别私权与公权,做一些努力。这里私权的本质,在一定意义上也是一般权利的本质,Bekker认为,“私权的一般概念是整个权利构造的角柱”。[②] 这里所谓的公权,就是权力(power)。私权与公权的不同在于,私权的权利人可以依其自由意愿决定权利的行使。[③] 私权的这一基本特征表现在以下三个方面:其一,私权的行使无须说明原因,相反,公权行使则必须说明原因;其二,私权行使的法律后果归属于私权行使者,而在公法中一般不存在将法律后果归属于决策者的现象;其三,私权一般可以自由处分,可以放弃,而公权一般都不可以随意处分或放弃。[④]

具体到本书语境下的控制权,其更多的具有私权(权利)属性,因为公司实际控制人在行使控制权时无须说明原因,且控制权可以随意处分或放弃。

2. 所有权与控制权的分离

随着公司财富所有权的日趋分散化,对这些财富的所有权和控制权就掌握在少部分人手中。在公司制度下,产业财富能够并且正在被最少量的所有权益控制。人们能够相信,即使在不拥有这种权益的情况下,照样可以行使对产业财富的控制权。几乎没有控制权的财富所有权与几乎没有所有权的财富控制权,似乎是公司制度发

---

① 参见[美]加德纳·C.米恩斯:《公司革命在经济理论上的含义》,载[美]阿道夫·A.伯利、加德纳·C.米恩斯:《现代公司与私有财产》,甘华鸣、罗锐韧、蔡如海译,商务印书馆2007年版,第79页。

② Vgl. Emil Seckel, Die Gestaltugerecht des Burgerlichen Rechts, Wissenschaftliche Buchgemeinschaft Darmstadt, 1903, S. 5. 转引自崔建远等:《民法总论》,清华大学出版社2010年版,第234页。

③ 参见黄立:《民法总则》,中国政法大学出版社2002年版,第63页。

④ 参见[德]迪特尔·梅迪库斯:《德国民法总论》,邵建东译,法律出版社2013年版,第7~9页。

展的必然结果。①

所有权与控制权的分离，违反了"一股一权"原则，②问题的关键是应该如何定义所有权与控制权。公司法语境下的所有权，是指收益权的拥有权，与现金流量权等同。具体来讲，在公司持续稳定经营时，收益权代表按比例分配公司盈利的权利；在公司进行清算时，收益权意味着在满足其他利益相关者的请求后，按比例分配公司资产的权利。控制权就是表决权，给予持有者在股东大会上赞成或反对某项提案的投票权。上述提案可能包含任命或罢免公司董事的重要事项。③ 然而，公司法语境下的所有权，与股权既存在紧密的联系，又存在明显的区别。

3. 控制董事会

Berle 和 Means 撰写的《现代公司与私有财产》一书，引发了控制权和所有权分离的讨论，掀开了控制权制度的新篇章，成为研究现代公司治理的理论先导。他们给公司的"控制"下了个模糊的定义，指的是一小群股东，实际上有权通过下列方法之一选择董事会：(1)普通股的完全所有权；(2)多数控股权；(3)通过法律手段进行控制；(4)少数控股权；(5)经营者控制。④

美国的经典学说之所以将控制定义为选择董事会，与其董事会

① 参见[美]加德纳·C.米恩斯：《公司革命在经济理论上的含义》，载[美]阿道夫·A.伯利、加德纳·C.米恩斯：《现代公司与私有财产》，甘华鸣、罗锐韧、蔡如海译，商务印书馆2007年版，第79页。

② See Grossman S. J. and O. D. Hart, *One Share-One Vote and the Market for Corporate Control*, Journal of Financial Economics 20, 1988, p. 175 – 202.

③ See Marc Goergen, *International Corporate Governance*, Pearson Education Ltd., 2012, p. 16.

④ 参见[美]加德纳·C.米恩斯：《公司革命在经济理论上的含义》，载[美]阿道夫·A.伯利、加德纳·C.米恩斯：《现代公司与私有财产》，甘华鸣、罗锐韧、蔡如海译，商务印书馆2007年版，第9页。

中心主义的公司治理结构密切相关。被称为“全球公司之都”的特拉华州,其公司法的相关规定历来是美国乃至世界公司治理的标杆。①《特拉华州公司法》第141(a)条规定:“根据本章规定组建的公司,其各项业务和相关事宜应当由董事会、或在董事会指导下管理,但本章或其公司注册证明中另有规定的除外。”②因此,在美国董事会中心主义的公司治理结构下,由于公司的各项活动是在董事会的指挥下进行的,我们可以认为公司的控制权掌握在那些拥有挑选董事会成员或大部分董事实权的个人或者集团手中。他们动用表决权来选举董事,即直接控制大部分选票或者运用某些法定手段(如董事提名权、提案权、建议权和质询权等),对董事会及其成员施加压力以影响其决策。可以说,在美国公司法的语境下,控制了董事会,也就控制了整个公司。

4. 经营者控制

经营者控制基于以下事实:公司股权高度分散,以至于没有哪个个人或者小团体能够持有哪怕是极少数的却足以控制公司活动的股权。当最大的单一股权比例可以忽略不计时,也就没有哪个股东(直接或者间接持股)能够仅仅凭借其持有的股票而处于对经营者施加较大压力的地位,或者以其持有的股票为核心,集中多数投票权而取得控制地位。

在这类公司中,控制权究竟由谁来掌握呢?为了回答这一问题,有必要更加详细地考察与董事会选举相关的各种情形。在董事会选举中,股东通常有三种选择:一是不参加投票;二是参加年度股

---

① See John L. Reed, *United States*, *in Merger & Acquisitions*: *A Practical Global Guide 400*, Global Business Publishing Ltd., 2007, p. 4.

② http://delcode.delaware.gov/title8/c001/sc04/index.shtml,最后访问日期:2020年12月10日。

东大会并亲自投票;三是签署一纸委托书,将其投票权转让给由公司经营者选出的某些个人,即代理投票委员会。除非股东拥有相当数量的股票,否则他在股东大会上的投票权就是无足轻重的。因此,股东实际上对董事选举就只有两种选择:要么根本不投票,要么将投票权转让给那些他根本无法控制也不能参与挑选的个人。无论是这两种情况中的哪一种,股东都无力行使控制权。而且,控制权会落到那些挑选代理投票委员会的人的手中,而这一委员会则决定了下届董事的选举结果。既然代理投票委员会是由现任经营者指派的,那么经营者实际上就可以指定自己的接班人。在所有权充分细分的情况下,经营者持有的股份即使无足轻重,它也会因此成为自我永存的实体。这种控制形态就是经营者控制。

5.“通过法律手段进行控制”和“少数控股权”

“通过法律手段进行控制”的主要方式包括但不限于:所有权金字塔、类别股和股权信托等;“少数控股权”的主要方式包括但不限于:代理投票、联合投票,二者与本书讨论的核心问题——公司实际控制人股权杠杆控制有很大的重叠。

二、之于“人”

民商法上的“人”,包括自然人和法人两大类,所谓的其他组织,[①]要么是自然人的个体或者集合体,但不具有法人资格;要么是法人的分支机构,也不具有法人资格,不在本书讨论的范围之内。

---

① 《最高人民法院关于适用〈中华人民共和国民事诉讼法〉的解释》第52条规定:“民事诉讼法第四十八条规定的其他组织是指合法成立、有一定的组织机构和财产,但又不具备法人资格的组织,包括:(一)依法登记领取营业执照的个人独资企业;(二)依法登记领取营业执照的合伙企业;(三)依法登记领取我国营业执照的中外合作经营企业、外资企业;(四)依法成立的社会团体的分支机构、代表机构;(五)依法设立并领取营业执照的法人的分支机构;(六)依法设立并领取营业执照的商业银行、政策性银行和非银行金融机构的分支机构;(七)经依法登记领取营业执照的乡镇企业、街道企业;(八)其他符合本条规定条件的组织。”

1. 自然人

自然人即生理学意义上的人,是指依据自然规律产生,具有五官百骸,区别于其他动物的人。自然人既是一个生物学意义上的概念,又是一个法学意义上的概念。《中华人民共和国民法典》(以下简称《民法典》)第一编规定了自然人的法律地位、民事权利能力、民事行为能力、住所、宣告失踪死亡和宣告死亡等内容。这说明具有我国国籍的一切自然人都是我国公民,都具有平等的法律地位。然而,公民并不等同于自然人。公民是公法领域中主体的称谓,是指具有一国国籍的自然人。而在私法领域中,自然人是民事主体的一种,既包括具有某国国籍的自然人,也包括不具有该国国籍的自然人,如外国人和无国籍人。因此,不能将“公民”的概念等同于“自然人”。

2. 法人

法人是与自然人相对应的另一类民事权利主体。民商法在自然人之外又承认法人的民事主体地位,自有其意义。概言之,法人制度便利自然人更加充分地参与民商事交易、有利于节约交易成本,更是限制责任的需要。①

关于法人的本质,学者们提出了法人拟制说、人格化的目的财产说和法人实在说三种相互对立的学说。

Savigny 创立法人拟制说,在罗马法传统、基督神学、启蒙学说及理想主义德国哲学中,仅视自然人为天生的并且是预设为法律秩序的法律主体,因为只有自然人是能够在上帝面前负责的且能够道德自律的生物。如果要使超个体的社会团体能够像自然人一样享有同等的权利能力,则只能借助客观法所创设的使其与自然人享有同

① 参见[德]迪特尔·梅迪库斯:《德国民法总论》,邵建东译,法律出版社 2013 年版,第 814~815 页。

等地位的方法,而且这种同等地位并不能取代人所固有的属性,仅仅是拟制而已。[①] 因此,法人不过是法律技术上的一种拟制而已,现实生活中,法人"看不见,摸不到。只是从法律观点来看它是存在的"。[②]

Brinz 创立人格化的目的财产说,从某种意义上说,此说可以认为是法人拟制说的逻辑结果,因为如果超个体的社会团体并不能当然地成为法律上的人,而只能由法律制度以拟制的方法将其视作与自然人享有同等的法律地位,那么没有主体参与但是具有特殊目的的财产也完全可以视作法人。事实上,无论是社团法人还是财团法人,历来就是没有成员的法人,所以应将法人看作一个组织起来的特别财产通过被授予权利能力而成为权利和义务的独立承受者。

Gierke 创立法人实在说,他更加看重社会团体的社会实在性与精神实在性,将团体视作超个体的生物,是社会实体,它们通过为其决定的人来行为,就如同自然人通过器官来行为一样。因此,只要团体在社会生活中仅仅以一个行为单位的面目出现,而且他人认为它们是一个单位,那么原则上就可以在法律中将它们视同自然人一样作为法律上的人来对待。法人并非一种法律上技术的拟制,而是一种实在的组织体,其拥有超个体的自有生存。

综上,具体到本书语境下"公司实际控制人"中的"人",是指通过投资关系、协议或者其他安排,能够实际支配公司行为的自然人或者法人。如果法人只是自然人的傀儡,那么宜采法人拟制说,实

① [德]托马斯·莱赛尔:《德国民法中的法人制度》,张双根译,载《中外法学》2001 年第 1 期。

② 美国著名大法官马歇尔语。转引自江平:《西方国家民商法概要》,法律出版社 1984 年版,第 45 页。

际控制人就是在幕后操控法人傀儡的自然人；如果自然人采取法人的形式控制公司，没有一个自然人作为法人的成员有绝对的控制力或者影响力，那么宜采法人实在说，实际控制人就是由自然人共同组成的法人组织。至于人格化的目的财产说，在追究实际控制人责任，特别是财产责任时，有着重要意义：本着对法人人格独立的尊重，如果公司法人或者实际控制法人的责任财产足以承担相应的财产责任，则不必首先追及相关有个人责任的自然人，上述法人在承担责任后，可以向有个人责任的自然人追偿；如果公司法人或者实际控制法人的责任财产不足以承担相应的财产责任，不足部分，追及相关有个人责任的自然人。

三、之于"股权"

1. 从股份到股权

公司的特点是将自身分成大小相等的许多份额，称作股份，以股份为单位计算投资者拥有公司所有权的份额。股份是一种财产，同时也是一个比较抽象的概念。公司必须以具体的财产为存在基础。这些具体的财产就是公司的资产，包括厂房、机器、设备、现金，还有土地使用权、知识产权、债权等。所谓将公司划成股份，并不是将公司拥有的这每一样资产实际分成这么多的份额，而是在概念上将公司作为一个整体的价值予以抽象，然后将这个整体价值分成许多份额。在这里，马克思主义政治经济学中关于价值与使用价值的区分可资借鉴，股份作为财产，作为物和物权的客体，应当从价值意义上去理解。①

基于股份所产生的权利叫股权，或股东权，二者基本可以等同。

---

① 参见朱锦清：《证券法学》（第 3 版），北京大学出版社 2011 年版，第 2 页。

证明股权或者拥有股份的凭证是股票（出资证明书）。[①] 股份、股票（出资证明书）、股权可谓三位一体。拥有股份必然持有股票（出资证明书），自然拥有股权；持有了股票（出资证明书），也就拥有了股份和股权；拥有股权，必须以拥有股份为前提，必须持有股票（出资证明书）。具体到本书语境下"公司实际控制人股权控制"中的"股权"的定义，从之。

2. 股权的性质

一般认为，股权是公司股东基于股东身份而享有的权利，对于其性质，学界主要有所有权说、社员权说和特殊民事权利说三种观点。[②]

所有权说认为，股权为股东对公司财产的所有权。根据《公司法》的相关规定，[③]股东享有的财产权包括以下几个方面：第一，资产收益权，即股东按其在公司财产中所持有的份额享有资产收益权；第二，重大经营决策权，即股东按其在公司财产中所持有的份额享有重大经营的决策权；第三，经营管理者的选择权，股东按其在公司财产中所持有的份额享有选择经营管理者的权利；第四，所持份额转让权和取得转让收入权，当然需要在法律、公司章程规定的范围内；第五，剩余财产分配权，即股东在公司终止时，按其在公司财产中所持有的份额享有获得剩余财产的权利。这些都说明，股东出资前对其相应财产享有的所有权，在出资后并未丧失，同时承认公司财产的法人所有权与股东对公司财产的所有权，并不违背"一物一权"的原则，公司财产权由股东按份共有，公司财产属于公司法人所

---

① 我国有限责任公司股东持有的是出资证明书，参见《公司法》第 31 条规定，有限责任公司成立后，应当向股东签发出资证明书。

② 参见王保树主编：《商法》，北京大学出版社 2011 年版，第 147 页。

③ 《公司法》第 4 条规定，公司股东依法享有资产收益、参与重大决策和选择管理者等权利。

有和属于公司股东按份共有，是一个问题的两个方面。[①] 法人财产权是法人对其财产的经营权而非法人所有权，公司财产应归股东所有，股权是股东实现其出资财产所有权的一种方式。[②]

社员权说是大陆法系对股权的传统认识，该说认为，公司是社团法人的一种，股东是公司这种营利社团法人的成员，股东权是股东基于其社员身份所享有的权利，其性质为社员权。[③]

特殊民事权利说认为，股权既不是所有权也不是社员权，而是一种特殊的民事权利。股权是股东转让其出资所有权的对价，是目的权利和手段权利的结合，具有团体权利和个体权利辩证统一的特点，兼有请求权和支配权的特性，具有资本性和流转性。根据上述特点，股权既不是所有权，也不是社员权，而是一种在公司设立过程中创设的特殊民事权利。[④]

所有权说是在我国《公司法》颁布初期，与法人财产权大讨论相伴而生的产物，随着法人特别是公司法人理论研究的深入，人们对公司财产与股东之间关系的认识更加清晰、深刻，该说已经逐渐淡出人们的视野。特殊民事权利说虽然较有说服力，但并没有从根本上动摇社员权说的传统认识，因此，社员权说仍是目前较为流行的观点。具体到本书语境下“公司实际控制人股权控制”中的“股权”的性质，亦从之。

3. 股权的内容

作为社员权的股权，包括传统民法中对所有权占有、使用、收

---

① 参见杨紫煊：《论公司财产权和股东权的性质》，载《中国法学》1996 年第 2 期。

② 参见史际春：《关于法人财产权和股东权的法律规定刍议》，载《法制与社会发展》1995 年第 6 期。

③ 参见刘俊海：《股份有限公司股东权的保护》（修订本），法律出版社 2004 年版，第 12 ~ 16 页。

④ 参见江平、孔祥俊：《论股权》，载《中国法学》1994 年第 1 期。

益、处分的权能。但是民法上一般的、笼统的、抽象的概念对于商法上特殊的、具体个别的复杂问题是不够周延的。因此，股权的权能还包括知情权、收益权和投票权。从《公司法》和《证券法》的角度看，股权的内容主要有收益权和投票权两个方面。

收益权主要包括分红、升值和剩余财产分配三个方面。分红指公司将其经营产生的利润按照持股比例（出资比例）分配给股东。升值指股票（出资份额）价格的上涨。从理论上说，分红与升值是互为消长的关系。在别的因素给定的前提下，公司分红越多，股票升值越少；分红越少，升值越多。分红与否，不影响股东的总体权益。[①]剩余财产分配是指在公司清算的情况下，公司财产如果在清偿了公司的全部债务之后尚有剩余，股东有权凭其所持的股份，参与对该剩余财产的分配。

投票权是参与公司决策的权利。股东对公司拥有社员权，公司对其资产拥有法人财产权和经营权。现代公司是所有权与经营权相分离的典型的、完美的形式。既然股东是这种营利社团法人的成员，其对公司经营上的重大问题，当然也有最终的决策权和否决权。当然，单个股东不能独自行使这种权利，除非他拥有公司股份的全部或者多数。所以，他必须与其他股东共同行使权利。股东会或股东大会就是股东共同行使决策权和否决权的权力机构。会议每年至少召开一次，公司有义务将开会的时间和地点通知股东，每个股东都有参加会议的权利，在会上有权就其所拥有的股份投票表决。

---

① 例如，当公司市价从1亿元升到2亿元的时候，已发行股票1000万股，每股的价格也从10元升到20元。如果这时公司决定拿出2000万元分红，每股2元。分红之后公司的市价将降为1.8亿元，每股的价格为18元。加上分红所得的2元，总和还是20元。这和在不分红的情况下，股东将手中的股票卖掉所得的钱是一样的。这里只是基本假设，由于市价与会计账面值的不一致、市场对前景的预测等多种因素，实际的情况要复杂得多。

股东会议有权决定公司的经营方针和投资计划，选举和更换董事、监事，审议批准董事会的报告、监事会的报告、公司的年度财务预算方案和决算方案、利润分配方案，对公司的合并、分立、解散和清算作出决议；等等。①

具体到本书语境下"公司实际控制人股权控制"中的"股权"的内容，仍然从之，只不过本书更加关注的是收益权与投票权的杠杆化，即实际控制人虽然直接或者间接持有公司较低比例的股权，甚至不直接持有股权，但控制绝对多数或者相对多数的投票权，进而掌握公司的控制权。

四、之于"股权杠杆控制"

本书已经不止一次提及，所谓股权杠杆控制，即实际控制人虽然直接或者间接持有公司较低比例的股权，甚至不直接持有股权，但控制绝对多数或者相对多数的投票权，进而掌握公司的控制权。实现股权杠杆控制的主要方法有：所有权金字塔、类别股、代理投票、联合投票、股权信托等。

1. 所有权金字塔

在不拥有多数股权的情况下，为了维持对公司的控制权，已经形成了多种法律手段。其中，在大型公司中，最重要的是所有权金字塔型。这种方法指的是先拥有某家公司的多数股票，而该公司又拥有另一家公司的多数股票——这是一个可以重复多次的过程。使用这种方法，即使只拥有比最终控制财产的1/4、1/8、1/16稍多一点，甚至是更少的权益，就能在法律上保证其控制地位。通过发行中间公司的债券和无投票权的优先股，这种金字塔型的控制过程将会加速进行。②

---

① 参见朱锦清：《证券法学》（第3版），北京大学出版社2011年版，第3页。

② ［美］阿道夫·A. 伯利、加德纳·C. 米恩斯：《现代公司与私有财产》，甘华鸣、罗锐初、蔡如海译，商务印书馆2007年版，第82～83页。

如果在金字塔型控制系列中，包括两三个中间公司，它们在法律上被拥有其多数股票的上一级公司所控制，那么最高层的大公司只要拥有其最终控制公司财产极少比例的所有权，就可以对整个金字塔中的公司进行完全的、合法的控制。拥有金字塔顶端公司多数股票的所有者，即使其股份权益只占金字塔全部财产的极小比例，也能如单一所有者一样，对所有财产几乎拥有完全的控制权。

图3　所有权金字塔原型

图3所有权金字塔原型是一种最典型也是最简单的所有权金字塔，A公司的大股东B公司持有A公司51%的股权，类似地，B公司的大股东C公司持有B公司51%的股权。通过这个简单的所有权金字塔，C公司虽然仅间接持有A公司26.01%的股权，但是间接拥有A公司51%的投票权，进而控制了A公司。

当然，图3只是一个简单、原始的模型，所有权金字塔仅有三层，且每层仅有一家公司。公司治理实践中的所有权金字塔往往更加复杂并与其他股权杠杆控制方法交叉。

被誉为台湾地区“经营之神”的台塑集团创办人王永庆①早于1976年就以捐赠台塑股权的方式，以父亲之名成立长庚纪念医院。长庚纪念医院是“台塑四宝”的主要股东，由于“台塑四宝”彼此交叉持股，并以金字塔结构控股其他下属企业（见图4），王永庆成功地将王氏家族对台塑集团的控制权集中于长庚纪念医院。②

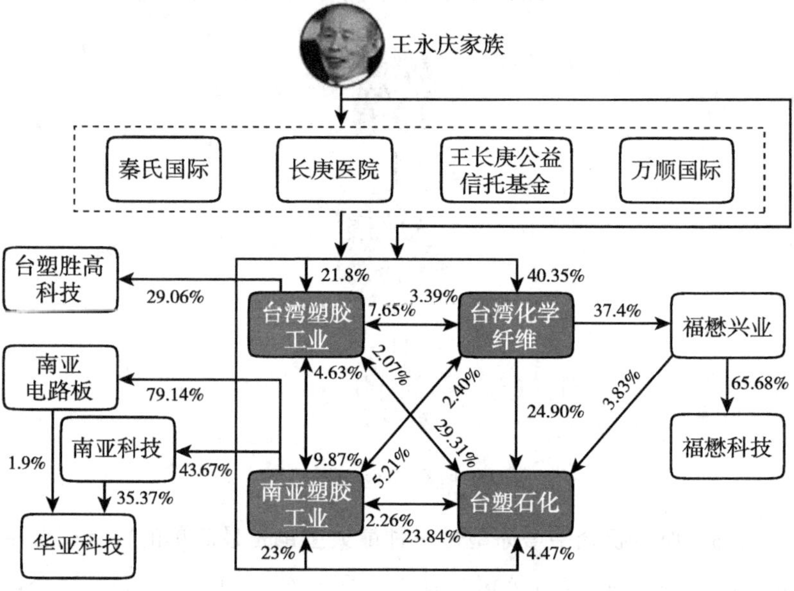

图4　台塑集团股权金字塔

具体到本书语境下“公司实际控制人股权杠杆控制”中的“股权

① 王永庆于2008年10月辞世，享年92岁。他没有留下遗言，但留下了一个庞大的企业王国及巨额遗产。王永庆，于1954年与弟弟王永创办台塑集团，经过50多年的发展与扩张，成为如今台湾地区最大的工业集团、第二大的民营企业，并且是世界最大的石化生产商之一，在台湾地区控股10家上市公司，包括4家核心企业，俗称“台塑四宝”。

② 参见http://www.p5w.net/newfortune/jctj/201005/t2980905.htm，最后访问日期：2020年12月10日。

杠杆控制”,实际控制人显然可以通过所有权金字塔,直接或者间接持有公司较低比例的股权,甚至不直接持有股权,但控制绝对多数或者相对多数的投票权,进而掌握公司的控制权。

2. 类别股

所谓普通股,是指同时具有收益权和投票权的股份。公司可以根据需要,发行权利义务不同的多类普通股股票,但是就每一类股票而言,该类中每一股的权利义务都是相同的即所谓同股同利,同股同权。①

所谓类别股是相对于普通股而言的,是一种在股利、剩余财产分配或表决权方面享有不同于普通股股东权利的股份,类别股的股权是对普通股股权的切割组合,某些方面的权利优先于普通股,某些方面的权利相较于普通股受到限制,这些不同于普通股的特殊权利或限制必须记载在类别股合同中,除此特殊规定以外,其他权利同普通股相同。一句话,类别股权利包括两方面,一是类别股合同特殊约定的优先性权利或限制,二是与普通股相同之权利。②

这里需要与普通股、类别股相区别的概念是优先股,③其收益权优先于普通股,但是一般没有投票权。收益权的优先,表现在两个方面:第一,分红优先。公司有剩余的利润可供分红,必须先分给优先股,再分给普通股。凡是优先股的股东没有得到足额分红的,普通股一律不得分红。第二,剩余财产分配优先。在公司清算中,在清偿债务之后尚有剩余财产的情况下,优先股有权以其初始的出资

---

① 《公司法》第126条规定,股份的发行,实行公平、公正的原则,同种类的每一股份应当具有同等权利。同次发行的同种类股票,每股的发行条件和价格应当相同;任何单位或者个人所认购的股份,每股应当支付相同价额。

② 参见刘胜军:《类别股法律制度研究——以类别股利益冲突治理为中心》,清华大学2015年博士学位论文,第17页。

③ 《国务院关于开展优先股试点的指导意见》(国发〔2013〕46号):优先股是指依照公司法,在一般规定的普通种类股份之外,另行规定的其他种类股份,其股份持有人优先于普通股股东分配公司利润和剩余财产,但参与公司决策管理等权利受到限制。

额为限优先于普通股参与剩余财产的分配。凡是优先股的股东没有得到足额分配的,普通股一律不得分配。

优先股只是类别股的一个类型,公司治理实践中的类别股还包括高比例投票权股(如双倍表决权股)等。

例如,福特公司发行的 B 级股(见表 3),普通股代表股权的 97%,B 级股票仅为 3%。但是,普通股只拥有投票权的 60%,而 B 级股拥有 40% 的投票权。①

表 3　福特公司含有 B 级股的资产负债(以百万为单位)

股本(注 25)	2009 年 12 月 31 日	2008 年 12 月 31 日
普通股,面值 $0.01 每股(60 亿额定股份的 326.6 万发行股)	33	23
B 级股票,面值 $0.01 每股(53 亿额定股份 7100 万发行股)	1	1
注 25　股本和每股金额 股本。所有的一般投票权赋予普通股和 B 级股的持有者。普通股的持有者拥有 60% 的一般投票权,而 B 级股的持有者有权享有剩余的 40% 投票权。普通股和 B 级股的股息支付时间相同,应付股利以持股数量为准。正如在注 19 中所讨论的,在修订信贷协议的条款约束下,我们支付股利的权力有限(而不是股票的应付股利)。 如果清偿,每一普通股将有资格获得最初的 $0.50,普通股和 B 级股持有者按比例分配;每一 B 级股有资格获得下一个 $1.00,每一普通股可获得下一个 $0.50,之后每一普通股和 B 级股有资格获得的数量相等。		

又如,路易威登集团赋予长期股东的双倍表决权(见表 4),即一股投票权等于其他股票投票权的两倍,但是关于它们所代表的股权资本份额,需满足下列条件才能被允许:

——对于全部付清的记名股票,需要提供在同一股东名下至少 3 年的证据;

① Ford Motor Company – 2009 annual report, p. 77, 150.

——对于分配给股东的记名股票，只有在以下情况下才有资格从中获得利益：在通过准备金资本化引起的资本增长的情况下；在利润增长的情况下；在现存股票的溢价发行的情况下。[①]

表4　路易威登集团长期股东的双倍表决权

	股票总量	投票权数量	资本百分比	投票权百分比
阿尔诺集团	232, 345, 936	445, 956, 346	47.38%	63.64%
其他	258, 059, 718	254, 780, 503	52.62%	36.36%
总量	490, 405, 654	700, 736, 849	100%	100%

具体到本书语境下“公司实际控制人股权杠杆控制”中的“股权杠杆控制”，实际控制人显然可以通过类别股，直接或者间接持有公司较低比例的股权，甚至不直接持有股权，但控制绝对多数或者相对多数的投票权，进而掌握公司的控制权。

3.代理投票

实现分散的所有权与强控制权组合的方法还有代理投票，其又可以细分为以下两类。

第一类，银行代理投票，如德国等由银行持有公司股份就是代理投票的典型。这个代理投票来自在银行存款客户的股份，银行代替客户行使表决权。很多小投资者都将其股权证书抵押给银行保管。作为对客户的一项服务，银行会查看每家公司的股东大会时间，并通知持有公司股票的客户即将召开的股东大会，同时也会询问他们是否愿意让银行代替其行使表决权。银行在给客户发出的信件中陈述代理投票的操作过程，并将会在股东大会上代为行使投票权，除非客户回复称不愿将自己的权利转交给银行。这意味着，

---

① LVMH Reference document 2009, Bylaws, p. 228; LVMH annual report 2009, p. 12.

银行在股东大会上所拥有的表决权比例远远超过其直接持股量。[①]另外，虽然一些国家允许银行持有其他公司的股份，但银行也经常通过代理投票来提高对其所投资公司的控制程度。

第二类，代理权征集，如美国法上的代理权征集是代理权征集的典型。股东所拥有的表决权由公司经理人代为执行，或者小股东通过这种方式寻求其他股东的支持，以便令自己在股东大会上提出的某项提议获得通过。多数情况下，经营者是在年度股东大会上选出的，大会通知必须寄送到每一位有投票权的股东手里。而且与此通知一并寄送给股东的通常还有一张代理权委托书，要求股东签字后返还。股东在委托书上填入2～3人作为其投票代理人，并将他们在年度股东大会上相应的投票权赋予其代理人。在选举代理人委员会时，公司经营者当然要提名那些对他们有帮助的人；在经营者是由少数居于控制地位的人选出时，其选举的代理人委员会也必然是为这少数控制者的利益服务的。小股东一般对此事相当冷淡，他们要么根本不将代理委托书寄回，要么就是在虚线上署名后寄回公司的办公室。通常情况下，在每次选举中，需要股东参与的就只有这一项工作。选举结果实质上已由那些拥有控制权的人事先作出，代理投票只不过是个橡皮图章而已。但在经营者抵制并拒绝运用代理机制为居于控制地位的持少数股票集团服务的情况下，该控制集团就只能借助于寄出一系列代理委托书复印件的方式寻求股东的支持，来共同反对经营者，而这样做要付出高昂的代价（见表5和表6）。[②]

具体到本书语境下“公司实际控制人股权杠杆控制”中的“股权

---

① 参见[德]漫德比西勒、怀克：《德国公司法》，殷盛译，法律出版社2010年版，第36页。

② Medco Health Solutions Inc. 2014 Annual Report.

杠杆控制”,实际控制人显然可以通过代理投票,直接或者间接持有公司较低比例的股权,甚至不直接持有股权,但控制绝对多数或者相对多数的投票权,进而掌握公司的控制权。

表 5　管理层代理权征集

管理层代理权征集

本委托书是代表××公司的董事会提出请求。

下面内容签字后将废除之前的所有委托书,并在×年×月×日举行的股东大会公告后正式生效。本次代理声明将赋予 Y 代理投票权,每人签字代理后将拥有代理对象的全部权利,可以代表××公司所有普通股进行表决。委托书签字后,代理人有权行使表决权,代表他/她自己或者任何企业法人,于×年×月×日×时×处在举行的公司股东大会上进行投票。在休会或延期的任何时候,如本人亲自出现一样具有同样效力和影响。本委托书赋予他们自由裁量权,对所有影响会议进行的意外事件以及对在会议开始前可能发生的其他事项进行投票。当这个代理权正确行使的时候,将按本页背面所规定的进行表决。如没有特别规定(包括没有对任何被提名者投票的代表权力),这个代理权将根据董事会的推荐进行投票。

……

表 6　异议股东代理权征集

异议股东代理权征集

本委托书是代表××公司的异议股东提出请求。

下面内容签字后将废除之前的所有委托书,并在×年×月×日举行的股东大会公告后正式生效。本次代理声明将赋予 Y 代理投票权,每人签字代理后将拥有代理对象的全部权利,可以代表××公司所有普通股进行表决。委托书签字后,代理人有权行使表决权,代表他/她自己或者任何企业法人,于×年×月×日×时×处在举行的公司股东大会上进行投票。在休会或延期的任何时候,如本人亲自出现一样具有同样效力和影响。本委托书赋予他们自由裁量权,对所有影响会议进行的意外事件以及对在会议开始前可能发生的其他事项进行投票。当这个代理权正确行使的时候,将按本页背面所规定的进行表决。如没有特别规定(包括没有对任何被提名者投票的代表权力),这个代理权将根据异议股东的推荐进行投票。

……

4. 联合投票

股权杠杆控制的方法还包括联合投票，其机制与代理投票类似，指几个股东联合力量，并且同意以同样的方式进行投票。图 5 展现了在德意志银行、意大利中期银行和意大利忠利保险公司之间的联合投票案例。虽然上述三个股东每一家都只持有菲亚特公司的较少股份，但通过投票协议联合在一起，能够将总的表决权提高到 8.4%。①

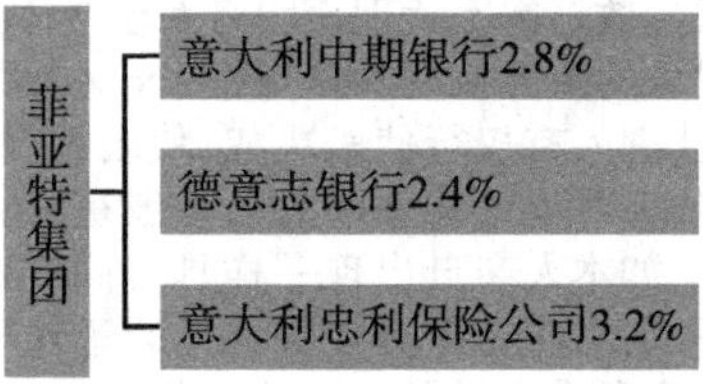

图 5　菲亚特集团股东的联合投票

联合投票是相当少见的，尤其是很难长期坚持，其原因可能是由于受到制度限制且需要创建成本。例如，英国城市法典收购部分要求，在一家公司所持股份超过 30% 的股东需要对剩下的股东作出清偿。该规定同样适用于联合投票，一旦联合股份达到 30% 的临界值，大股东也必须作出相应的清偿行为。② 尽管联合投票的创建和维持都比较难，但对英国公司的调查发现这样的联合还是会临时存在，目的是对业绩不佳的公司进行管理干预。③

---

① Bianehi et al. (2001), *Pyramidal groups and the separation between ownership and control in Italy by* Bianchi M., Bianco M., Enriques L., *The Control of Corporate Europe*[Barca F. and Becht M. (eds.) 2001], Oxford University Press. p. 155.

② 参见葛伟军：《英国公司法要义》，法律出版社 2014 年版，第 51 页。

③ Crespi-Cladera R., L. Renneboog: Corporate monitoring by shareholder coalitions in the UK, (2003) available at SSRN: http://ssrn.com/abstract = 379124，最后访问日期：2020 年 12 月 10 日。

具体到本书语境下“公司实际控制人股权杠杆控制”中的“股权杠杆控制”，实际控制人显然可以通过联合投票，直接或者间接持有公司较低比例的股权，甚至不直接持有股权，但控制绝对多数或者相对多数的投票权，进而掌握公司的控制权。

5. 股权信托

除了上述通过直接或间接拥有多数投票权来寻求合法的控制权外，还可以考虑更进一步的方法，这种方法甚至无须拥有多数投票权即可取得合法的控制权，此即股权信托（见图6）。它包括组织受托人集团，这一集团通常由部分经营者组成，他们拥有全部受托股票的投票权。当多数股票已经托管时，受托人即使对被托管股票没有任何必要的所有权，也几乎能够完全控制公司的事务。同时，股东们得到一纸信托证书以代替股票，表明他们有权分享董事会所决定的盈余分配。股权信托在某种意义上等价于表决权信托。所谓表决权信托，是指一个股东或数个股东根据协议将其持有股份的法律上权利，主要是股份的表决权，转让给一个或多个受托人，后者为实现一定的合法目的在协议约定或法律确定的期限内持有该股份并行使其表决权的一种信托。

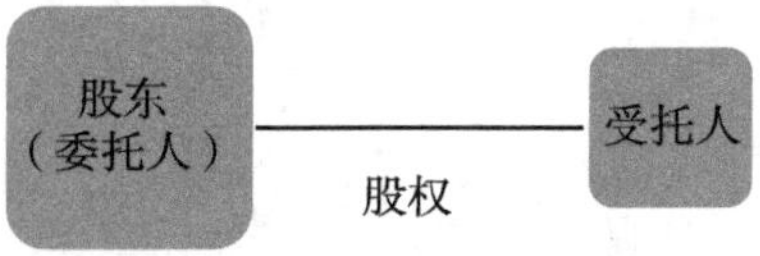

图6　股权信托原型

当然，公司治理实践中的股权信托结构更加复杂（见图7），但基本原理与原型是相同的。[①]

---

① http://www.soufoo.com/news_pro.php? nid=31761，最后访问日期：2020年12月10日。

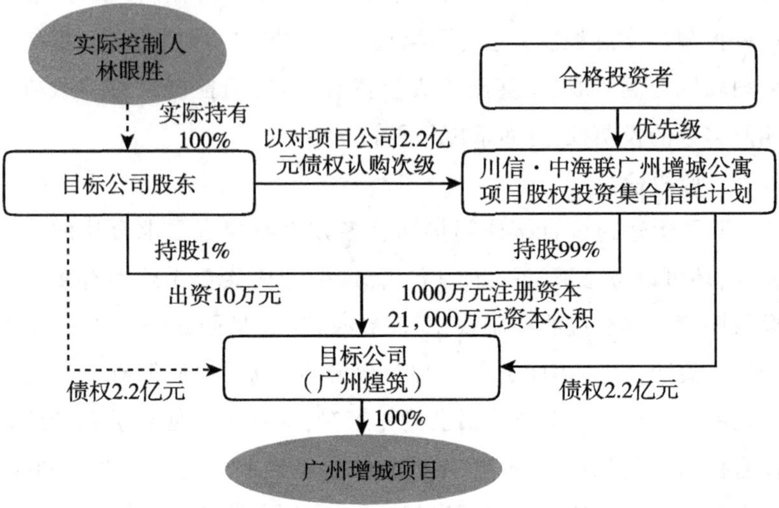

图7　四川信托——中海联广州增城公寓项目股权投资集合信托计划

具体到本书语境下“公司实际控制人股权杠杆控制”中的“股权杠杆控制”，实际控制人显然可以通过股权信托，直接或者间接持有公司较低比例的股权，甚至不直接持有股权，但控制绝对多数或者相对多数的投票权，进而掌握公司的控制权。

第二章 为什么存在公司实际控制人股权杠杆控制

之所以存在公司实际控制人股权杠杆控制，是因为公司实际控制人股权杠杆控制，可以通过隧道效应（tunnelling）、特权消费（perquisites）和建造个人帝国（empire building）等方法攫取排他、高额的金钱利益与非金钱利益，而随之而来的成本却由中小股东、公司以及其他利害关系人分担。

第一节 隧道效应

Berle 和 Means 假设随着公司的不断发展，所有权最终将与控制权相互分离。虽然经理人没有或只有很少股权，但他们代替所有者或股东经营公司。然而，这个描述虽然适用于英美国家的公司治理机制即股权分散且控制权归属于经理人，但是这个描述并不适用于世界上其他国家的多数公司，因为这些公司通常拥有大股东，大股东拥有足够的权力掌管公司事务，也就是说，公司的控制权归属于一个或几个大股东所有。控股股东的类型通常包括其他公司、家族或政府等。另外，这些公司内的所有权与控制权也相互分离，只是这种分离并不存在于经理人和股东之间，而存在于股东内部之间。具体来讲，这类公司有两种类型的股东：有控制权的大股东和小股东。有控制权的大股东拥有足够的扭力掌控公司事务，主导或至少影响公司的决策过程，但小股东却缺少足够的权力进行干预。因此，世界上大部分公司的主要治理问题并不是经理人和股东之间的经典代理问题，而是控股股东侵占小股东利益的问题。① 隧道效应、特权消费和建造个人帝国是控股股东侵占小股东利益最主要的几种方式。②

一、经典隧道效应

1. 相关定义与理论

LLSV 中的 LLS 与 Johnson，S. 将隧道效应定义为大股东将公司

---

① See Rafael La Porta, Florencio Lopez-de-Silanes & Andrei Shleifer, *Corporate Ownership Around the World*, 54 J. FIN. 471(1999); John C. Coffee Jr. ,*The Future as History: The Prospects for Global Convergence in Corporate Governance and Its Implications*, 93 NW. U. L. Rev. 641, 642 (1999); Lucian A. Bebchuk & Mark Roe,*A Theory of Path Dependence in Corporate Ownership & Governance*, 52 STAN. L. Rev. 127 (1999); John C. Coffee Jr. , *Do Norms Matter? -A Cross-Country Evaluation*, 149 U. PA. L. Rev. 2151, 2154 (2000); Ronald J. Gilson, *Controlling Shareholders and Corporate Governance: Complicating the Comparative Taxonomy*, 119 HARV. L. Rev. 1641, 1644 (2006).

② See Eric Friedman, Simon Johnson and Todd Mitton, *Propping and tunneling*, Journal of Comparative Economics 31, p. 732 (2003).

的资产或利润转移到自己手中，从而剥夺小股东的行为。[①]

朱慈蕴教授在其经典论文《资本多数决原则与控制股东的诚信义务》中，更加明晰和系统地定义了隧道效应，并进行了列举和类型化，即关联交易下的利益转移，主要是指控制股东与公司之间所进行的购买、销售、租赁、代理等交易行为。公司大股东或者其他关联方利用其控制地位，将公司的利益转至母公司或关联公司。如母公司廉价或无偿占用公司的资金，向公司高价供应原料，高价转让资产，尤其是劣质资产，向公司低价收购产品然后转售以获取盈利；公司承担母公司的费用，为母公司或其他关联公司的贷款进行担保等。[②]

朱慈蕴教授进一步极具洞见地指出，即使有时出现相反的利益转移，母公司也不是为了公司的利益。如在公司经营业绩不佳时，为保住其配股资格或避免摘牌，母公司往往通过关联购销、资产租赁、资产托管、承包经营等多种手段，由母公司向公司转移经营利润，务求在短期内人为地提高公司的经营业绩，以期在资本市场上进一步圈钱。

2. 数值实例与表达式

如果用具体的数值实例来说明这一问题可能更加直观、明晰。假设理想状态下不考虑公司其他利害关系人，大股东/控制股东拥有 A 公司 51% 的股权，A 公司剩余的股权归属于中小股东；同时大股东/控制股东还拥有 B 公司 100% 的股权（见图 8）。如果大股东/控制股东通过资本多数决支配了 A 公司的决策系统，A 公司的中小

---

① See Johnson S., Rafael La Porta, Florencio Lopez-de-Silanes, Andrei Shleifer, *Tunneling*, American Economic Review 90, p. 22 – 27 (2000).

② 参见朱慈蕴：《资本多数决原则与控制股东的诚信义务》，载《法学研究》2004 年第 4 期。

股东的表决权无法与其抗衡，此时，大股东/控制股东拥有足够的权利窃取A公司的财产。如果大股东/控制股东窃取A公司100万元人民币的资产并移转到其全资控股的B公司，其总收益为100万元人民币，净收益为49万元人民币（100－100×51%），那么A公司中小股东的损失是49万元人民币。

图8 经典的隧道效应

申言之，当大股东/控制股东通过隧道效应窃取其所控制公司的财产时，实际上从被控制公司的中小股东那里窃取了［T×（1－x%）］的财产，其中，T为窃取被控制公司的总金额，x%为大股东/控制股东的持股比例（见表7）。

表7 大股东/控制股东隧道效应侵占中小股东财产的金额

公式： $$S = T \times (1 - x\%)$$ 说明： S——侵占被控制公司中小股东财产的金额 T——侵占被控制公司财产的总金额 x%——大股东/控制股东的持股比例

通过表7,不难发现,大股东/控制股东侵占被控制公司中小股东财产的金额S与大股东/控制股东的持股比例x%呈负相关,①即大股东/控制股东的持股比例越低,在其他条件不变的情况下,其侵占被控制公司中小股东财产的金额就越高。

大股东/控制股东将A公司的资产移转到其全资控股的B公司的方式,较常见的为转移定价,即A公司为B公司所提供的资产或服务支付更高的价格。例如,B公司为A公司提供咨询服务,同时向A公司收取高于市场平均水平的报酬,那么额外利润将进入大股东/控制股东的口袋,而其成本将由A公司的中小股东承担。大股东的隧道效应和转移定价问题有时也被称为关联交易。②

二、杠杆化隧道效应

1. 相关的定义与理论

股权杠杆控制,即实际控制人虽然直接或者间接持有公司较低比例的股权,甚至不直接持有股权,但控制绝对多数或者相对多数的投票权,进而掌握公司的控制权。实现股权杠杆控制的主要方法有:所有权金字塔、类别股、股权信托、代理投票和联合投票等。基于本书对股权杠杆控制的定义和分析,参考前述对于经典隧道效应的论述,本书语境下将杠杆化隧道效应定义为:实际控制人通过股权杠杆控制,将整条控制链上公司的资产或利润转移到自己手中,侵占整条控制链上中小股东利益的行为。其中,最典型也是最常用的手段是所有权金字塔,其他手段如类别股、股权信托、代理投票和

---

① 负相关,是指在回归与相关分析中,因变量值随自变量值的增大(减小)而减小(增大)的现象。在这种情况下,表示相关程度的相关系数为负值。

② See Levine M. A., Fitzsimons A. P. and J. G. Segel, *Auditing related party transactions*, CPA Journal 67, p. 46 – 50 (1997).

联合投票等，与所有权金字塔原理相同，即都以相对较少的直接控股撬动相对较多的间接控股，从而控制整条控制链上的公司，进而侵占整条控制链上的公司及其中小股东利益。

2. 数值实例与表达式

用具体的数值实例说明，假设理想状态下不考虑公司其他利害关系人，实际控制人拥有 C 公司 51% 的股权，C 公司剩余的股权归属于中小股东；同时其还拥有 B′公司 100% 的股权；另外，C 公司拥有 A′公司 51% 的股权，A′公司剩余的股权归属于中小股东（见图 9）。实际控制人在所有权金字塔的每个标准上都获得了控制权，但是，其只间接持有 A′公司 26.01% 的股权（51% ×51%）。如果实际控制人从 A′公司窃取 100 万元人民币的资产转移到 B′公司，其将仍然获得 100 万元人民币的总收益，但其净收益为 73.99 万元人民币（100 - 100 ×51% ×51%），此亦是 A′公司和 C 公司中小股东承担的损失，其中，A′公司的中小股东承担 49 万元人民币[100 ×（1 - 51%）]，C 公司的中小股东承担 24.99 万元人民币[（1 - 51%）× 51% ×100]。

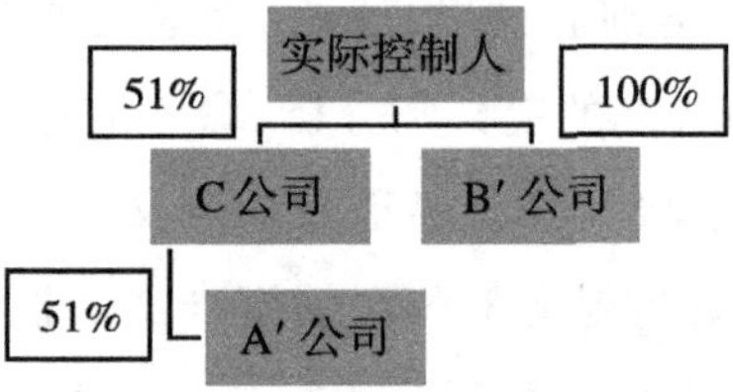

图 9　杠杆化的隧道效应

申言之，当实际控制人通过杠杆化的隧道效应窃取其所控制公司的财产时，实际上从整条控制链的中小股东那里窃取了[T′ × (1 - y%)]的财产，其中，T′为窃取被控制公司的总金额，y% 为实际控制人的杠杆化率L[1]的倒数。[2]这里需要特别对 y% 和 L 加以说明，引入微积分的思想可以推导出 $y\% = x_1\% \times x_2\% \times \cdots\cdots \times x_n\%$，其中，$x_1\%$ 表示实际控制人在控制链第一层（如图 10 中的 C 公司）的直接持股比例，一般大于 50%；$x_2\%$ 表示实际控制人控制的控制链第一层（C 公司）在控制链第二层（如图 9 中的 A′公司）的直接持股比例；$x_n\%$ 表示实际控制人控制的控制链第（n－1）层在控制链第 n 层的直接持股比例。y% 可归纳为实际控制人在控制链最后一层的间接持股比例，实际控制人的杠杆化率 L 是其在控制链最后一层的间接持股比例 y% 的倒数，即 L 与 y% 呈负相关（见表 8）。

---

① 杠杆率一般是指资产负债表中权益资本与总资产的比率。杠杆率是一个衡量公司负债风险的指标，从侧面反映出公司的还款能力。杠杆率的倒数为杠杆倍数。无论企业营业利润多少，债务利息和优先股的股利都是固定不变的。当息税前利润增大时，每一元盈余所负担的固定财务费用就会相对减少，这能给普通股股东带来更多的盈余。这种债务对投资者收益的影响，称为财务杠杆。财务杠杆影响的是企业的税后利润而不是息前税前利润。财务杠杆率等于营业利润与税前利润之比，反映由于固定的债务存在，财务费用（利息）对保险企业利润的影响程度。在一定程度上反映企业负债的程度和企业偿债能力，财务杠杆率越高反映利息费用越高。简单地讲，就是把资金放大，这样资金成本就很小，同时风险和收益就放大了，因为盈亏的百分比不是依据原来的资金，而是根据放大后的资金来衡量的。财务杠杆率＝核心资本/表内表外总资产风险暴露。风险暴露，也称风险敞口，是指因债务人的违约行为所导致的可能承受风险的信贷业务余额。

② 倒数（reciprocal/multiplicative inverse），是指数学上设一个数 x 与其相乘的积为 1 的数，记为 1/x 或 x，过程为“乘法逆”，除了 0 以外的复数都存在倒数。倒数图将其以 1 除，便可得到倒数。两个乘积是 1 的数互为倒数，0 没有倒数。

表 8　实际控制人杠杆化隧道效应侵占中小股东的财产金额

公式： $S' = T' \times (1 - y\%) = T' \times [1 - (1/L)]$ $L = 1/(y\%)$ $y\% = x_1\% \times x_2\% \times \cdots\cdots \times x_n\% = \prod Xn$ 说明： S′——侵占整条控制链上中小股东的财产金额 T′——侵占条控制链的财产总金额，x% －大股东/控制股东持股的比例 L——实际控制人的杠杆化率 y%——实际控制人在控制链最后一层的间接持股比例 $x_1\%$——实际控制人在控制链第一层的直接持股比例，一般大于 50% $x_2\%$——实际控制人控制的控制链第一层在控制链第二层的直接持股比例 $x_n\%$——实际控制人控制的控制链第(n－1)层在控制链第 n 层的直接持股比例

通过表 8，不难发现，实际控制人侵占整条控制链上中小股东的财产金额 S′与实际控制人的杠杆化率 L 呈正相关，①即实际控制人的杠杆化率越小，在其他条件不变的情况下，其侵占被整条控制链中小股东的财产金额就越高。相应地，实际控制人侵占整条控制链上中小股东的财产金额 S′与实际控制人的在控制链最后一层的间接持股比例 y% 呈负相关，即实际控制人的在控制链最后一层的间接持股比例越低，其侵占被整条控制链中小股东的财产金额就越高。

① 正相关(positive correlation)，是指两个变量变动方向相同，一个变量由大到小或由小到大变化时，另一个变量亦由大到小或由小到大变化。即其数据曲线的切线斜率始终大于零。

第二节　特权消费

特权消费(perquisites)或者称特别待遇,有时也称为额外福利,主要是由公司经营者的在职消费所引起。虽然特权消费的利益由经营者享受,但是成本却由全体股东承担。特权消费的呈现方式多种多样,例如,利用公司的资金建设豪华办公室,购置奢华私人宅邸、商务飞机,享受特殊津贴;等等。[①]

鉴于现代公司所有权与控制权的分离,为了防范经营者,特别是高级管理人员对于公司控制权和利益的攫取,股权杠杆控制公司的实际控制人在公司治理的过程中,往往利用其优势的表决权直接选举自己作为公司的董事长、首席执行官或者其他高级管理人员。[②] 此时,股权杠杆控制公司的实际控制人同时又是公司的直接经营者,自然可以享受上述特权消费(见表9、[③]表10[④] 和表11[⑤])。

---

① 参见[卢森堡]马克·格尔根:《公司治理》,王世权、杨倩、侯君等译,机械工业出版社2014年版,第7页。

② 这里为了表述方便,将"董事长、首席执行官或者其他高级管理人员"统称为经营者。

③ See Alex Berenson, *Executives perks provoke calls for greater disclosure*, New York Times, 23 February, Finance Section, p. 13 (2004).

④ See Simon Bowers and Julia Finch, *The Guardian*: *Blue-chip companies braced for the great boardroom pay rebellion*: *Shareholders likely to revolt at four meetings Targets of investor anger include M&S and Burberry*, Guardian, 12 July (2010).

⑤ See Nick Goodway, *Outrage of RSA chief Haste's pay package*, Evening Standard, 12 April (2010).

表 9 泰科集团的特权消费

特权消费最极端的案例之一是关于美国泰科国际集团(US conglomerate Tyco International)的首席执行官。他的特权消费包括为他妻子的 40 岁生日在意大利撒丁岛花费 100 万美元公司资金,使用 1.5 万美元购买雨伞架和 6000 美元购买浴帘。

表 10 巴宝莉集团的特权消费

巴宝莉时尚集团(Burberry)的首席执行官安吉拉·阿伦茨(Angela Ahrendts)2009 年得到了价值 610 万英镑的现金、收益和股份。该笔款项中有 43.2 万英镑的额外津贴,其中包括汽车和服饰津贴。

表 11 RSA 集团的特权消费

安迪·黑斯特(Andy Haste),安全巨人 RSA 公司的行政长官,近日也加入不断狂热的高薪老板选举中,因为他 2009 年的薪水受到通货膨胀的影响上涨了 14%,达到 233 万英镑;而 RSA 公司上一年的利润却下降了 27%,跌至 5.44 亿英镑。此外,安迪·黑斯特还获得了 102 万英镑的奖金和 30.9 万英镑的养老金,以及价值 4.2 万英镑的汽车与旅游额外津贴。

通过表 9、表 10 和表 11,不难发现,经营者(同时作为股权杠杆控制公司的实际控制人)的特权消费会带来公众愤怒,尤其是在公司绩效不佳甚至濒临破产的时候。David Yermack 的调查表明,当首席执行官的特权消费最初披露时,公司股价大约会降低 1%。从市场的长期表现来看，那些给予首席执行官私人飞机使用权津贴的公司，其股票业绩表现普遍低于市场平均水平4%，这明显高于管理者们对公司资源的消费成本。Yermack认为，在股东们知道股票业绩不佳之前，可以通过特权消费这一公开的事实判断股票价格的下跌。他推断出管理者在确保能够得到特权消费之前，一直推迟披露股票市场的不利消息。有趣的是，Yermack还发现经常使用公司私人飞机的管理者通常也都是远距离高尔夫俱乐部的会员。①

第三节　建造个人帝国

建造个人帝国(empire building)也被称为自由现金流问题(free cash flow problem)，Jensen, M. C. 在1986年提出相应的概念和相关的理论。该理论主要描述的是管理者追求经营扩张，而不是股东价值最大化。尽管两者间有一定的联系，但经营扩张并不一定产生股东价值，反之亦然。具体来讲，如果经理人以提高股东利益为目标经营公司，那么只能投资于所谓的正净现值(net present value)②项目，也就是那些未来预期现金流超过原始投资成本的项目。公司在

---

① See Yermack D., *Flights of fancy: corporate bets, CEO perquisites, and inferior share-holder returns*, Journal of Financial Economics, 80, 211-242 (2006).

② 净现值是指一个项目预期实现的现金流入的现值与实施该项计划的现金支出的差额。NPV = ∑(CI - CO)/(1 + r)^t 净现值为正值的项目可以为股东创造价值，净现值为负值的项目会损害股东价值。NPV是在项目计算期内，按行业基准折现率或其他设定的折现率计算的各年净现金流量现值的代数和的通用指标。申言之，净现值是指投资方案所产生的现金净流量以资金成本为贴现率折现之后与原始投资额现值的差额。净现值法就是按净现值大小来评价方案优劣的一种方法。净现值大于零则方案可行，且净现值越大，方案越优，投资效益越好。参见[美]斯蒂芬·A.罗斯、伦道夫·W.威斯特菲尔德、杰弗利·F.杰富：《公司理财》(原书第9版)，吴世农等译，机械工业出版社2012年版，第21页。

投资于所有可获得的正净现值项目后,所留存的现金流被称为自由现金流。负净现值项目是指未来预期现金流低于原始投资成本,从而有损于而不是有利于股东价值创造的项目。建造个人帝国可能有不同的形式,但通常表现为管理者的购物狂欢,收购其他公司,有时甚至收购那些与本公司商业运作领域完全无关的公司。建造个人帝国可以被理解为公司没有可投资的正净现值项目时,管理层为拒绝交付自由现金流所采取的行动。①

具体到本书的语境,虽然公司的投资机会有限,但股东通常拥有大量的投资机会。也就是说,公司实际控制人(控制管理层)将自由现金流交付给中小股东,使其有机会重新将资金投资正净现值项目的做法是合理的。但是,公司治理实践中实际控制人建造个人帝国的例子却屡见不鲜,究其原因,无外乎公司实际控制人可以攫取排他、高额的金钱利益与非金钱利益,而随之而来的成本却由中小股东、公司以及其他利害关系人分担。

一、金钱利益

1.参与公司治理的成本更低,收益更高

(1)相关定义与理论

大多数公司治理领域的文献将一般意义上的控股股东定义为通过拥有公司大多数股权而控制公司的股东。这里,控制股东的收益权(cash flow right)与投票权(voting right)是一致的。② 与一般意义上的控股股东相关联的概念包括绝对多数(supermajority)、有否决

---

① See Jensen M. C., *Agency costs of free cash flow, corporate finance, and takeovers*, American Economic Review 76(2), p.323 – 329 (1986).

② See Lucian Bebchuk, Reinier Kraakman & George Triantis, *Stock Pyramids, Cross-Ownership, and Dual Class Equity: The Mechanisms and Agency Costs of Separating Control from Cash-Flow Rights*, *Concentrated Corporate Ownership*, Randall K. Morck ed. (2000).

权的关键少数(blocking minority)和终极控制权(ultimate control)。在大多数国家,股东大会上的大部分提案仅需要拥有超过表决权50%的大股东的投票表决即可通过,但关于那些可能改变公司性质的重要提案,如公司的收购、合并以及清算等,则需要绝对多数即超过表决权的75%才能通过。因此,有否决权的关键少数,至少拥有25%的表决权,虽然并不能保证持有者拥有公司控制权,但却赋予其否决某项提案的权力。换言之,持有至少25%表决权的股东所提出的一项收购提案,如果遭到其他股东反对,就无法实行,但是这位股东却有足够的权力否决某项自己并不赞成的提案。欧洲公司治理研究所采用"有否决权的关键少数"和"多数控制权"作为衡量终极控制权的临界值。①

我国《公司法》对一般意义上的控股股东有明确的规定,即"控股股东,是指其出资额占有限责任公司资本总额百分之五十以上或者其持有的股份占股份有限公司股本总额百分之五十以上的股东;出资额或者持有股份的比例虽然不足百分之五十,但依其出资额或者持有的股份所享有的表决权已足以对股东会、股东大会的决议产生重大影响的股东"。

何为控制股东,这一概念在实践中经历了从形式到实质,从绝对到相对的演变过程。一般而言,控制股东是指对公司事务可以行使事实上控制权的股东。从理论上分析,股份公司中当股东所持有的股份占公司有表决权的股份总数51%以上时,便可以根据股份的简单多数在公司的股东大会上做出各种有利于自己的决议,从而享有绝对的控制权。因此,早期各国对控制股东的认定以在公司控股51%以上为绝对形式标准。但是,在现代大规模的股份公司中,由于股权相对分散,控制股东往往以低于51%的表决权就可以行使对

① See Barca F. and M. Becht, *The Control of Corporate Europe*, Oxford: Oxford University Press (2001).

公司事务的控制，即相对的控制权。许多股东并不拥有公司一半以上的股份，却依然可以对公司经营决策产生支配性影响，抑或通过联合而控制公司。可见，判断某个股东或者某些股东是否对公司具有控制权，是否成为公司控制股东的标准，并非完全以其所持股份是否达到某一比例为绝对标准，而事实上是以单个股东或联合股东是否具有对公司实质上的持续性影响力与决定力认定的。故而，各国立法与司法实践不仅重视对控制股东实质标准的认定，而且亦采用灵活的形式标准。如美国《投资公司法》规定，任何持有公司有表决权股票25%以上者，被认为控制该公司。而一公司被认为对他公司的控制达到使他公司立于其代理人的地位或沦为经营工具者，即为控制股东的实质标准，这也已成为美国理论界的通说。德国法亦认为，如果一个公司直接或间接地受到了另一公司所施加的控制性影响，那么该公司就具有附属性。当然，形式标准和实质标准相结合更是许多国家在立法或立法建议中所采纳的。如美国法律协会起草的《公司治理原则：分析与建议》中首先认定，通过自己或通过第三人持有公司具有表决权之已发行股份总数过半数者为控制股东；其次，纵不符合形式之标准，但实质上就公司事业经营或发生问题之特定交易有行使支配力之事实时，也应被认定为控制股东。中国证监会颁布的《上市公司章程指引》中对控制股东的认定亦兼采形式标准和实质标准。

在现代公司，特别是英美法系的公司中，由于股权高度分散，控股股东往往以远低于50%的表决权就可以控制公司；另外，由于所有权与控制权的分离，大股东持股比例超过50%，却无法控制公司的例子也现实存在。但是，本书为了类型化比较简单明了，量化分析具有代表性，假定50%的表决权是股权控制公司的量化标准，其他拥有小于50%的表决权却实际控制公司的情形不在本书的讨论范围之内。

(2)控制公司的表决权

本书语境下的“股权杠杆控制公司的实际控制人”,是指实际控制人虽然直接或者间接持有公司较低比例(小于50%)的股权,甚至不直接持有股权,但通过所有权金字塔、类别股、股权信托、代理投票和联合投票等方法,控制绝对多数或者相对多数的投票权,进而掌握公司的控制权。

一般意义上的控股股东与股权杠杆控制公司的实际控制人的比较,见表12。

表12　一般意义上的控股股东与股权杠杆控制公司的实际控制人的比较

	一般意义上的控股股东	股权杠杆控制公司的实际控制人
直接持股比例	$50\% < R_c \leqslant 100\%$	$0 \leqslant R_c \leqslant 50\%$
投票权(voting right-R_v)	$R_v > 50\%$	$R_v > 50\%$
杠杆控制的方式	无	所有权金字塔、类别股、股权信托、代理投票和联合投票等

直接持股比例(出资比例)是股东收益权的主要依据,也是其承担有限责任的基础。可以将持股比例(出资比例)视为是股东参与公司治理的成本,[①]收益权和投票权视为是股东参与公司治理

① 成本为了达到某一种特定目的而耗用或放弃的资源。美国会计学会(AAA)所属的成本与标准委员会对成本的定义是:为了达到特定目的而发生或未发生的价值牺牲,它可用货币单位加以衡量。参见[美]查尔斯·T.亨格瑞、斯利坎特·M.达塔尔、乔治·福斯特等:《成本与管理会计》(第13版),王立彦、刘应文、罗炜译,中国人民大学出版社2010年版。成本是商品经济的价值范畴,是商品价值的组成部分。人们要进行生产经营活动或达到一定的目的,就必须耗费一定的资源,其所耗费资源的货币表现及其对象化被称为成本。随着商品经济的不断发展,成本概念的内涵和外延都处于不断地变化发展之中。参见张五常:《经济解释》(卷二),中信出版社2015年版。

的收益。[1] 通过表 12,不难发现,由于持股比例与投票权的异化,即股权杠杆控制公司的实际控制人所控制的投票权比例远高于其持股比例。因此,与一般意义上的控股股东相比,股权杠杆控制公司的实际控制人参与公司治理的成本更低,相应的收益却可能更高,因为其不仅可以获得被控制公司的收益权和投票权,还可以攫取排他的金钱利益与非金钱利益。

(3)攫取金钱利益(不考虑非金钱利益)

鉴于非金钱利益因人而异、难以量化的事实,这里先不考虑。继续之前表 12 的分析,股权杠杆控制公司的实际控制人在公司的直接持股比例为 R_c($0 \leq R_c \leq 50\%$)。公司权益资本的总额为 E,[2]则股权杠杆控制公司的实际控制人在公司的权益资本为 $E_c = R_c \times E$。实际控制人通过建造个人帝国,可以从公司攫取金钱利益的数额为 PB,可以从公司攫取金钱利益与公司权益资本的比率 ß($0 \leq ß \leq 100\%$),则 $PB = ß \times E$。本书第二章第三节中"控制公司的表决权"部分已经论及,持股比例(出资比例)是股东参与公司治理的成本,

① 收益概念最早出现在经济学中。亚当·斯密在《国富论》中,将收益定义为"那部分不侵蚀资本的可予消费的数额",把收益看作是财富的增加。后来,大多数经济学家都继承并发展了这一观点。1890 年,艾·马歇尔在其《经济学原理》中,把亚当·斯密的"财富的增加"这一收益观引入企业,提出区分实体资本和增值收益的经济学收益思想。20 世纪初期,美国著名经济学家尔文·费雪发展了经济收益理论。在其《资本与收益的性质》一书中,首先从收益的表现形式上分析了收益的概念,提出了三种不同形态的收益:(1)精神收益;(2)实际收益;(3)货币收益。会计学上的收益概念称为会计收益。根据传统观点,会计收益是指来自企业期间交易的已实现收入和相应费用之间的差额。

② 权益性资本是投资者投入的资本金,体现出资者权益,其资本的取得主要通过接受投资、发行股票或内部融资形成。权益资本又叫权益性资本,它是指投资者所投入的资本金,减去负债后的余额,而资本金指企业在工商行政管理部门登记的注册资金合计,资本金合计包括企业各种投资主体注册的全部资本金。

则股权杠杆控制公司的实际控制人从公司攫取金钱利益的收益率①Y可以表示为 $Y = PB/E_c = (ß \times E)/(R_c \times E) = ß/R_c$（见表13）。

表13　不考虑非金钱利益时，攫取的金钱利益

公式： $E_c = R_c \times E$ $PB = ß \times E$ $Y = PB/E_c = (ß \times E)/(R_c \times E) = ß/R_c$ 说明： R_c——股权杠杆控制公司的实际控制人在公司的直接持股比例，$0 \leqslant R_c \leqslant 50\%$ E_c——股权杠杆控制公司的实际控制人在公司的权益资本 E——公司权益资本的总额 PB——股权杠杆控制公司的实际控制人从公司攫取金钱利益的数额 ß——股权杠杆控制公司的实际控制人从公司攫取金钱利益与公司权益资本的比率，$0 \leqslant ß \leqslant 100\%$ Y——股权杠杆控制公司的实际控制人从公司攫取金钱利益的收益率

通过表13，不难发现，股权杠杆控制公司的实际控制人从公司攫取金钱利益的收益率与其在公司的直接持股比例 R_c 呈负相关，即其直接持股比越低，在其他条件不变的情况下，攫取金钱利益的收益率就越高。

用具体的数值实例说明可能更加直观、明晰。假设某公司权益资本的总额为1亿元人民币，可以从公司攫取金钱利益与公司权益资本的比率为常数50%，对于全资控股该公司（100%）的股东A，股权杠杆控制该公司的实际控制人B（直接持股比例10%）和股权杠

① 收益率是指投资的回报率，一般以年度百分比表达，根据当时市场价格、面值、息票利率以及距离到期日时间计算。对公司而言，收益率指净利润占使用的平均资本的百分比。收益率研究的是收益率作为一项个人（以及家庭）和社会（政府公共支出）投资的收益率的大小，可以分为个人收益率与社会收益率，主要关注的是前者。

杆控制该公司的实际控制人C（直接持股比例1%），各自相应攫取金钱利益的收益率，见表14。

表14　不考虑非金钱利益时，攫取金钱利益的收益率分析

	股东A	实际控制人B	实际控制人C
直接持股比例	100%	10%	1%
控制的投票权	100%	>50%	>50%
控制方式	全资控股	股权杠杆控制	股权杠杆控制
公司权益资本总额	1亿元	1亿元	1亿元
持有公司的权益资本	1亿元	1000万元	100万元
攫取金钱利益与公司权益资本的比率	50%	50%	50%
攫取金钱利益的收益率	50%	500%	5000%

通过表14，我们可以更加直观地看到，当从公司攫取金钱利益与公司权益资本的比率为常数时，股权杠杆控制公司的实际控制人（直接持股比例1%）控制公司（C公司）攫取金钱利益的收益率是股权杠杆控制公司的实际控制人（直接持股比例10%）控制公司（B公司）收益率的10倍，是全资控股公司（A公司）收益率的100倍。

（4）攫取金钱利益和非金钱利益

假设股权杠杆控制公司的实际控制人攫取的非金钱利益可以量化为NPB，其在公司的直接持股比例为$R_c'(0 \leq R_c' \leq 50\%)$。公司权益资本的总额为$E'$，则股权杠杆控制公司的实际控制人在公司的权益资本为$E_c' = R_c' \times E'$。实际控制人通过建造个人帝国，可以从公司攫取金钱利益的数额为PB'，可以从公司攫取金钱利益与公司权益资本的比率$ß'(0 \leq ß \leq 100\%)$，则$PB' = ß' \times E'$。股权杠杆控制公司的实际控制人从公司攫取金钱利益和非金钱利益的收益率Y'可以表示为$Y' = (PB' + NPB)/E_c' = (ß' \times E' + NPB)/(R_c' \times E') =$

$ß'/R_c' + [NPB/(R_c' \times E')]$(见表15)。

表15 攫取的金钱利益和非金钱利益

公式：

$$E_c' = R_c' \times E'$$
$$PB' = ß' \times E'$$
$$Y' = (PB' + NPB)/E_c' = (ß' \times E' + NPB)/(R_c' \times E')$$
$$= ß'/R_c' + [NPB/(R_c' \times E')]$$

说明：

R_c'——股权杠杆控制公司的实际控制人在公司的直接持股比例，$0 \leqslant R_c' \leqslant 50\%$

E_c'——股权杠杆控制公司的实际控制人在公司的权益资本

E'——公司权益资本的总额

PB'——股权杠杆控制公司的实际控制人从公司攫取金钱利益的数额

NPB——股权杠杆控制公司的实际控制人从公司攫取非金钱利益的数额

$ß'$——从公司攫取金钱利益与公司权益资本的比率，$0 \leqslant ß' \leqslant 100\%$

Y'——股权杠杆控制公司的实际控制人从公司攫取金钱利益的收益率

通过表14，不难发现，股权杠杆控制公司的实际控制人从公司攫取金钱利益和非金钱利益的收益率与其在公司的直接持股比例R_c'仍呈负相关，即直接持股比越低，在其他条件不变的情况下，攫取金钱利益和非金钱利益的收益率就越高。

用具体的数值实例说明，假设某公司权益资本的总额仍为1亿元人民币，可以从公司攫取金钱利益与公司权益资本的比率仍为常数50%，从公司攫取的非金钱利益为1000万元人民币，对于全资控股该公司(100%)的股东A′，股权杠杆控制该公司的实际控制人B′(直接持股比例10%)和股权杠杆控制该公司的实际控制人C′(直接持股比例1%)，各自相应攫取金钱利益和非金钱利益的收益率，见表16。

表 16　攫取金钱利益和非金钱利益的收益率分析

	股东 A′	实际控制人 B′	实际控制人 C′
直接持股比例	100%	10%	1%
控制的投票权	100%	>50%	>50%
控制方式	全资控股	股权杠杆控制	股权杠杆控制
公司权益资本总额	1 亿元	1 亿元	1 亿元
持有公司的权益资本	1 亿元	1000 万元	100 万元
攫取金钱利益与公司权益资本的比率	50%	50%	50%
攫取的非金钱利益	1000 万元	1000 万元	1000 万元
攫取金钱利益和非金钱利益的收益率	60%	600%	6000%

通过表 16,我们可以更加直观地看到,当从公司攫取金钱利益与公司权益资本的比率为常数,且从公司攫取的非金钱利益亦为常数时,股权杠杆控制公司的实际控制人(直接持股比例 1%)控制公司(C′公司)攫取金钱利益和非金钱利益的收益率是股权杠杆控制公司的实际控制人(直接持股比例 10%)控制公司(B′公司)收益率的 10 倍,是全资控股公司(A′公司)收益率的 100 倍。

2. 相同的投资金额,可以控制更大规模的公司资本

(1)公司没有债务融资的情形

继续之前表 12 的分析,股权杠杆控制公司的实际控制人在公司的直接持股比例为 R_c($0 \leqslant R_c \leqslant 50\%$),其在公司的权益资本为 E_c,公司权益资本的总额为 E,则可以推导出 $E = E_c/R_c$,$E_c = R_c \times E$。因为公司没有使用财务杠杆,即没有债务融资($D = 0$),根据“资产 = 负债 + 所有者权益”($A = D + E$),公司的总资产 $A = E = E_c/R_c$(见表 17)。

表 17　公司没有债务融资的资产规模

公式：

$$A = D + E = E = E_c / R_c$$

$$E_c = R_c \times E$$

说明：

R_c——股权杠杆控制公司的实际控制人在公司的直接持股比例，$0 \leqslant R_c \leqslant 50\%$

E_c——股权杠杆控制公司的实际控制人在公司的权益资本

E——公司权益资本的总额

D——公司债务融资的总额，由于情形（1）假定公司没有债务融资，所以 $D = 0$

A——公司的总资产

通过表 17，不难发现，公司的总资产规模 A 与股权杠杆控制公司的实际控制人在公司的直接持股比例 R_c 呈负相关，即直接持股比越小，在其他条件不变的情况下，通过杠杆效应撬动的公司资产规模就越大。

用具体的数值实例说明可能更加直观、明晰。假设某投资者拥有 100 万元人民币的现金流，在他面前有三个投资选项：第一，全资控股 A 公司（100%）；第二，直接持股 B 公司的 10%，但可以股权杠杆控制 B 公司，即可以控制或者影响 B 公司超过 50% 的投票权；第三，直接持股 C 公司的 1%，但可以股权杠杆控制 C 公司，即可以控制或者影响 C 公司超过 50% 的投票权（见表 18）。

表 18　无债务融资情形下三个投资选项的财务分析

	A 公司	B 公司	C 公司
投资金额	100 万元	100 万元	100 万元
直接持股比例	100%	10%	1%
控制的投票权	100%	>50%	>50%

续表

	A 公司	B 公司	C 公司
控制方式	全资控股	股权杠杆控制	股权杠杆控制
公司权益资本	100 万元	1000 万元	1 亿元
公司债权资本	0 元	0 元	0 元
公司总资本	100 万元	1000 万元	1 亿元

通过表 18,我们可以更加直观地看到,同样 100 万元人民币的投资金额,股权杠杆控制公司的实际控制人(直接持股比例 1%)控制公司(C 公司)总资本的规模是股权杠杆控制公司的实际控制人(直接持股比例 10%)控制公司(B 公司)总资本规模的 10 倍,是全资控股公司(A 公司)总资本的 100 倍。

(2)公司有债务融资的情形

公司有债务融资,即其使用了财务杠杆,导致普通股每股利润变动幅度大于息税前利润变动幅度。财务杠杆又叫筹资杠杆或融资杠杆,它是指由于固定债务利息和优先股股利的存在而导致普通股每股利润变动幅度大于息税前利润变动幅度的现象(见表 19)。

表 19 财务杠杆实例

项目	行次	负债比率		
		0	50%	80%
资本总额	①	1000 万元	1000 万元	1000 万元
其中:负债	② = ① × 负债比率	0	500 万元	800 万元
权益资金	③ = ① − ②	1000 万元	500 万元	200 万元
息税前利润	④	150 万元	150 万元	150 万元
利息前费用	⑤ = ② × 10%	0	50 万元	80 万元
税前利润	⑥ = ④ − ⑤	150 万元	100 万元	70 万元
财务杠杆系数	⑦ = ④ ÷ ⑥	1 万元	1.5 万元	2.14 万元

相似地，股权杠杆控制公司的实际控制人在公司的直接持股比例为 $R_c'(0 \leqslant R_c' \leqslant 50\%)$，其在公司的权益资本为 E_c'，公司权益资本的总额为 E'，则可以推导出 $E' = E_c'/R_c'$，$E_c' = R_c' \times E'$。因为公司使用了财务杠杆。①

其负债股权比率为 D/E'，②公司的债务总额 $D = E' \times D/E'$。根据“资产 = 负债 + 所有者权益”($A = D + E'$)，公司的总资产 $A' = E' + E' \times D/E' = (E_c'/R_c') \times (1 + D/E')$（见表 20）。

表 20　公司有债务融资的资产规模

公式： $A' = E' + E' \times D/E' = (E_c'/R_c') \times (1 + D/E')$ $E_c' = R_c' \times E'$ 说明： R_c'——股权杠杆控制公司的实际控制人在公司的直接持股比例，$0 \leqslant R_c' \leqslant 50\%$ E_c'——股权杠杆控制公司的实际控制人在公司的权益资本 E'——公司权益资本的总额 D——公司债务融资的总额，由于情形(2)假定公司有债务融资，负债股权比率为 D/E'，所以 $D = E' \times D/E'$ A'——公司的总资产

通过表 20，不难发现，公司的总资产规模 A' 与股权杠杆控制公司的实际控制人在公司的直接持股比例 R_c' 仍呈负相关，即直接持

① 财务杠杆系数(DFL) = 普通股每股收益变动率/息税前利润变动率。无论企业营业利润多少，债务利息和优先股的股利都是固定不变的。当息税前利润增大时，每一元盈余所负担的固定财务费用就会相对减少，这能给普通股股东带来更多的盈余。这种债务对投资者收益的影响，称为财务杠杆，财务杠杆影响的是企业的息税后利润而不是息税前利润。

② 负债股权比率(debt-to-equity ratio)也称债务股本比，是负债对所有者权益的比率，是衡量公司财务杠杆的指标，即显示公司建立资产的资金来源中股本与债务的比例。负债股权比率 = 负债总额/股东权益 × 100%。

股比越小，在其他条件不变的情况下，通过杠杆效应撬动的公司资产规模就越大；公司的总资产规模 A′与该公司的负债股权比率 D/E′呈正相关，即负债股权比率 D/E′越大，在其他条件不变的情况下，公司的资产规模就越大。相应地，公司的总资产规模 A′越大，其公司债务融资的总额可能也就越大，因为在其他条件不变的情况下，公司可以抵押或者质押的财产更多，在资本市场（债权融资）的信誉也更好。随着债务融资总额的增长，如果公司权益资本的总额保持不变，则公司的负债股权比率 D/E′也随之增长。当然，公司的公司债务融资总额 D 和负债股权比率 D/E′不可能无限地增长下去，因为畸形的债务融资总额 D 和负债股权比率 D/E′，最终会导致公司的债权人风险过高，其要求的风险溢价超过公司的盈利能力和承受范围，即债权融资市场上没有债权人愿意向公司提供债务融资或者公司不愿意从债权融资市场上寻求债务融资。①

用具体的数值实例说明，假设某投资者拥有 100 万元人民币的现金流，在他面前有三个投资选项：第一，全资控股 A′公司（100%），A 公司的债股权比率 D/E′ = 1，即除了权益资本外，还有等额的债权资本（债务融资）；②第二，直接持股 B 公司的 10%，但可以股权杠杆控制 B′公司，即可以控制或者影响 B′公司超过 50% 的投票权，B′公司的债股权比率 D/E′ = 2，亦即除了权益资本外，还有 2 倍于权益资本的债权资本（债务融资）；第三，直接持股 C′公司的 1%，但可以股权杠杆控制 C′公司，即可以控制或者影响 C′公司超过 50% 的投票权

① See Stewart C. Myers & Nicholas S. Majluf, *Corporate Financing and Investment decisions When Firms Have Information that Investors Do Not Have*, 13 J. FIN. ECON. 187 (1984). Richard A. Brealey, Stewart C. Myers & Franklin Allen, *Principles of Corporate Finance*, p. 496, 8th ed., McGraw-Hill (2008).

② 债权资本（debt capital），是指公司从包括原告债权人在内的所有债权人筹措的债权资本，而不限于主张揭开公司面纱的特定债权人的债权数额。

权,C′公司的债股权比率 D/E′ = 4,亦即除了权益资本外,还有 4 倍于权益资本的债权资本(债务融资)。具体的财务分析见表 21。

表 21　有债务融资情形下三个投资选项的财务分析

	A′公司	B′公司	C′公司
投资金额	100 万元	100 万元	100 万元
直接持股比例	100%	10%	1%
控制的投票权	100%	>50%	>50%
控制方式	全资控股	股权杠杆控制	股权杠杆控制
公司权益资本	100 万元	1000 万元	1 亿元
负债股权比率	1	2	4
公司债权资本	100 万元	2000 万元	4 亿元
公司总资本	200 万元	3000 万元	5 亿元

通过表 21,我们可以更加直观地看到,同样 100 万元人民币的投资金额,股权杠杆控制公司的实际控制人(直接持股比例 1%)控制公司(C′公司)债权资本的规模约是股权杠杆控制公司的实际控制人(直接持股比例 10%)控制公司(B′公司)债权资本规模的 20 倍,是全资控股公司(A′公司)债权资本的 400 倍。股权杠杆控制公司的实际控制人(直接持股比例 1%)控制公司(C′公司)总资本的规模约是股权杠杆控制公司的实际控制人(直接持股比例 10%)控制公司(B′公司)总资本规模的 16.7 倍,是全资控股公司(A′公司)总资本规模的 250 倍。

3. 相同的融资金额,可以节省更多的融资成本

(1)公司没有债务融资的情形,且其债务融资成本低于股权融资的情形

假设公司需要融资的金额为 F,其股权融资的成本为 C_s,债务融

资成本为 C_d，根据公司金融学领域经典的啄食顺序理论（pecking order theory），[①]公司债务融资的成本 C_d 小于其股权融资的成本 C_s，即 $C_d < C_s$。股权杠杆控制公司的实际控制人在公司的直接持股比例仍为 R_c（$0 \leqslant R_c \leqslant 50\%$），该实际控制人通过建造个人帝国，可以从公司攫取的金钱利益为 PB，其可以从公司攫取的非金钱利益为 NPB（见表 22）。

---

① 美国经济学家 Mayer 很早就提出了著名的啄食顺序原则：①内源融资；②外源融资；③间接融资；④直接融资；⑤债券融资；⑥股票融资。即在内源融资和外源融资中首选内源融资；在外源融资中的直接融资和间接融资中首选间接融资；在直接融资中的债券融资和股票融资中首选债券融资。其中内源融资主要是指公司的自有资金和在生产经营过程中的资金积累部分；外源融资又可分为通过银行筹资的间接融资和通过资本市场筹资的直接融资（直接融资包括债券融资和股权融资）。当公司要为自己的新项目进行融资时，将优先考虑使用内部的盈余，其次是采用债券融资，最后才考虑股权融资。也就是说，内源融资优于外源债权融资，外部债权融资优于外部股权融资。所以从本质上说，Pecking Order 理论认为存在一个可以使公司价值最大化（公司发行的股票和债券的价值最大化）的最优资本结构，并且以对不同性质的资本进行排序的方式，给出了决策者应当遵循的行为模式。正因为 Pecking Order 理论是关于资本结构优化的理论，所以支持或反驳 Pecking Order 理论的讨论，都是在现代公司金融中的资本结构理论的背景框架下进行的。参见 Stewart C. Myers & Nicholas S. Majluf, *Corporate Financing and Investment decisions When Firms Have Information that Investors Do Not Have*, 13 J. FIN. ECON. 187 (1984); Eugene F. Fama & Kenneth R. French, *Financing Decisions: Who Issue Stock?* 76 J. FIN. ECON. 549 (2005)。现代公司资本结构理论的重要逻辑起点，是美国经济学家 Modigliani 和 Miller 于 1958 年在《美国经济评论》上发表的题为《资本成本、公司金融和投资理论》的论文，也即 M—M 定理的最初形式，它指出：如果①不存在破产风险；②个体可以在无风险市场上以市场利率借贷；③不存在税收；④不存在交易成本，那么公司的价值与其资本结构无关；不存在可以使得公司价值最大化的最优资本结构。如果 M—M 定理是严格成立的，那么各种融资方式之间无差别，啄食（Pecking Order）理论就不可能成立。但是 M—M 定理的假设条件是比较严格的，有可能使得在应用这个理论对经济现实进行解释和说明时，存在极大的偏差。因此，后人在不断放松 M—M 定理前提假设的过程中，进一步发展了这一经典理论，也丰富了讨论啄食（Pecking Order）理论的背景框架。参见 Modigliani F., Miller M., *The Cost of Capital, Corporation Finance and the Theory of Investment*, American Economic Review 48 (3): 261 - 297 (1958); Richard A. Brealey, Stewart C. Myers & Franklin Allen, *Principles of Corporate Finance*, p. 496, 8th ed., McGraw-Hill (2008)。

表22　公司没有债务融资，且其债务融资成本低于股权融资情形下的融资成本

公式： $PB + NPB > R_c \times (C_s - C_d)$ －选择股权融资，公司的其他中小股东分担$(1 - R_c) \times (C_s - C_d)$的股权融资成本 $PB + NPB < R_c \times (C_s - C_d)$ －选择债务融资，公司的其他中小股东分担$(1 - R_c) \times C_d$的债务融资成本 说明： C_s——公司股权融资的成本 C_d——公司债务融资的成本 R_c——股权杠杆控制公司的实际控制人在公司的直接持股比例 PB——股权杠杆控制公司的实际控制人可以从公司攫取的金钱利益 NPB——股权杠杆控制公司的实际控制人可以从公司攫取的非金钱利益

通过表22，不难发现，如果资本市场上的债务融资不是稀缺的，公司F金额的融资应该理性地选择债务融资，因为其成本C_d相较于股权融资的成本C_s为低。但是，对于股权杠杆控制公司的实际控制人而言，情况可能不同，如果采取股权融资，其通过建造个人帝国，可以从公司攫取的金钱利益PB与非金钱利益NPB之和大于其所承担的股权融资的成本，即$PB + NPB > R_c \times (C_s - C_d)$，则该股权杠杆控制公司的实际控制人会理性地选择总成本较高的股权融资，因为其通过建造个人帝国攫取的金钱利益与非金钱利益更高，而且公司的其他中小股东分担$(1 - R_c) \times (C_s - C_d)$的股权融资成本。反之，如果采取股权融资，股权杠杆控制公司的实际控制人通过建造个人帝国，可以从公司攫取的金钱利益PB与非金钱利益NPB之和小于其所承担的股权融资的成本，即$PB + NPB < R_c \times (C_s - C_d)$，则该实际控制人会理性地选择总成本低的债务融资$R_c \times C_d$，公司的其他中小股东分担$(1 - R_c) \times C_d$的债务融资成本。

用具体的数值实例说明可能更加直观、明晰。假设某公司需要融资100万元人民币，资本市场对应的可比债务融资成本（comparable cost of debt financing）①为5%，②可比股权融资成本③为10%，则该公司100万元人民币融资如果采取债务融资的方式，对应的成本为5万元人民币；如果采取股权融资的方式，对应的成本为10万元人民币，对于全资控股该公司（100%）的股东A，股权杠杆控制该公司的实际控制人B（直接持股比例10%）和股权杠杆控制该公司的实际控制人C（直接持股比例1%），相应的融资成本见表23。

---

① $DK = SD_1 + SD_2 + LD$，其中，DK代表债务融资资本，SD_1代表短期借款，SD_2代表一年内到期的长期借款，LD代表长期负债合计。对公司来说，债务融资应该是一种通过银行或其他金融机构进行的长期债券融资。根据大多数公司募集资金所投资项目的承诺完成期限为3年左右，因此可以将债务融资的评估期限定为3年。债务融资成本可直接按照3~5年中长期银行贷款基准利率计算。

② 中国人民银行决定，自2015年8月26日起，下调金融机构人民币贷款和存款基准利率，以进一步降低企业融资成本。其中，金融机构一年期贷款基准利率下调0.25个百分点至4.6%；一年期存款基准利率下调0.25个百分点至1.75%；其他各档次贷款及存款基准利率、个人住房公积金存贷款利率相应调整。这里为了方便计算，取整为5%。参见http://www.pbc.gov.cn/zhengcehuobisi/125207/125213/125440/125835/2943047/index.html，最后访问日期：2020年12月11日。

③ $EK = \sum_{j}^{n} EK_j + \sum_{j}^{n} EK_j$，其中，EK代表股权融资资本，$EK_1$代表股东权益合计，$EK_2$代表少数股东权益，$EK_3$代表坏账准备，$EK_4$代表存货跌价准备，$EK_5$代表累计税后营业外支出，$ER_1$代表累计税后营业外收入，$ER_2$代表累计税后补贴收入。如果是上市公司，股权融资成本可以根据资本资产定价模型（CAPM）来计算，$r_i = r_f + \beta(r_m - r_f)$，其中，$r_i$为股票$i$的收益率，$r_f$为无风险资产的收益率，$r_m$为市场组合的收益率，β代表股票$i$收益率相对于股市大盘收益率的波动情况。这里为了方便计算，取整为10%。

表 23　公司没有债务融资，且其债务融资成本低于股权融资情形下的融资成本分析

	股东 A	实际控制人 B	实际控制人 C
直接持股比例	100%	10%	1%
控制的投票权	100%	>50%	>50%
控制方式	全资控股	股权杠杆控制	股权杠杆控制
公司融资的金额	100 万元	100 万元	100 万元
公司股权融资的总成本	10 万元	10 万元	10 万元
公司债务融资的总成本	5 万元	5 万元	5 万元
$PB + NPB > R_c \times (C_s - C_d)$ 时股权融资成本的负担	5 万元	0.5 万元	0.05 万元
$PB + NPB < R_c \times (C_s - C_d)$ 时债务融资成本的负担	5 万元	0.5 万元	0.05 万元

通过表 23，我们可以更加直观地看到，同样 100 万元人民币的融资金额，股权杠杆控制公司的实际控制人 C（直接持股比例 1%）负担的融资成本，是股权杠杆控制公司的实际控制人 B（直接持股比例 10%）的 1/10，是全资控股公司股东 A 的 1/100。

（2）公司有债务融资，且其后续成本低于股权融资的情形

这里，情形（2）与情形（1）类似，公司需要融资的金额为 F，其股权融资的成本为 C_s'，债务融资成本为 C_d'。因为公司已经有在先的债务融资，如果后续债权人看空公司的生产经营和发展前景，担心公司的债务违约风险，那么公司的债务融资成本 C_d' 大于其没有在先融资情形下的首次债务融资成本 C_d［5%，情形（1）中公司的债务融资成本］，即 $C_d < C_d'$；如果后续债权人看多公司的生产经营和发展前景，并不担心公司的债务违约风险，那么公司的债务融资成本 C_d' 可能小于其没有在先融资的首次债务融资成本 C_d，即 $C_d' < C_d$。

当然，无论是否考虑公司的生产经营、发展前景和债务违约风险，根据公司金融学领域经典的啄食顺序理论，公司债务融资的成本 C_d' 小于其股权融资的成本 C_s'，即 $C_d' < C_s'$。股权杠杆控制公司的实际控制人在公司的直接持股比例为 $R_c'(0 \leq R_c \leq 50\%)$，该实际控制人通过建造个人帝国，可以从公司攫取的金钱利益为 PB′，其可以从公司攫取的非金钱利益为 NPB′（见表 24）。

表 24 公司有债务融资，且其后续成本低于股权融资情形下的融资成本

公式： $PB' + NPB' > R_c' \times (C_s' - C_d')$ – 选择股权融资，公司的其他中小股东分担 $(1 - R_c') \times (C_s' - C_d')$ 的股权融资成本 $PB' + NPB' < R_c' \times (C_s' - C_d')$ – 选择债务融资，公司的其他中小股东分担 $(1 - R_c') \times C_d'$ 的债务融资成本 说明： C_s'——公司股权融资的成本 C_d'——公司有在先债务融资情况下，后续债务融资的成本 R_c'——股权杠杆控制公司的实际控制人在公司的直接持股比例 PB′——股权杠杆控制公司的实际控制人可以从公司攫取的金钱利益 NPB′——股权杠杆控制公司的实际控制人可以从公司攫取的非金钱利益

通过表 24，不难发现，如果资本市场上的债务融资不是稀缺的，公司 F′金额的融资应该理性地选择债务融资，因为其成本 C_d' 相较于股权融资的成本 C_s' 为低。但是，对于股权杠杆控制公司的实际控制人而言，情况可能不同，如果采取股权融资，其通过建造个人帝国，可以从公司攫取的金钱利益 PB′与非金钱利益 NPB′之和大于其所承担的股权融资的成本，即 $PB' + NPB' > R_c' \times (C_s' - C_d')$，则该股权杠杆控制公司的实际控制人会理性地选择总成本较高的股权融资，因为其通过建造个人帝国攫取的金钱利益与非金钱利益更

高，而且公司的其他中小股东分担$(1-R_c')\times(C_s'-C_d')$的股权融资成本。反之，如果采取股权融资，股权杠杆控制公司的实际控制人通过建造个人帝国，可以从公司攫取的金钱利益 PB′与非金钱利益 NPB′之和小于其所承担的股权融资的成本，即 $PB'+NPB'<R_c'\times(C_s'-C_d')$，则该实际控制人会理性地选择总成本低的债务融资 $R_c'\times C_d'$，公司的其他中小股东分担$(1-R_c')\times C_d'$的债务融资成本。

用具体的数值实例说明，假设某公司需要融资 100 万元人民币，资本市场对应的可比债务融资成本（comparable cost of debt financing）为 6% 或者 4%，其中，6% 为债权人看空公司的生产经营和发展前景，担心公司的债务违约风险情况下的债务融资成本；4% 为债权人看多公司的生产经营和发展前景，并不担心公司的债务违约风险情况下的债务融资成本。公司的可比股权融资成本仍为 10%，这里需要特别说明的是，公司债务融资成本的变化和资产结构的变化会影响其股权融资成本，可能是正向的，也可能是负向的。为了简化计算，便于说明，这里假定经济学中的权衡取舍（trade off）关系①成立，可比股权融资成本保持不变。该公司 100 万元人民币融资如果采取债务融资的方式，对应的成本为 6 万元或者 4 万元人民币；如果采取股权融资的方式，对应的成本仍为 10 万元人民币，对于全资控股该公司（100%）的股东 A′，股权杠杆控制该公司的实际控制人 B′（直接持股比例 10%）和股权杠杆控制该公司的实际控制人 C′（直接持股比例 1%），相应的融资成本见表 25。

---

① 权衡取舍关系又被翻译为“交替关系”，曼昆《经济学原理》十原理之一，“人们面临权衡取舍”，是影响个人作出决策的四原理之一。“天下没有免费的午餐”。为了得到我们喜爱的一件东西，通常就不得不放弃另一件我们喜爱的东西。作出决策要求我们在一个目标与另一个目标之间有所取舍。参见［美］曼昆：《经济学原理》（第 7 版），梁小民、梁砾译，北京大学出版社 2015 年版。

表 25　公司有债务融资，且其后续成本低于股权融资情形下的融资成本分析

	股东 A′	实际控制人 B′	实际控制人 C′
直接持股比例	100%	10%	1%
控制的投票权	100%	>50%	>50%
控制方式	全资控股	股权杠杆控制	股权杠杆控制
公司融资的金额	100 万元	100 万元	100 万元
公司股权融资的总成本	10 万元	10 万元	10 万元
公司债务融资的总成本(4%)	4 万元	4 万元	4 万元
公司债务融资的总成本′(6%)	6 万元	6 万元	6 万元
$PB' + NPB' > R_c' \times (C_s' - C_d')$ 时股权融资成本的负担(4%)	6 万元	0.6 万元	0.06 万元
$PB' + NPB' < R_c' \times (C_s' - C_d')$ 时债务融资成本的负担(6%)	4 万元	0.4 万元	0.04 万元

通过表 25，我们可以更加直观地看到，同样 100 万元人民币的融资金额，无论公司的可比债务融资成本为 6% 还是为 4%，股权杠杆控制公司的实际控制人 C′(直接持股比例 1%)负担的融资成本，是股权杠杆控制公司的实际控制人 B′(直接持股比例 10%)的 1/10，是全资控股公司股东 A′的 1/100。

(3)公司有债务融资，且其后续成本高于股权融资的情形

这里，情形(3)较情形(1)、(2)略有不同，公司需要融资的金额为 F，其股权融资的成本为 C_s''，债务融资成本为 C_d''。因为公司已经有在先的债务融资，由于其负债股权比率 D/E 畸高或者其他负面原

因，后续债权人看空公司的生产经营和发展前景，担心公司的债务违约风险，那么公司的债务融资成本 C_d'' 大于情形(1)下的首次债务融资成本 C_d，也大于情形(2)下的再次债务融资成本 C_d'，即 $C_d'' > C_d'$，$C_d'' > C_d$，而且，这里要特别说明的是，此时啄食顺序理论已经失效，公司债务融资的成本 C_d'' 大于其股权融资的成本 C_s''，即 $C_d'' > C_s''$。股权杠杆控制公司的实际控制人在公司的直接持股比例为 R_c'' ($0 \leqslant R_c'' \leqslant 50\%$)，该实际控制人通过建造个人帝国，可以从公司攫取的金钱利益为 PB″，其可以从公司攫取的非金钱利益为 NPB″(见表 26)。

表 26　公司有债务融资，且其后续成本高于股权融资情形下的融资成本

公式： $PB'' + NPB'' > R_c'' \times C_s''$ – 选择股权融资，公司的其他中小股东分担 $(1 - R_c'') \times C_s''$ 的股权融资成本 $PB'' + NPB'' < R_c'' \times C_s''$ – 选择不融资 说明： C_s''——公司股权融资的成本 C_d''——公司有在先债务融资情况下，后续债务融资的成本 R_c''——股权杠杆控制公司的实际控制人在公司的直接持股比例 PB″——股权杠杆控制公司的实际控制人可以从公司攫取的金钱利益 NPB″——股权杠杆控制公司的实际控制人可以从公司攫取的非金钱利益

通过表 26，不难发现，此时资本市场上的债务融资是稀缺的，公司 F′金额没有债务融资的选择，只有股权融资这一个唯一的选择，因为其成本 C_d'' 相较于股权融资的成本 C_s'' 为高。对于股权杠杆控制公司的实际控制人而言，如果采取股权融资，其通过建造个人帝国，可以从公司攫取的金钱利益 PB″与非金钱利益 NPB″之和大于其所承担的股权融资的成本，即 $PB'' + NPB'' > R_c'' \times C_s''$，则该股权杠杆控制公司的实际控制人会理性地选择股权融资，因为其通过建造个

人帝国攫取的金钱利益与非金钱利益更高，而且公司的其他中小股东分担$(1-R_c'')\times C_s''$的股权融资成本。反之，如果采取股权融资，股权杠杆控制公司的实际控制人通过建造个人帝国，可以从公司攫取的金钱利益 PB″与非金钱利益 NPB″之和小于其所承担的股权融资的成本，即 $PB''+NPB''<R_c''\times C_s''$，则该实际控制人会理性地选择不融资。

用具体的数值实例说明，假设某公司需要融资 100 万元人民币，由于该公司负债股权比率 D/E 畸高或者其他负面原因，后续债权人看空公司的生产经营和发展前景，担心公司的债务违约风险，资本市场对应的可比债务融资成本（comparable cost of debt financing）为 50%。公司的可比股权融资成本为 40%，这里需要特别说明的是，公司债务融资成本畸高，对其股权融资成本的影响，很可能是负向的。为了简化计算，便于说明，这里假定公司可比股权融资成本较情形(1)和情形(2)增加了 30%。该公司 100 万元人民币融资采取股权融资的方式，对应的成本仍为 40 万元人民币，对于全资控股该公司（100%）的股东 A″，股权杠杆控制该公司的实际控制人 B″（直接持股比例 10%）和股权杠杆控制该公司的实际控制人 C″（直接持股比例 1%），相应的融资成本见表 27。

表 27　公司有债务融资，且其后续成本高于股权融资情形下的融资成本分析

	股东 A″	实际控制人 B″	实际控制人 C″
直接持股比例	100%	10%	1%
控制的投票权	100%	>50%	>50%
控制方式	全资控股	股权杠杆控制	股权杠杆控制
公司融资的金额	100 万元	100 万元	100 万元

续表

	股东 A″	实际控制人 B″	实际控制人 C″
公司股权融资的总成本	40 万元	40 万元	40 万元
$PB'' + NPB'' > R_c'' \times C_s''$时，股权融资成本的负担	40 万元	4 万元	0.4 万元
$PB'' + NPB'' < R_c'' \times C_s''$时，股权融资成本的负担	0	0	0

通过表 27，我们可以更加直观地看到，同样 100 万元人民币的融资金额，当 $PB'' + NPB'' > R_c'' \times C_s''$时，股权杠杆控制公司的实际控制人 C″（直接持股比例 1%）负担的融资成本，是股权杠杆控制公司的实际控制人 B″（直接持股比例 10%）的 1/10，是全资控股公司股东 A″的 1/100。

二、非金钱利益

建造个人帝国，股权杠杆控制公司的实际控制人可以攫取排他的非金钱利益包括但不限于社会声望、名誉、心理满足、政治权力和社会影响力等。① 而且，公司的规模越大，股权杠杆控制公司的实际控制人可以攫取排他的非金钱利益可能也就越多，②即二者呈正相关。申言之，股权杠杆控制公司的实际控制人可以攫取排他的非金钱利益包括但不限于以下方面。

1. 通过裙带关系扶植个人亲信

鉴于现代公司所有权与控制权的分离，为了防范经营者，特别是高级管理人员对于公司控制权和利益的攫取，股权杠杆控制公司

① See Ronald J. Gilson, *Controlling Shareholders and Corporate Governance: Complicating the Comparative Taxonomy*, 119 Harv. L. Rev. 1641, 1644 (2006).

② See Andrei Shleifer & Robert W. Vishny, *A Survey of Corporate Governance*, 52 J. FIN. 737 (1997).

的实际控制人在公司治理的过程中，往往利用其优势的表决权直接选举自己、亲友或者其代理人作为公司的董事长、首席执行官或者其他高级管理人员。此时，股权杠杆控制公司的实际控制人同时又是公司的直接经营者（或者直接控制经营者），无论是为了享受特权消费、获取高额的管理报酬，还是为了保证控制权溢价，经营者都有建造个人帝国的欲望，而且随着个人帝国的不断扩张，可以攫取的非金钱利益也呈几何式增长。①

这里重点探讨股权杠杆控制公司的实际控制人利用其优势的表决权直接选举自己的亲友或者其代理人作为公司的董事长、首席执行官或者其他高级管理人员的情形，该种情形也较常见于个人帝国之中，此即裙带关系（nepotism）。本书语境下的裙带关系，特指股权杠杆控制公司的实际控制人在公司治理的过程中，利用其优势的表决权，将公司内的重要岗位分配给自己的亲信，而不任用人才市场上最有资格的候选人。② 更有甚者，直接指派家族内部成员担任公司的最高管理职位，而不是在职业经理人市场中选择可以最大限度为公司及其中小股东创造价值的职业经理人（见表28③）。

---

① See Randall Morck, Andrei Shleifer and Robert Vishny, *Do Managerial Objectives Drive Bad Acquisitions*?, 45 J. FIN. 31 (1990).

② 参见［卢森堡］马克·格尔根：《公司治理》，王世权、杨倩、侯君等译，机械工业出版社2014年版，第13页。

③ See Saeed Shah, *BSkyB chief Ball Preparing to leave Murdoch's empire*, The Independent, 16 September (2003); Neill Michael, *Nepotism charges cloud Murdoch BSyB foray*, Financial Times, 24 July, FT Money-Markets Week LTK, p. 22 (2004).

表 28　默多克家族的裙带关系

英国天空广播公司(British Sky Broadcasting Group plc, BskyB)直到2002年才设立提名委员会机构。罗伯特·默多克(Robert Murdoch)作为主要控股股东拥有公司35.4%的股份并担任董事会主席。2003年,罗伯特·默多克的儿子詹姆斯(James)即将接任汤尼·鲍尔(Tony Ball)成为公司的首席执行官。此时,由养老基金联合会(National Association of Pension Funds, NAPF)和英国保险协会(Association of British Insurers, ABI)所带领的机构投资者们表达了对委任程序的担忧。养老基金联合会批评了公司的资深非执行董事——英国福斯利(Fawsley)的洛德·圣约翰(Lord St John),称他在公司任职12年已不再具有独立精神。罗伯特·默多克最终以多数票击败了这些不满的股东,并于2003年11月任命他的儿子詹姆斯担任英国天空广播公司的首席执行官。但是为了消解股东的疑虑,罗伯特·默多克同意任命洛德·罗思柴尔德(Lord Rothschild)为董事会副主席。

2. 控制或者影响整个国民经济

在许多发展中国家,一小部分公司(集团)控制了整个国民经济,该公司(集团)的实际控制人进而控制该国的国民经济或者对整个国民经济具有举足轻重的影响力,这与发达的英美法系国家是不同的。

以泰国产业巨头正大集团(Chia Tai Group)为例,其现任董事长,泰籍华人,泰国首富,谢国民先生是外界公认的集团实际控制人(见图10)。

由于泰国的信息披露制度远没有欧美发达国家完善,基于外界不完整的财务信息,[①]保守估计,正大集团2014年的营业收入超过

① 参见 http://blog.sina.com.cn/s/blog_5443b4a90102vht7.html,最后访问日期:2020年12月11日。

100 亿美元。又根据 EPS 数据平台——世界经济发展数据库（World Economy Development Data）的数据，[1]2014 年泰国国内生产总值（GDP）总量为 373.80 亿美元，正大 2014 年的营业收入约占泰国 2014 年 GDP 的 26.8%，超过 GDP 总量的 1/4。因此，谢国民先生作为正大集团的实际控制人，对泰国整个国民经济的控制力和影响力可见一斑。

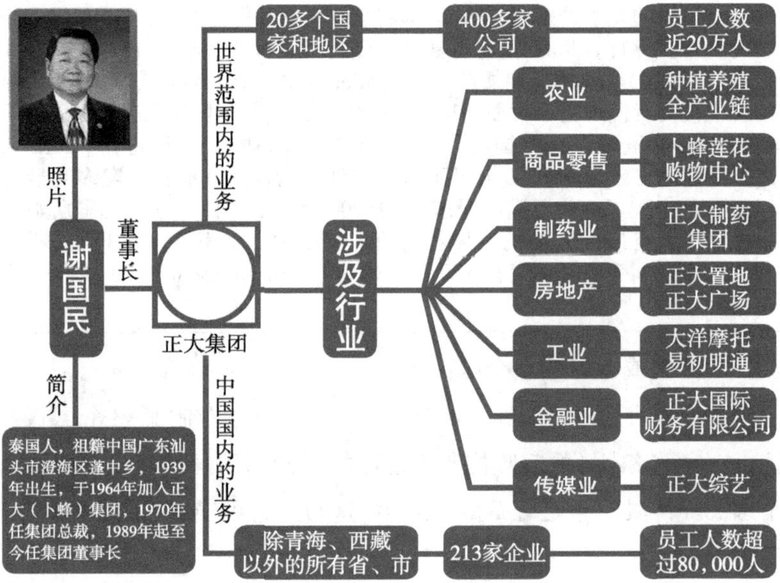

图 10　谢国民先生和正大集团

反观美国软件巨头微软公司（NASDAQ:MSFT），被称为“20 世纪世界最伟大的公司”之一，截至 2014 年 12 月 31 日，其营业收入约

① 参见 http://www.epsnet.com.cn/Sys/Olap.aspx? ID = OLAP_WORLDMACRO_Y_R_WEB，最后访问日期：2020 年 12 月 11 日。

为 933 亿美元,①第一大股东 The Vanguard Group, Inc. 持股数量为 4.64 亿美元,持股比例为 5.8%,持股变动为 -64.55 万股;第三大股东也是最大的个人股东 Ballmer Steven Anthony 持股数量为 3.33 亿股,持股比例为 4.17%(见表 29)。

表 29　微软公司前十大股东

单位:美元

序号	名称	持股数量	持股比例	持股变动
1	The Vanguard Group, Inc.	4.64 亿	5.80%	-64.55 万
2	Capital Research & Management Co. (World Investors)	3.53 亿	4.42%	-316.01 万
3	Ballmer Steven Anthony	3.33 亿	4.17%	0
4	SSgA Funds Management, Inc.	3.11 亿	3.89%	-2398.89 万
5	BlackRock Fund Advisors	3.08 亿	3.86%	-1345.83 万
6	Gates William Henry Ⅲ	2.27 亿	2.84%	-42.48 万
7	Fidelity Management & Research Co.	1.47 亿	1.83%	-3306.41 万
8	Wellington Management Co. LLP	1.39 亿	1.74%	65.10 万
9	T. Rowe Price Associates, Inc.	1.37 亿	1.71%	8236.42 万
10	Northern Trust Investments, Inc.	1.08 亿	1.34%	28.19 万

① 参见 http://quotes.money.163.com/usstock/MSFT_income.html? type=last,最后访问日期:2020 年 12 月 11 日。

又根据美国商务部经济分析局2015年2月27日发布的数据，2014年美国国内生产总值(GDP)总量为174,183.27亿美元，微软公司2014年的营业收入仅占美国2014年GDP的0.54%，几乎可以忽略不计。姑且不论微软公司是否存在股权杠杆控制公司的实际控制人，即使Vanguard Group或者Ballmer抑或其他主体通过股权杠杆控制了微软，其对于美国整个国民经济的影响力也是微乎其微的。Ballmer个人，也只是美国群星闪耀的企业家长河中，不甚耀眼的一颗而已。

3. 获得极高的社会荣誉和影响力

公司实际控制人通过股权杠杆控制，控制或者影响整个国民经济之后，随之而来的是极高的社会荣誉和影响力。继续前述谢国民先生和正大集团的例子，正因为泰国人甚至亚洲人每日三餐都少不了正大集团的产品，所以谢国民先生被称为"农牧巨子"。正大集团的成功给谢国民先生带来了极高的社会荣誉和影响力(见表30)。

表30 谢国民先生的社会荣誉和影响力

时间	社会荣誉和影响力
1988年	被《亚洲金融》杂志评为"亚洲最杰出企业家"
1993年	被聘为港事顾问，复旦大学校董
1996年	被泰国国王亲自授予泰国政法大学"商业荣誉博士学位"
2003年	被《财富》杂志评选为"全球最具影响力的50位商界领袖之一"
2005年	被《财富》杂志评为"亚洲商界领袖25强之一"
2008年	正式当选为中国侨商投资企业协会会长①

① 在2008年1月16日召开的中国侨商投资企业协会成立大会上，谢国民先生正式当选为会长。中国侨商投资企业协会，是在国务院领导亲自过问下成立的全国性侨商组织。谢国民先生作为南洋最著名的侨商领袖之一，当选实乃"众望所归"。

续表

时间	社会荣誉和影响力
2008 年	入选“中国改革开放 30 年经济百人榜”①
2009 年	位列福布斯泰国富豪榜第二
2010 年	位列福布斯泰国富豪榜第一②
2013 年	位列福布斯华人富豪榜第五
2015 年	抗战胜利 70 周年纪念日，应邀登天安门城楼观礼并出席招待会③
……	

4. 成为政府首脑或者左右国家政治

“经济基础决定上层建筑。”④公司实际控制人通过股权杠杆控制，控制或者影响整个国民经济，获得极高的社会荣誉和影响力之后，其往往凭借经济和社会领域的控制力和影响力，控制或者影响一国的政治。具体的手段包括但不限于通过金元选举，直接成为政府首脑，或者扶植自己的亲信、代理人等成为政府首脑、要员。

泰国西那瓦家族是泰国数一数二的大家族，祖籍是中国广东丰顺县，祖上姓丘，大约于清朝光绪年间（19 世纪 60 年代）移民泰国。西那瓦家族在 21 世纪的第一个 10 年中连续出现了 3 位总理，分别是他信·西那瓦、颂猜·翁萨瓦、英拉·西那瓦。西那瓦家族同时

---

① 榜单上这样写道：“他是华侨中的商业巨子，他也是商业巨子中的爱国华侨，掌舵着正大集团，心系着祖国故乡，他是改革开放后第一个投资国内的成功企业家。”

② 谢国民先生超过红牛饮料创始人许书标先生，首次问鼎。

③ 2015 年 8 月 25 日上午，国务院侨务办公室副主任何亚飞在国新办发布会上称，经 4 个月的努力共邀请 1779 名海外侨胞回国观礼，在所有应邀嘉宾中，5 位德高望重、声誉卓著的侨胞代表（谢国民、陈永栽、朱经武、梁有成、惠京仔）将应邀登天安门城楼观礼并出席招待会。

④ 参见中共中央马克思恩格斯列宁斯大林著作编译局编译：《马克思恩格斯全集》（第 3 卷），人民出版社 1956～1986 年版，第 41 页。

控制着泰国的IT、贸易和电信等支柱产业(见图11)。[①]

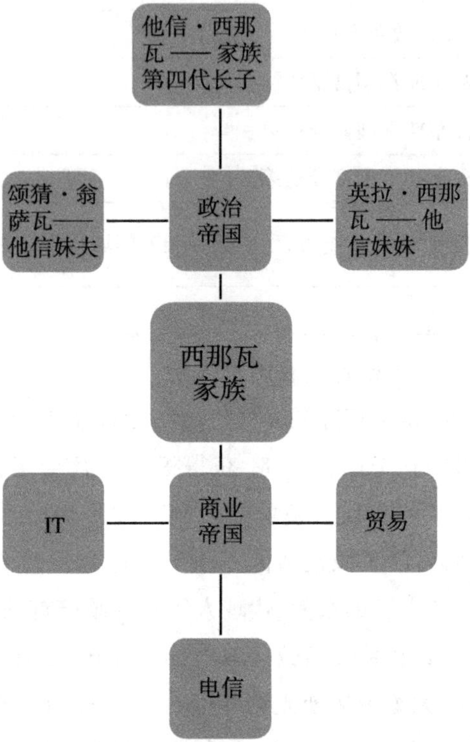

图11 西那瓦家族的商业和政治帝国

贝卢斯科尼家族,从家族底蕴上固然无法与阿涅利家族媲美,可以说是典型的暴发户,因为这个家族从西尔维奥·贝卢斯科尼开始,如今也只传到第二代。正是曾经三度担任意大利总理的西尔维奥·贝卢斯科尼,一手将贝卢斯科尼家族打造成横跨商界、政界、体

① 参见http://www.changjiangtimes.com/2014年12月494307.html,最后访问日期:2020年12月11日。

育界和娱乐界的庞然大物(见图12)。[①]

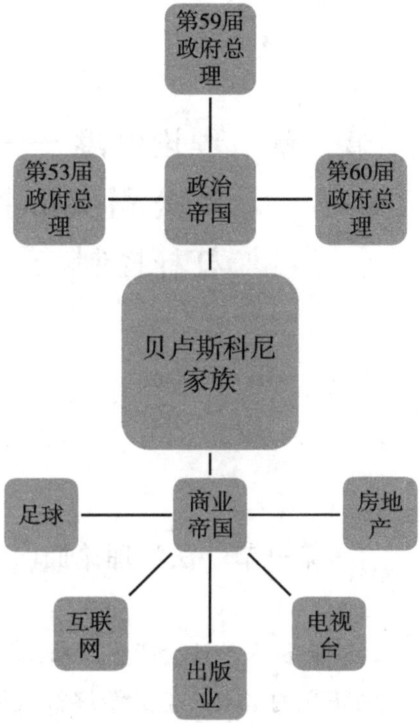

图12　贝卢斯科尼家族的商业和政治帝国

① 参见 http://sports.163.com/14/1118/23/ABCCP8DI00051CD5.html,最后访问日期:2020年12月11日。

第三章　理论维度——为什么要规制公司实际控制人股权杠杆控制

第一节　法学理论面向

自从人类社会产生以来，就一直没有停止过对正义的追求。正义始终被人们视为人类社会一种最基本的崇高美德和价值理想。[①] 然而，通过本书之前的分析与论述，不难发现，公司实际控制人的股权杠杆控制是不正义的。因此，法理学上的正义观，是规制公司实际控制人股权杠杆控制的重要理论基础。

一、法理学正义观

1. 正义理论的源起——使每个人获得其应

① 参见张文显：《法理学》（第4版），高等教育出版社2011年版，第243页。

得的东西

(1)正义的主观向度

查士丁尼《民法大全》提出的并被认为是古罗马法学家 Ulpian 首创的一个著名的正义定义,其表述如下,"正义乃是使每个人获得其应得的东西的永恒不变的意志"。在罗马历史的早期,Cicero 也曾把正义描述为"使每个人获得其应得的东西的人类精神取向"。①

上述两个定义都着重强调了正义的主观向度。正义被认为是人类精神上的某种态度、一种公平的意愿和一种承认他人的要求和想法的意向。正义的雇主愿意考虑其雇员的合理要求。正义的法官会决意在一起诉讼案中避免对一方当事人产生偏袒和偏见。正义的立法者则倾向于关注他根据义务所代表的个人和群体的利益。

给予每个人以其应得的东西的意愿乃是正义概念的一个重要的和普遍有效的组成部分。没有这个要素,正义就不可能在社会中盛兴。恰如亚里士多德所明见的那样,正义乃是一种关注人与人之间关系的社会美德。"正义本身乃是'他者之善'或'他者之利益',因为它所为的恰是有益于他者的事情"。② 为了有效地发挥作用,正义呼吁人们把他们从那些唯一只顾自己利益的冲动中解放出来。

(2)正义的习惯和制度成分

然而很明显,仅仅培养一种公正待人和关心他人的精神态度,其本身并不足以使正义处于支配地位。推行正义的善意,还须通过旨在实现正义社会的目标的实际措施和制度性手段来加以实施。Thomas Aquinas 把正义描述为"一种习惯,依据这种习惯,一个人以

---

① [美]E. 博登海默:《法理学:法律哲学与法律方法》,邓正来译,中国政法大学出版社 2004 年版,第 277 页。

② [德]海德格尔:《亚里士多德哲学的基本概念》,刘小枫编,黄瑞成译,华夏出版社 2014 年版,第 56 页。

一种永恒不变的意志使每个人获得其应得的东西"。他经由明确指出正义不仅含有某种精神上的先入为主倾向而且还预设了一种行为模式而对查士丁尼《民法大全》中的正义定义做了改进。[①] Emil Brunner,将正义的精神成分和制度成分结合在了一起,"无论是他还是它只要给每个人以其应得的东西,那么该人或该物就是正义的;一种态度、一种制度、一部法律、一种关系,只要能使每个人获得其应得的东西,那么它就是正义的"。[②]

具体到本书的语境,公司实际控制人的股权杠杆控制,无论是作为一种意志、精神取向,还是作为实际措施、制度性手段,显然不能使公司中的各方(包括公司本身)获得其应得的东西,实际控制人反而通过隧道效应、特权消费和建造个人帝国等方式,攫取本该属于公司及其中小股东和其他利害关系人的利益。因此,公司实际控制人的股权杠杆控制是不正义的,从法学理论上有规制其的必要性。

2. 正义理论的演进——"普罗透斯之面"

正义有着一张"普罗透斯似的脸"(Protean Face),变幻无常、随时可呈不同形状并具有极不相同的面貌。当我们仔细查看这张脸并试图解开隐藏其表面背后的秘密时,往往会深感迷惑。从法哲学的理论高度上来看,许多思想家与法学家已提出各种各样的不尽一致的"真正"的正义观,而这种种观点往往都声称自己是绝对有效的。从社会秩序的实用主义层面来看,人们也已经采用了许多不同的思想进路去解决"善社会"(good society)的问题。具体到本书的

---

① 参见[意]托马斯·阿奎那:《神学大全》(第1集),段德智译,商务出版社2013年版,第58页。

② [美]E. 博登海默:《法理学:法律哲学与法律方法》,邓正来译,中国政法大学出版社2004年版,第278页。

语境,与规制公司实际控制人股权杠杆控制相关的正义观,包括但不限于以下列举的。

(1) Plato 的正义观

Plato 在其《共和国》一书中,提出了一个有关正义共和国的学说,而集体主义理想在该学说中得到了强有力的表现。他认为,正义存在于社会有机体各个部分间的和谐关系之中。每个公民必须在其所属的地位上尽自己的义务,做与其本性最相适合的事情。由于柏拉图提出的国家是一个阶级国家——他将这些阶级划分为统治阶级、辅助阶级和生产阶级,所以柏拉图的正义就是,每个阶级的成员必须专心致力于本阶级的工作,且不应干涉其他阶级的成员所干的工作。构成正义思想之基础的观念所依据的乃是这样一种假定,即一个个人并不是一个孤立的自我,不能为所欲为,相反,他是某种普遍性秩序的依附性成员,他必须使他的个人愿望和倾向服从于整个集体的有机统一性。①

具体到本书的语境,如果将公司视为一个阶级国家,那么股东、管理层、雇员、债权人和其他利害关系人是组成该国家的基本阶级。根据公司治理的一般理论,股东和债权人是资金的提供者,管理层是日常的经营管理者(经营管理服务的提供者),雇员是人力资本的提供者。基于本书之前的分析与论述,我们知道股权杠杆控制公司的实际控制人,可能是公司股东,也可能是公司的管理层,甚至可能是公司非直接利害关系人的其他主体。股权杠杆控制公司的实际控制人显然不甘于本阶级的工作,他们通过所有权金字塔、类别股、股权信托、代理投票和联合投票等方式攫取公司的控制权,干涉管理层对公司事务的经营管理;他们通过隧道效应、特权消费和建造

---

① 参见刘须宽:《柏拉图伦理思想研究》,中国社会科学出版社 2015 年版,第 66 页。

个人帝国等方式，攫取本该属于公司及其资金提供者和其他利害关系人的利益。股权杠杆控制公司的实际控制人将个人利益凌驾于公司利益之上，滥用控制权，破坏了社会公认的公司治理结构。因此，公司实际控制人股权杠杆控制的存在，与 Plato 的正义观不符。

（2）Aristotle 的正义观

Aristotle 认为，正义寓于"某种平等"之中。从正义这一概念的分配含义来看，它要求按照比例平等原则把这个世界上的事物公平地分配给社会成员。相等的东西给予相等的人，不相等的东西给予不相等的人。其为平等提出的衡量标准乃是价值与公民美德。Aristotle 还对分配正义（distributive justice）和矫正正义（corrective justice）做了界分。分配正义主要关注的是在社会成员或群体成员之间进行权利、权力、义务和责任配置的问题。如果社会的一名成员侵犯了其他社会成员的权利、特权和财产权，那么矫正正义就要求偿还属于受害者的东西或对他的损失予以补偿。[①] 分配正义和矫正正义的范畴，为各人应得的归于各人的原则在政治行动和社会行动中进行检验指出了主要的检验场域。

具体到本书的语境，第二章第三节"建造个人帝国"部分已经论及，直接持股比例（出资比例）是股东收益权和投票权的主要依据，也是其承担有限责任的基础。但是，由于持股比例与投票权的异化，即股权杠杆控制公司的实际控制人所控制的投票权比例远高于其持股比例。因此，股权杠杆控制公司的实际控制人参与公司治理的成本更低，相应的收益却可能更高，因为其不仅可以获得被控制公司的收益权和投票权，还可以攫取排他的金钱利益与非金钱利益，这显然与分配正义的内核不符。另外，无论是攫取公司控制权

---

① 参见［古希腊］亚里士多德：《政治学》，颜一、秦典华译，中国人民大学出版社 2003 年版，第 138 页、第 234 页。

的手段(所有权金字塔、类别股、股权信托、代理投票和联合投票等),还是攫取公司及其利害关系人利益的手段(隧道效应、特权消费和建造个人帝国等)都相对隐蔽,加之公司治理参与者理性的"搭便车"现象,即使相关主体发现了股权杠杆控制公司的实际控制人将个人利益凌驾于公司利益之上,滥用控制权,破坏了公司治理结构的事实,在没有举证责任倒置的特别规定之前,依据民事诉讼领域"谁主张,谁举证"的一般原则,矫正正义也很难彰显。因此,公司实际控制人股权杠杆控制的存在,与 Aristotle 的正义观不符。

(3)John Rawls 的正义观

John Rawls 在分析正义之含义时,试图将自由与平等这两种价值结合起来。Rawls 的正义观念是由两个基本原则构成的:第一,每个人对与其他人所享有的类似自由相一致的最广泛的基本自由都应有一种平等的权利;第二,社会的和经济的不平等将被安排得使人们能够合理地期望它们对每个人都有利,并使它们所依系的地位与职务向所有的人都开放。然而,上述两个原则在社会政策中不应当被给予相同的重要性;第一个原则优先于第二个原则。这意味着自由只有因自由本身的缘故才能被限制,而且这也意味着如果实现社会的和经济的平等的主张不可能使所有人的自由总量得到增加,那么这些主张就必须让位。①

具体到本书的语境,股权杠杆控制公司的实际控制人滥用控制权,干涉公司正常经营管理的自由,以及其攫取排他的金钱利益和非金钱利益的自由,显然是公司其他利害关系主体(如中小股东、债权人和雇员等)所不拥有的,二者在公司治理中的地位也是极其不平等的,公司其他利害关系主体甚至公司本身,都沦为股权杠杆控

---

① 参见[美]约翰·罗尔斯:《正义论》(修订版),何怀宏、何包钢、廖申白译,中国社会科学出版社 2009 年版,第 60 ~ 61 页。

制公司的实际控制人的傀儡,根本没有最广泛的基本自由。当然,不可否认,公司实际控制人有可能发生变更,公司其他利害关系主体有成为公司实际控制人的可能性。但是,如果在先的公司实际控制人能以更低的成本参与公司治理,攫取超额、排他的金钱利益与非金钱利益,其就会千方百计阻挠该公司实际控制人的变更。基于股权杠杆控制公司的实际控制人与公司其他利害关系主体的在公司治理中极其不平等的地位,以及极其悬殊的实力对比,除非在先的公司实际控制人主动淡出或者其他极端情况出现(如超高额溢价的敌意收购),公司实际控制人发生变更的可能性可以忽略不计。因此,公司实际控制人股权杠杆控制的存在,与 John Rawls 的正义观不符。

二、民法学公平与诚信原则

公平与诚信原则,是公平与诚实信用原则的简称。通过本书之前的分析与论述,不难发现,公司实际控制人的股权杠杆控制既是不公平的,也是不诚信的。因此,民法学上的公平与诚信原则,是规制公司实际控制人股权杠杆控制的重要理论基础。

1. 公平原则

公平原则(fairness; equity; fair dealing)的含义常游离于利益平衡、诚实信用与正义观念等之间,并不确定。有学者认为是机会平等以及兼顾各方当事人利益;[①]有学者认为是利益均衡;[②]有学者主张"合同订立时权利义务确定"中当事人间利害关系的平衡,由公平原则调整,订立后的合同履行等环节的利益平衡,则留给"诚实信

① 参见江平主编:《民法学》,中国政法大学出版社 2015 年版,第 69 页。

② 参见王利明、杨立新、王轶、程啸:《民法学》(第 4 版),法律出版社 2015 年版,第 35 ~ 36 页。

用”原则调整；[①]还有学者直接从合同正义角度定位公平。[②]

2. 诚信原则

诚信原则（bona fides; good faith），全称为诚实信用原则，就发展史而言，该原则来源于罗马法时期公元前 3 世纪的诚信诉讼，并经古典时期衡平法的发展被引入到市民法之中，成为债的关系的形成基础，也是合同解释、内容补充以及内容审查的原则。在罗马法后期，这种发端于诉讼程序的诚信思想，完成了向实体法的转变，查士丁尼法、注释法学、后注释法学时期，直到潘德克吞法学时期以及《德国民法典》都没有根本改变。罗马法上的 bona fides 一词，因此也被翻译到其他西语中，如法国、意大利、德国等。不过 bona fides 有两种含义，既有我们一般理解的“诚实信用”的意思，也有“善意”的意思。法国法和意大利法完全继受了罗马法的用词，而《德国民法典》中分为客观的 bona fides，即“诚实信用”，主观的 bona fides，即“善意”。日本法与中国法上的“诚实信用”皆系译自德语的用法。[③]

诚信原则要求民事活动的当事人在行使权利和履行义务时，应当遵循诚实守信、推己及人的道德准则，是本着值得信赖、真诚和为他人着想而行事的道德要求。[④] 诚信原则要求一切市场参加者符合诚实商人和诚实劳动者的道德标准，在不损害他人利益和社会公益的前提下，追求自己的利益，目的是在当事人之间的利益关系和当事人与社会之间的利益关系中实现平衡，并维持市场的道德秩序。

---

① 参见梁慧星：《民法总论》（第 4 版），法律出版社 2011 年版，第 47 页。

② 参见崔建远：《合同法》（第 5 版），法律出版社 2015 年版，第 19 ~ 21 页；韩世远：《合同法总论》（第 3 版），法律出版社 2015 年版，第 32 页。

③ 参见崔建远等：《民法总论》，清华大学出版社 2010 年版，第 280 ~ 281 页。

④ 参见耿林：《强制规范与合同效力——以合同法第 52 条第 5 项为中心》，中国民主法制出版社 2009 年版，第 117 页。

诚实信用原则性质上属于一般条款,其实质在于,当出现立法当时未预见的新情况、新问题时,法院可以依诚实信用原则行使公平裁量权,直接调整当事人之间的权利义务关系。[①] 这里在分析诚实信用原则时,运用了公平的概念和利益平衡。

3. 公平和诚信原则

本书之所以将公平原则和诚信原则放在一起,主要是考虑到二者在我国现行法的规定中常常并行,通过前述我国现行法的不完全列举,也不难发现这一特征。更重要的是,公平原则和诚信原则之间的内容界限模糊,二者都可以指特定关系中当事人之间对对方利益予以考虑的合理要求,是一种法律层面的道德界限,一种符合一般正义的标准,尽管二者之间可能有所侧重。因此,从解释学的角度将二者并称,有利于避免理论上与实务上区分的困扰。

一些立法例或者准立法例已经作出示范,如《欧洲合同法原则》、《国际商事合同通则》和《共同参照框架草案》等都使用了"公平和诚信原则"(good faith and fair dealing)这一术语。《欧洲合同法原则》第1:201条(等同于《国际商事合同通则》Art. 1.7)规定:(1)任何一方当事人的行为都必须符合诚信与公平交易;(2)当事人不得排除或者限制该义务。《共同参照框架草案》Ⅲ. -1:103规定:(1)当事人有义务按照诚实信用与公平交易原则履行债务、行使履行请求权、对不履行提出救济或者进行抗辩,或者行使对一项义务或者合同关系的解除权;(2)该义务不得通过合同或者其他法律行为排除或者限制;(3)该义务的违反并不直接产生债务不履行的救济,但可以排除违约一方对一项权利的行使或者依赖,排除该当事人以其他方式可能享有的救济或者抗辩。[②]

---

① 参见梁慧星:《民法总论》(第4版),法律出版社2011年版,第48~49页。

② 参见崔建远等:《民法总论》,清华大学出版社2010年版,第280~281页。

有学者也认为,实际上,有些制度并不区分公平与诚信,将二者同等视为客观标准。例如,《法国民法典》第 1134 条、第 1135 条分别使用诚信与公平来构建债法上的信义义务、注意义务等附随义务,有时同时使用二者。又如,新《荷兰民法典》,其将旧《民法典》第 1374 条、第 1375 条分别使用的"诚信"与"公平"概念,在将"诚信"概念改成从客观上更容易理解的"合理"概念之后,在新法典中合并称为"合理与公平"。①

具体到本书的语境,股权杠杆控制公司的实际控制人与公司其他利害关系主体(如中小股东、债权人和雇员等)参与公司治理的机会显然是不平等的,实际控制人利用股权杠杆控制,攫取了公司的控制权,在公司的经营管理中居于支配和主导地位,而其他利害关系主体几乎没有话语权。股权杠杆控制公司的实际控制人与公司其他利害关系主体可以从公司获得的利益显然也是不均衡的,实际控制人可以攫取排他的金钱利益和非金钱利益,而其他利害关系主体甚至公司本身,都沦为实际控制人的傀儡,获得的利益远小于实际控制人。可以说,公司实际控制人的股权杠杆控制,不符合诚实市场主体的道德标准。通过本书第二章"为什么存在公司实际控制人股权杠杆控制"部分的分析与论述,不难发现,股权杠杆控制公司的实际控制人攫取排他的金钱利益和非金钱利益,往往以损害、侵占公司其他利害关系主体的利益为前提或者基础;实际控制人惯常使用的手段也往往具有隐蔽性、欺骗性或者强迫性。因此,公司实际控制人股权杠杆控制的存在,与民法学上的公平和诚信原则不符。

---

① See Martijn W. Hesselink, *The Concept of Good Faith*, *in*: *Towards a European Civil Code*, edited by Arthur Hartkamp etc., 3rd ed., Kluwer 2004, p. 472 – 473.

三、公司治理相关理论

通过本书之前的分析与论述,不难发现,股权杠杆控制公司的实际控制人,有滥用控制权,破坏经典、平衡的公司治理结构之倾向。因此,公司治理的相关理论,是规制公司实际控制人股权杠杆控制的重要理论基础。公司治理多以公司经营主要目标的假设为基础,但是,对于公司经营的主要目标是什么,学者和业内人士都没能达成一致意见。此外,公司目标通常受到一国的文化传统、选举制度、政府的政治导向和法律制度等因素的影响。

1. 源起与发展

公司治理的问题由来已久,它的出现至少可以追溯至18世纪大型证券公司成立之时。“现代经济学之父”和“自由企业的守护神”,苏格兰经济学家Adam Smith在其1776年出版的专著中这样论述:“每个人都按自己最舒心的方式生活是符合其利益的。如果无论是否努力工作,他所获得的报酬没有差别,那么最符合其利益的做法就是要么完全抛弃工作,要么从属于一些可以避免辛苦劳动的权力机构,用漫不经心和懒散的态度完成工作。”①

上面的陈述清楚地说明了代理人(agent)和委托人(principle)之间存在利益冲突。随后,1976年,Michael Jensen和William Meckling在其开创性的论文《企业理论:经理行为、代理成本与所有权结构》中提出了委托代理理论(principal-agent theory),明确指出经济利益的冲突问题。具体来讲,虽然代理人接受委托人的请求履行一项具体职责,但是代理人在合同签订之后很可能并不按委托人利益最大化原则行动,而是追求自己的利益,经济学家将此称为道德风险

---

① [英]亚当·斯密:《国民财富的性质和原因的研究》(上卷),郭大力、王亚南译,商务印书馆2008年版,第20页。

(moral hazard)。[①] 道德风险所描述的事实是一旦双方签订了合同，代理人可能为满足自身利益而作出不良或不负责任的行为，这种行为很可能对委托人造成利益伤害。[②]

除了“所有权与控制权的分离”之外，信息不对称(asymmetric information)的存在，也导致道德风险必然发生。申言之，信息不对称是指签约合同的一方——作为责任履行者和行动执行者的代理人，往往比合同的另一方——委托人拥有更多的信息。如果代理人和委托人总可以同时获得相同的信息，那么道德风险问题就可以迎刃而解了。换言之，道德风险的发生是由于委托人无法一直监督代理人的经营活动。即使在事故发生之后委托人对公司决策失败的原因进行分析时，也常常无法判断应归咎于代理人的失职，还是一些无法控制的意外原因。信息贫乏的委托人任命具有专业知识的代理人履行某种职责，由于信息不对称的存在，合约一旦签订，代理人很可能为追求自身利益而不顾委托人的利益来经营公司。代理成本(agency costs)由以下三部分组成：(1)第一部分是委托人承受的监督成本(monitoring)。委托人对代理人的监督不仅指行为的观察与记录，还包括采取不同方式对代理人的行为进行干预和约束以避免不利行为的发生。(2)第二部分是代理人所引起的约束成本

---

① See Jensen M. and W. Meckling, *Theory of the Firm: Managerial Behavior, Agency Costs and Capital structure*, Journal of Financial Economics 3, p. 305 – 360 (1976).

② 道德风险的发生并不仅局限于公司治理领域，实际上也是保险公司面临的一个重大难题。人们投保之后，行为习惯往往会发生改变。例如，一旦你投保了入室盗窃险，早上出门去上学或工作时，就不会像往常那样仔细地锁好大门。而当你忘记了自己是否锁好门窗时，也不会焦急地想要回去查看，因为你已经投保了入室盗窃险。即使大门真的没有锁好且发生了盗窃事故，其损失(至少是部分的损失)也将由保险公司承担。与此相反，如果你选择返回家重新查看，那么可能会导致上学或上班迟到。因此大多数人都会选择作出符合自己利益的行为，即避免返回家带来的麻烦而做一位不负责任的投保人。

(bonding costs)。约束成本是指代理人为了发出对委托人利益忠诚的信号所产生的成本,其表明忠诚的一个可靠方法就是投资于这家公司。(3)第三部分是委托人的剩余损失(residual loss)。剩余损失是由于代理人并不按委托人的意愿最大化公司价值所产生的剩余价值损失。①

完全契约(complete contracts)被认为是解决委托代理问题的一个潜在方法。完全契约是指对以下问题进行详细、准确说明的合约:(1)经理人在面对世界上未来可能发生的每个意外事故时所必须做的事;(2)每个意外事故中的利益分配。② 但是,正如 Oliver Williamson 所提出的,实践中的合同不太可能如此完备,原因如下:(1)预测世界上所有将要发生的意外事故是不可能的;(2)合同将因太过复杂而无法制定;(3)合同将很难甚至不可能被局外人(如法院等)进行监督和强化。③

2. 股东利益至上

以 Oliver Williamson 的研究为基础,Andrei Shleifer 和 Robert Vishny 是这样定义公司治理的:"公司的资金提供方确保他们的投资能获得回报的方式方法。"他们明确提出股东(以及债权人)利益最大化是公司的主要目标,并据此对公司治理进行界定。他们认为,来自资金提供者的投资是典型的沉没资本,即在公司陷入困境时很有可能无法收回的资本,而诸如员工、供应商和客户等利益相

---

① See Jensen M. and W. Meckling, *Theory of the Firm: Managerial Behavior, Agency Costs and Capital structure*, Journal of Financial Economics 3, p. 305 - 360 (1976).

② See Hart O. D., *Incomplete Contacts and the Theory of the Firm*, Journal of Law, Economics and Organization 4, p. 119 - 139 (1988).

③ See Williamson O., *Corporate Governance*, Yale Law Journal 93, p. 1197 - 1230 (1984).

关者可以没有任何损失地离开公司，如员工可以凭借其人力资本价值在其他公司找到工作。① 也就是说，在公司倒闭时，资金提供者可能会失去全部投资资金，但员工却不会失去他们的人力资本。因此，资金提供者尤其是股东是剩余风险承担者，或者说他们对公司资产拥有剩余索取权(residual claimants)。这表明，当公司陷入财务困境时，除股东之外的所有其他利益相关者都拥有优先受偿权。尤其在公司遭遇财务困境且资产不足以满足所有索赔要求时，股东将失去他们的初期投资，而其他索赔人却可以取回全部或至少部分资金。

3. 重视其他利益相关者

Sarah Worthington 与 Andrei Shleifer 和 Robert Vishny 所持的观点相反，他认为股东价值最大化的论点并没有法律依据。② 对此，Paddy Ireland 进一步补充说，由于公司资产是一代代人集体劳动的结晶，因此它是公共财产，不应被看作股东的私人财产。③ 另外，Marc Goergen 和 Luc Renneboog 提出公司治理的定义应该考虑各公司所关注的参与者或利益相关者的差异。根据他们的定义，公司治理制度是一个机制的组合，目的是确保公司管理者(代理人)为一个或数个利益相关者(委托人)的权益来经营公司。这些利益相关者包括股东、债权人、供应商、客户、员工以及与公司开展业务相关的

---

① See Shleifer A. and R. W. Vishny, *A Survey of Corporate Governance*, Journal of Finance 52 (2), p. 737 – 783 (1997).

② See Worthington S., *Shares and Shareholders: Property, Power and Entitlement: Part I*, Company Lawyer 22, p. 258 – 266 (2001); Worthington S., *Shares and Shareholders: Property, Power and Entitlement: Part* Ⅱ, Company Lawyer 22, p. 307 – 314 (2001).

③ See Ireland P., *Company Law and the Myth of Shareholder Ownership*, Modern Law Review 62, p. 32 – 57 (1999).

合作者。①

尽管 Andrei Shleifer 和 Robert Vishny 的学说在最大程度上反映了英、美两国上市公司的经营重点，但欧洲大陆的多数经理人却倾向于 Marc Goergen 和 Luc Renneboog 的观点，即更多考虑公司其他利益相关者的需求。

正如德国汽车制造商大众汽车前首席执行官陈述的："我之所以不关心股东，我更应该关心的是员工们，是因为我只有在一年一度的股东大会上才能见到他们。他们才是我每天都能见到的人。"②另外，德国公司法中明确规定，公司目标职能中应包括满足其他利益相关者的需求。例如，德国《共同决定法案》中规定，拥有超过2000 名员工的公司监事会必须有 50% 的员工代表席位。

Masaru Yoshimori 在一份对德国、日本、英国和美国公司经理人的问卷调查中提出了"公司是谁的"这个问题(见图 13)。调查的公司数量为：美国 82 家、英国 78 家、法国 50 家、德国 100 家和日本 68 家。结果显示，约 76% 的美国经理人认为公司属于股东，剩余的 24% 认为公司属于所有利益相关者；约 71% 的英国经理人认为公司属于股东，剩余的 29% 认为公司属于所有利益相关者；与美国、英国相反，约 22% 的法国经理人认为公司属于股东，剩余的 78% 认为公司属于所有利益相关者；类似地，约 17% 的德国经理人认为公司属于股东，剩余的 83% 认为公司属于所有利益相关者；更有甚者，仅约 3% 的日本经理人认为公司属于股东，剩余的 97% 认为公司属于所

① See Goergen M. and L. Renneboog, *Corporate Governance and Shareholder Value*, in D. Lowe and R. Leiringer (eds.), *Commercial Management of Projects: Defining the Discipline*, Blackwell Publishing, p. 100 – 131 (2006).

② Kohlhausen M., *Der Wettbewerb um Aktionare and Eigenkapital*, presented during the Borsen-Zeitung Seminar on 23 February 1994 in Frankfurt, mimeo.

有利益相关者。①

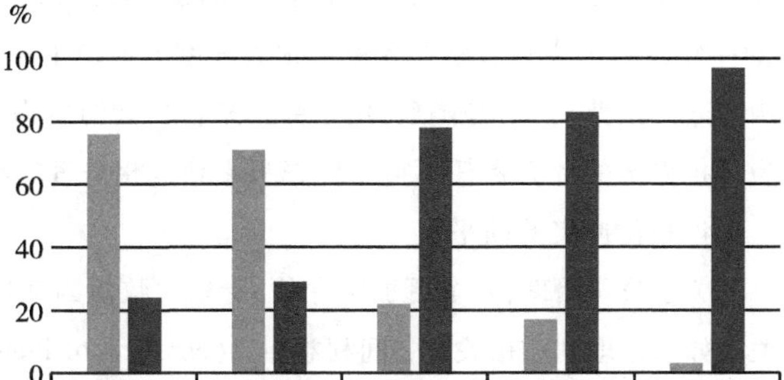

	美国	英国	法国	德国	日本
■ 股东	76	71	22	17	3
■ 所有利益相关者	24	29	78	83	97

图 13　公司是谁的

由此可见，尽管英、美公司趋向或至少期望追求股东利益最大化，但全球其他国家的公司却更倾向于迎合多个利益相关者的权益。然而，在过去的 20 多年间，这两个阵营的观点彼此接近，如《公司法评论》中的学术观点对英国 2006 年《公司法》第 172 条中的规定产生了影响，该条规定如下："董事们也应该意识到，根据情况需要，公司需要与员工、客户和供应商建立关系，需要维持其商业信誉，并需要考虑公司对社区和工作环境带来的影响。"尽管如此公司董事仍然必须根据股东利益最大化原则作出有利于公司发展的良性行为。具体而言，虽然人们期待董事会能够重视其他利益相关者的利益，但只有当行为结果有利于公司长远发展且最终将受惠于公司所有者——股东时，他们才会这样做。因此，在英、美两国，股东利益至上原则（principle of shareholder primacy）仍然是没有动摇的。

① See Yoshimori M., *Whose Company is It? The Concept of the Corporation in Japan and the West*, Long Range Plarining 28, p. 33 – 44 (1995).

与此同时,欧洲大陆国家也逐渐向股东导向型公司治理制度发展。特别是欧盟法已经将其 27 个成员国的法律向英国法律靠拢,如 2004 年欧盟法中的收购指令就在很大程度上模仿了英国的《城市收购与兼并法典》。但是随后,由于受到来自社会的压力,(大型)公司为承担更多的社会责任不得不优先考虑利益相关者的利益。①

4. 利益冲突的衡平

关于公司治理,一个更加中立的、受较少政治因素影响的观点是关于如何处理利益相关者之间利益冲突(conflicts of interests)的问题,并提供阻止和缓解这些利益冲突的措施。上述的利益冲突包括:

(1)资金提供者与经理人之间的利益冲突;

(2)股东与其他利益相关者之间的利益冲突;

(3)不同类型的股东(主要是大股东和小股东)之间的利益冲突。

此观点的另一优势在于它适用于多种公司治理模式。更准确地说,其不仅关注经理人与股东利益,而且涉及大股东与小股东间的利益冲突问题,而这类问题常出现在所有权和控制权集中的国家。②

5. 公司治理的最佳实务准则

第一个关于公司治理的最佳实务准则是 1992 年英国的《凯德伯瑞报告》(Cadbury Report)。该报告将公司治理定义为管理和控制公司所依赖的系统。该报告阐述了公司治理中董事会的重要职能:董事会对公司的治理负责。在公司治理中,股东的任务是任命董事和审计员,并采取适当的治理结构满足自身需求。董事会的责

① 参见[卢森堡]马克·格尔根:《公司治理》,王世权、杨倩、侯君等译,机械工业出版社 2014 年版,第 4~5 页。

② 参见[卢森堡]马克·格尔根:《公司治理》,王世权、杨倩、侯君等译,机械工业出版社 2014 年版,第 5 页。

任包括制定公司的战略目标,建立领导机制并将其付诸实施,监督公司的管理,并向股东报告他们的管理工作。董事会的行动受到法律、法规和参与股东大会的股东的支配。①

对于《凯德伯瑞报告》的质疑有以下两点:

(1)其建立在董事会拥有公司治理决定权的前提下,但迄今为止还没有任何经验数据表明董事会是一种有效的公司治理机制;

(2)其隐含着一种假设,即当公司的管理层表现糟糕时,个人股东因力量薄弱而无法采取任何措施,这种情况在英、美国家之外的上市公司中一般不会发生,因为这些公司通常拥有大股东,大股东有足够的表决权解雇无效率的管理人员。

具体到本书的语境,可以将公司其他利害关系主体(如中小股东、债权人和雇员等)视为委托人,将股权杠杆控制公司的实际控制人视为其他利害关系主体治理公司的代理人,因为根据本书之前的分析和论述,不难发现,实际控制人才是整个公司经营管理的决策者和支配者。但是,股权杠杆控制公司的实际控制人(代理人)可能为满足自身利益而作出不良或不负责任的行为,诸如本书之前论及的隧道效应、特权消费和建造个人帝国,上述行为显然会对公司其他利害关系主体(委托人)的利益造成伤害。因此,本书语境下,一般公司治理中信息不对称、所有权与控制权的分离和代理成本等问题,以及随之而来的道德风险和委托代理问题依然存在,甚至更加严重。完全契约,依然对上述问题的解决无能为力。

又根据本书之前的分析和论述,不难发现,股权杠杆控制公司的实际控制人通过所有权金字塔、类别股、股权信托、代理投票和联合投票等方式攫取公司的控制权;进而通过隧道效应、特权消费和

---

① See Cadbury A. ,*Report of the Committee on the Financial Aspects of Corporate Governance*, London: Gee & Co. Ltd (1992).

建造个人帝国等方式，攫取本该属于公司以及其他股东（以及债权人）的利益，其所追求的显然是其自身利益的最大化，而非其他股东（以及债权人）利益的最大化，甚至其他股东（以及债权人）利益的损失，是其利益最大化的必要条件。相应地，在公司治理的过程中，股权杠杆控制公司的实际控制人相较于追求自身利益的最大化，显然不会重视其他利益相关者，导致他们彼此之间的利益冲突难以平衡。另外，股权杠杆控制公司的实际控制人对公司董事会的架空与控制，也不符合公司治理的实务准则。

第二节　经济学理论面向

一、基本理论

1. 经济人假设

经济人假设是经济学研究的基本假设之一，亚当·斯密在《国民财富的性质和原因的研究》①一书中最早对“经纪人假设”进行了系统论述。亚当·斯密在《国民财富的性质和原因的研究》中对“经济人”的论述如下：人类几乎随时随地都需要同胞的协助，要想仅仅依赖他人的恩惠，那是一定不行的。他如果能够刺激他们的利己心，使有利于他，并告诉他们，给他做事，是对他们自己有利的，他要达到目的就容易得多了。不论是谁，如果要与旁人做买卖，他首先要这样提议：请给我所要的东西吧，同时你也可以得到你所要的东西，这句话是交易的通义。我们每天所需要的食物和饮料，不是出自屠夫、酿酒家或烙面师的恩惠，而是出自他们自利的打算。我们

---

① 参见［英］亚当·斯密：《国民财富的性质和原因的研究》，郭大力、王亚南译，商务印书馆1974年版，第6页。

不说唤起他们利他心,而说唤起他们利己心的话。我们不说自己有需要,而说对他们有利。每个人都在不断地努力为自己所能支配的资本找到最有利的用途。固然,他所考虑的不是社会的利益,而是他自身的利益,但他对自身利益的追求自然会或者毋宁说必然会引导他选定最有利于社会的用途。

亚当·斯密提出这一假定的核心内容包括人的利己本性和人的理性两个方面。(1)人的利己本性。个人从事经济活动的目标是满足自己的私利,至少主观上不是为了促进社会或他人的利益。经济人假设对人的行为动机做了最深层次的抽象,将人的行为所包含的各种社会属性全部简化,把人的行为动机定义为"利己本性"。① (2)人的理性。是指作为经济决策主体的人都是理智的,精于判断和计算利益得失,不会感情用事,也不会盲目听从他人意见,其行为是高度理性的,这种理性反映在经济活动中,表现为当事人所追求的唯一目标是自身经济利益的最大化。

经济人假设认为,人是以完全追求物质利益为目的而进行经济活动的主体,人都希望以尽可能少的付出,获得最大限度地收获,并为此不择手段。经济人假设认为每个人都以自身利益最大化为目标,追求自身利益或效用的最大化是个体行为的基本动机,个人在选定目标后,以满足个人利益最大化为基本动机,对达成目标的各种行动方案根据成本和收益作出选择。当一个人在经济活动中面临若干不同的选择机会时,经济人假设认为,他总是倾向于选择能给自己带来更大经济利益的那种机会,即人总是以追求自身利益的

---

① 人的这一"利己本性"不排斥人有其他的动机,不排除动机本身的复杂性,包括人的利他动机,更不否定人的利他行为的可能性,对这一假定的核心解释是,人的行为最根本的动机是自利动机,这是人的行为的最根本动力,"利己本性"是一种高度简化的分析方法。

最大化为目标。[①] “经济人”假设并非提倡现实社会中的人自私自利。从亚当·斯密对于经济人假设的论述中可以看出，对人进行经济学的抽象，只是经济学分析的工具，并不是提倡人人自私自利。经济学家们进行经济人假设也不是为了提倡人们自私自利。亚当·斯密自利经济人假设的“自利”，绝不能简单地等同于自私，不否认人的各种良好动机的存在，也绝不否认人的动机结构的复杂性。把亚当·斯密的思想放在近代思想解放运动的大背景下加以考察，亚当·斯密的“自利”，从根本上来讲，是对社会个体“自我”的理解、承认和尊重，是个人的自尊、自爱，合法地追求自我利益的权利，在经济运行过程中意味着个人的经济利益，但并不排斥和否认集体利益和利他动机。

具体到本书的语境下，经济人假设主要用于分析公司实际控制人、公司股东和债权人的行为，并假定实际控制人、股东和债权人都是“经济人”，具有“理性”和“利己”的基本行为特征。

2. 要素边际产量递减规律和规模经济效益

边际产量递减规律是指，[②]在短期生产中，在技术水平和其他要素投入量不变的条件下，连续等量的增加一种生产要素（可变要素）的投入量，当该生产要素（可变要素）投入量小于某一特定值时，连续增加该要素（可变要素）投入量带来的边际产量是递增的；当该要素（可变要素）投入量连续增加并超过某一个特定值时，增加该要素（可变要素）投入所带来的边际产量开始递减。在生产技术给定的情况下，在短期生产（至少一种投入要素不可变）中可以把生产要素

---

① See Lucas Robert E. Jr., *Some International Evidence on Output-Inflation Tradeoffs.* American Economic Review, 1973, 63(3): 326 – 34.

② 参见［美］曼昆：《经济学原理》（第7版），梁小民、梁砾译，北京大学出版社2015年版，第110～120页。

分为固定生产要素(投入量不可变要素)和可变生产要素(投入量可变要素)。当固定生产要素不变而可变生产要素增加时,产量的变动分为三个阶段。起初随着可变生产要素的增加,由于固定生产要素得到充分利用,边际产量(增加的产量)递增,总产量以递增的速度增加。然后,随着固定生产要素接近于充分利用,可变生产要素增加引起的产量的增加仍可以是正数,但增长率递减,这时总产量仍在增加,但速度是递减的。最后,当生产要素得到充分利用时,可变生产要素的增加反而会使边际产量小于零,总产量绝对减少。①

规模经济是指通过扩大生产规模而引起经济效益增加的现象,②反映了生产要素的集中程度同经济效益之间的关系。规模经济(不经济)表现为,随着产量的增加,长期平均总成本下降(上升)的特性。一般认为,企业有获得最佳经济效益的生产规模,一旦企业生产规模扩大到超过一定的规模,边际效益却会逐渐趋向零甚至变成负值,引发规模不经济现象。造成规模不经济的原因,可能是规模扩大后,企业内部结构更趋复杂,会消耗大量的企业资源,抵销或者超过规模扩大带来的好处,导致规模不经济现象。③ 在经济学研究中,在不涉及生产函数的情况下,为简化分析,一般假定经济效益不变化。

---

① 边际产量递减规律的一个经典例子是,假定面包店有两个烤炉(固定投入),当工人(可变生产要素)从1个增加到2个时,面包的边际产量和总产量都会增加。如果增加到3个工人,1个工人打杂,尽管这个工人增加的产量不如第2个工人(边际产量递减),但总产量仍增加了。如果增加第4个工人,面包店过分拥挤,会导致工作效率降低,面包的总产量反而减少。

② 规模经济的经济学经典定义是指,在给定技术的条件下(指没有技术变化),对于某一产品(无论是单一产品还是复合产品)如果在某些产量范围内平均成本是下降(上升的),那么我们就认为存在规模经济(或不经济)。

③ See Cobb, Charles W. and Paul H. Douglas, *A Theory of Production*, American Economic Review, 1928, 18(1): 139-65.

具体到本书的语境下，对公司实际控制人、公司股东和债权人的行为分析均为长期分析，因此对于因为公司规模变化导致的经济效益变化必须作出假定，为了简化分析，不失一般性，假定公司在长期中规模经济效益不变。

3. MM 定理

MM 最早由美国经济学家莫迪格利安尼和米勒于 1958 年提出，最初的 MM 理论不考虑所得税影响，认为企业的总价值不受资本结构的影响，随后该理论通过加入所得税因素，其结论为企业的资本结构影响企业的总价值，负债经营将为公司带来税收节约效应，MM 定理为研究资本结构问题提供了一个基本的分析框架。①

MM 定理的基本思想是资本结构与公司价值和综合资本成本无关，在无税情况下，企业的货币资本结构不会影响企业的价值和资金成本。这一定理可以得出两个引理。②

引理一：不论公司是否有负债，其价值等于公司所有资产的预期收益额除以适于该公司风险等级的报酬率。这表明不考虑公司税时，企业的价值是由它的实际资产决定的，而不取决于这些资产的取得形式，即企业的价值与资本结构无关。

引理二：有负债公司的权益成本等于同一风险等级中某一无负债公司的权益成本加上风险溢价。风险溢价根据无负债公司的权益成本率和负债公司的债务资本成本率之差乘以债务与权益比例来确定。这表明：(1)使用财务杠杆的负债公司，其股东权益成本是随着债务融资额的增加而上升的；(2)便宜的负债带给公司的利益

---

① See Modigliani F. and Miller M. H. , *The Cost of Capital, Corporation Finance and the Theory of Investment*, American Economic Review, 1958, No. 3, 261 - 297.

② See J. McDonald, *The Modigliani-Miller Theorem with Financial Intermediation*, Modern Economy, Vol. 2, No. 2, 2011, p. 169 - 173.

会被股东权益成本的上升所抵销，最后使负债公司的平均资本成本等于无负债公司的权益资本成本；（3）因此公司的市场价值不会随负债率的上升而提高，即公司资本结构和资本成本的变化与公司价值无关。

具体到本书的语境下，引入 MM 定理表明，在不考虑税收的情况下，企业的货币资本结构不会影响企业的价值和资金成本，公司的债权人和股权人的结构性变化，以及公司在债券、股票等渠道转换筹资模式不会影响公司的价值，同样不会影响实际控制人的行为。

4. 市场效率

根据证券价格对信息的反映情况，可以将证券市场的效率程度分为弱有效率、次强有效率和强有效率三类。①

在弱有效率市场上，证券价格已完全反映了所有的历史信息（一般指的是股票价格变化的历史信息和数据），证券价格的未来走势与其历史变化相互独立，服从随机游走理论。在弱有效率市场上，投资者无法通过对证券价格的历史变化趋势分析（主要表现为对证券价格变化的技术分析），获得证券价格变化规律来获取稳定的利润（指超过市场平均水平的利润）。

在次强有效率市场上，证券价格已完全反映了所有的历史信息和公开信息。次强有效率市场的效率程度高于弱有效率市场，在次强有效率市场上，各种信息一旦公布，证券价格将迅速反映到其应有的水平上，使利用这些公开信息对证券价格的未来走势所做的预测失去意义，投资者无法通过公开发表的信息分析获取稳定的利润。

---

① See Grossman Sanford J. and Joseph E. Stiglitz, *On the Impossibility of Informationally Efficient Markets*, American Economic Review, 1980, 70(3): 393 - 408.

强有效率市场是指证券价格完全反映了所有与价格变化有关的信息,而不论这些信息是否已公开发布。强有效率市场是对市场效率的最严格假设,它要求投资者不仅不能利用所有公开发表的信息(历史的或现实的),而且不能利用内幕信息获得稳定的利润。

对效率市场假说的大量实证研究表明,在不考虑交易成本的情况下,证券市场基本上是次强有效率的。具体到本书的语境下,遵从证券市场次强有效率的假定,公司实际控制人、股东和债权人不能通过历史信息和公开信息在交易市场上获利,从而将三者的利益分配集中于对公司价值(盈利)的分配。

5. 风险选择理论

不同的投资者对风险的态度存在差异,部分投资者可能喜欢"低但稳定"的收益,另一部分投资者则可能更愿意追求高风险下的高收益。根据风险选择理论,投资者对风险的选择可以划分为三类:风险回避者、风险爱好者和风险中立者。①

微观经济学在论述期望效用理论时,用彩票的例子来说明期望效用的概念。假定某投资者所面临的一种彩票具有两种可能的结果。当第一种结果发生时,该投资者拥有的货币财富量为 W_1,当第二种结果发生是,该投资者拥有的货币财富量为 W_2。第一种结果和第二种结果发生的概率分别为 P 和 $(1-P)$,其中 $0\leqslant P\leqslant 1$。假设投资者在拥有的货币财富量为 W_1 和 W_2 时,所能获取的收入效用分别为 $U(W_1)$ 和 $U(W_2)$,那么彩票的期望效用函数为:$E[U(W_1,W_2)] = P\cdots U(W_1) + (1-P)\cdots U(W_2)$,期望效用函数也被称为冯·诺曼-摩根斯坦效用函数。投资者的期望效用就是投资者在风险条件下可能得到的各种结果的效用的加权平均数——效用的数学期望值。

① See Jorgenson Dale W., *Capital Theory and Investment Behavior*, American Economic Review, 1963, 53(2): 247-59.

通过建立期望效用函数，对不确定条件下的投资者面临风险的行为的分析，就转变成为对投资者追求期望效用最大化行为的分析。在决策环境确定情况下，投资者追求效用最大化为建立决策分析的目标；在风险情况下，投资者追求期望效用最大化为建立决策分析的目标。研究表明，风险规避的效用函数是严格凹的，风险偏好者的效用函数是严格凸的，风险中立者的效用函数是线性的。①

假定消费者在无风险的情况下所能获得确定性收入与他在有风险的情况下能够获得的期望收入值相等。如果消费者对于确定性收入的偏好大于有风险条件下期望收入的偏好，那么该消费者是风险回避者；如果消费者对于确定性收入的偏好小于有风险条件下期望收入的偏好，那么该消费者是风险爱好者；如果消费者对于确定性收入的偏好等于有风险条件下期望收入的偏好，那么该消费者是风险中立者。

具体到本书的语境下，不失一般性，假定公司实际控制人、股东和债权人都是风险中立者，这意味着公司实际控制人、股东和债权人在承担更高风险的同时要求获得更高的收益，或者在收益提高的同时，也承担了更高的风险。

6. 帕累托最优和帕累托改进

帕累托最优是一种理想的经济资源配置状态，在这种状态下，通过任何改变都不可能使至少一个人的状况变好，而又不使任何人的状况变坏。② 帕累托改进，是指在某种经济境况下如果可以通过适当的制度安排或交换，至少能提高一部分人的福利或满足程度而

---

① 参见[美]A. 科林 · 卡梅伦、普拉温 · K. 特里维迪：《用 STATA 学微观计量经济学》，肖光恩、杨洋、王保双等译，重庆大学出版社 2015 年版，第 387 页。

② See Ross Stephen A. , *The Economic Theory of Agency*: *The Principal's Problem*, American Economic Review, 1973, 63(2): 134 – 39.

不会降低所有其他人的福利或满足程度,则这种制度安排或者交换就是帕累托改进。① 帕累托改进是基于人们的既得利益而言,而不是人们将要获得的利益,因为后者是没有止境的。如果一种改进剥夺了一部分人的既得利益,不管是否能带来更大的整体利益或者是否有助于实现崇高的目标,都不是帕累托改进。②

一般认为,达到帕累托最优时,需要同时满足以下三个条件。(1)交换最优,即使再交易也不能从中得到更大的利益,此时对任意两个消费者,任意两种商品的边际替代率是相同的,且两个消费者的效用同时得到最大化。(2)生产最优,这个经济体必须在自己的生产可能性边界上。此时对任意两个生产不同产品的生产者,需要投入的两种生产要素的边际技术替代率是相同的,且两个生产者的产量同时得到最大化。(3)产品多样化最优,经济体产出产品的组合必须反映消费者的偏好,此时任意两种商品之间的边际替代率必须与任何生产者在这两种商品之间的边际产品转换率相同。

具体到本书的语境下,引入帕累托最优假定,用于分析公司实际控制人、股东和债权人的行为,其意义在于,在公司实际控制人、股东和债权人之间的收益分配达到帕累托最优的状态下,任何对于三者利益分配格局的调整都将至少使公司实际控制人、股东和债权人中的至少一方受到损失,即公司实际控制人、股东和债权人进行"零和博弈"。

7. 信息不对称、完全信息和完美信息

信息不对称理论是由三位美国经济学家——约瑟夫·斯蒂格利

---

① See Diamond Peter A., *National Debt in a Neoclassical Growth Model*, American Economic Review, 1965, 55(5): 1126–50.

② 例如,一个人的境况由于变革而变好,因而他能够补偿另一个人的损失而且还有剩余,那么整体的效益就得到改进,称为"卡尔多–希克斯改进"。

茨、乔治·阿克尔洛夫和迈克尔·斯彭斯提出的。该理论认为市场中卖方比买方更了解有关商品的各种信息；掌握更多信息的一方可以通过向信息缺乏的一方传递可靠信息而在市场中获益；买卖双方中拥有信息较少的一方会努力从另一方获取信息；市场信号显示在一定程度上可以弥补信息不对称的问题；信息不对称是市场经济的弊病，要想减少信息不对称对经济产生的危害，政府应在市场体系中发挥强有力的作用。① 这一理论为很多市场现象如股市、就业与失业、信贷配给、商品促销、商品的市场占有等提供了解释，并成为现代信息经济学的核心，被广泛应用到从传统的农产品市场到现代金融市场等各个领域。

在市场经济活动中，各类参与者对市场和交易的有关信息的了解存在差异，掌握信息比较充分的参与者往往处于比较有利的地位，而信息缺乏的参与者则处于比较不利的地位，一般而言，卖家比买家拥有更多关于交易物品的信息，但也存在相反的情况。完美信息是指轮到行动的局中人知道先前的行动的其他局中人采取了什么策略。完全信息是指每一个市场交易的参与者都拥有所有其他参与者相同的信息，对其他参与者的偏好、收益和风险都完全了解，完全信息强调的是对于市场交易的各个参与者而言，信息是相同的及消除了信息不对称。完美信息是指每一个市场交易的参与者都拥有所有其他参与者相同的信息，对其他参与者的偏好、收益和风险都完全了解，并且对市场交易的结果也有完全的了解，完美信息强调的是信息的完备性，以及信息不仅是对称的（对每个参与者都一样），而且是完备的（对交易的所有信息都完全掌握）。完全信息

① See Grossman Sanford J. and Joseph E. Stiglitz, *On the Impossibility of Informationally Efficient Markets*, American Economic Review, 1980, 70(3): 393 - 408.

可以是完美的，也可以是不完美的，但完美信息一定是完全信息。①

具体到本书的语境下，对股东和债权人引入完全信息理论，假定股东和债权人的信息对称，即股东和债权人之间不会因为信息不对称而存在通过股权—债权转换的套利空间，以简化股东和债权人的行为。但是，公司实际控制人与公司股东和债权人之间的信息是不对称的，实际控制人相较于股东和债权人拥有巨大的信息优势。

二、分析框架

通过对基本理论的分析和梳理，可以建立如下经济金融学维度的分析框架（见图 14），即公司实际控制人、股东和债权人满足经济人假设，风险中立，股东和债权人之间存在完全信息，公司的收益与资本结构无关，规模效益不变，满足帕累托最优，投资者和公司在次强有效率的市场环境中，通过超额收益、股息和利息的方式分享公司收益。

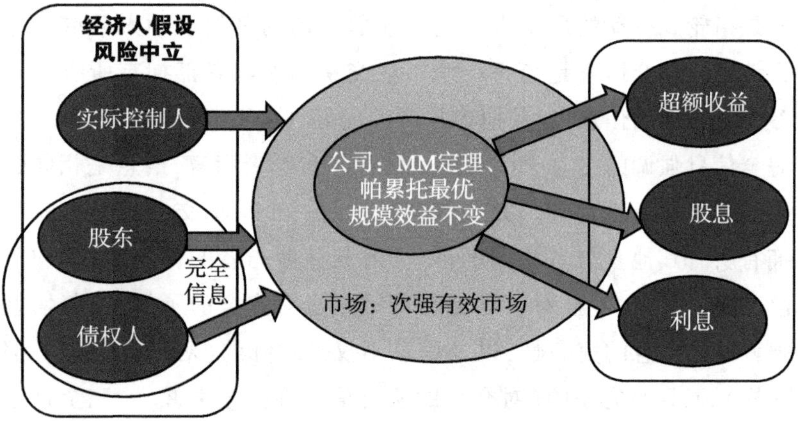

图 14　经济金融学维度的分析框架

① See Arrow Kenneth J., *Uncertainty and the Welfare Economics of Medical Care*, American Economic Review, 1963, 53(5): 941－73.

三、基本假设

1. 投资者风险中立

假定市场中的投资者(股权杠杆控制公司的实际控制人、股东和债权人都可以视为公司资本的提供者,无论是股权资本、债权资本,还是其他形式)都是经济人,是自利的和理性的;对风险的态度中立,即对于高的风险,要求高的收益,在相同的风险水平下,追求收益的最大化,在相同的收益水平下,追求风险的最小化。①

2. 稻田条件成立

假定公司实际控制人、股东和债权人都是风险中立者,即风险和收益成正比。假定公司规模和经济效益不变,公司生产函数满足资本的边际产量递减规律,②即当资本存量足够小时,资本的边际产品很大,资本存量很大时,资本的边际产品则很小,③即稻田条件成立。④

3. 市场为次强有效市场

假定市场次强有效,不考虑股价波动给股东带来的收益变化,股东的收益全部来源于股息,且股东在债务利息偿付后才有可能获得股息分配。⑤

---

① See Modigliani Franco and Merton H. Miller, *The Cost of Capital, Corporation Finance and the Theory of Investment*, American Economic Review, 1958, 48(3): 261 - 97.

② See Diamond Peter A. and James A. Mirrlees, *Optimal Taxation and Public Production Ⅱ: Tax Rules*, American Economic Review, 1971, 61(3): 261 - 78.

③ 对给定的生产函数 f(x),在(0, + +)上满足 f(0) = 0,一阶导数大于 0,二阶导数小于 0,当生产要素投入趋于 0 时,一阶导数的极限无穷大,当生产要素的投入趋于无穷大时,一阶导数的极限等于 0。稻田条件表明,当资本存量足够小时,资本的边际产品很大;当资本存量变得很大时,资本的边际产品很小。即资本的边际产量递减规律,上述结论对劳动力、技术等生产要素同样成立。

④ 参见[美]罗默:《高级宏观经济学》(第 4 版),吴化斌、龚关译,上海财经大学出版社 2014 年版,第 306 页。

⑤ See Shiller Robert J., *Do Stock Prices Move Too Much to Be Justified by Subsequent Changes in Dividends?*, American Economic Review, 1981, 71(3): 421 - 36.

4. 投资者间信息的对称与不对称

假定股东和债权人信息对称,且为完全信息,不会发生债权人和股东通过相互转换身份来获取额外利益的情况。但是,公司实际控制人与公司股东和债权人之间的信息是不对称的,实际控制人相较于股东和债权人拥有巨大的信息优势。①

综上,基于经济金融学维度的基本理论、分析框架以及基本假设,"股权杠杆控制公司的实际控制人、股东以及债权人的风险——收益曲线"(见图 15)。

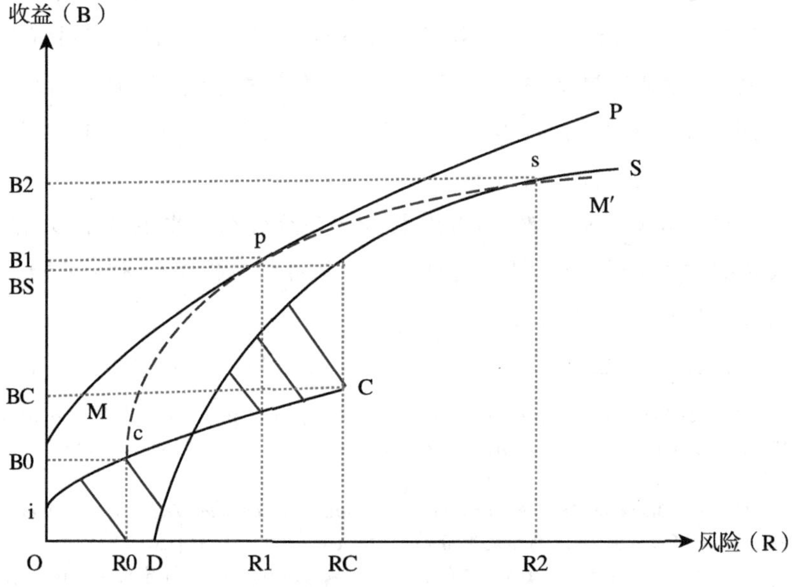

图 15　股权杠杆控制公司的实际控制人、股东以及债权人的风险——收益曲线

① See Grossman Sanford J. and Joseph E. Stiglitz. , *On the Impossibility of Informationally Efficient Markets*, American Economic Review, 1980, 70(3): 393 -408.

四、图示说明

如图 15 股权杠杆控制公司的实际控制人、股东和债权人的风险——收益曲线所示：①

1. MM′为资本市场效率曲线；②

2. i 为无风险收益，一般为一年期国债的收益；

3. D 为公司债权的收益，一般 D > i，否则公司债权人会理性地选择风险更小的国债，而非公司债；

4. iC 为公司债权人的风险收益曲线，其为有限域，且图中两个蓝色阴影部分的面积相等，即风险超过 RC，不会再有投资者愿意充当公司的债权人，因为风险与收益不守恒；

5. DS 为股东的风险收益曲线，之所以以 D 为始点，是基于股东在债务利息偿付后才有可能获得股息的假设；

6. pP 为股权杠杆控制公司的实际控制人的风险收益曲线，其凭借所有权金字塔、类别股、股权信托、代理投票和联合投票等方式攫取公司的控制权，进而通过隧道效应、特权消费和建造个人帝国等方法攫取排他、高额的金钱利益与非金钱利益，所以位置最高；

---

① 此处为宏观趋势线。

② 资本市场效率曲线，是指市场上所有投资组合的风险——收益曲线与资本市场线的交点构成的曲线。资本市场线，是指表明有效的收益率和标准差之间的一种简单的线性关系，其沿投资组合的边界，由风险资产和无风险资产构成的投资组合。在一定的条件下，企业无论以负债筹资还是以权益资本筹资都不影响企业的市场总价值。企业如果偏好债务筹资，债务比例相应上升，企业的风险随之增大，进而反映到股票的价格上，股票价格就会下降。也就是说，企业从债务筹资上得到的好处会被股票价格的下跌所抹掉，从而导致企业的总价值（股票加上债务）保持不变。企业以不同的方式筹资只是改变了企业的总价值在股权者和债权者之间分割的比例，而不改变企业价值的总额。MM 定理是在高度抽象现实生活的基础上得出的结论，难免会遇到来自现实生活的挑战。因为税收的列支的先后、破产的可能性、对经理行为的制约、维持生活的挑战、良好的企业形象以及企业控制权等几方面的因素表明：股权资本筹资和债券筹资对企业收益的影响不同，进而直接或间接地影响企业市场的总价值。

7. MM′与 iC 相交于 c 点，即债权人理想收益点为 c 点；

8. MM′与 DS 相交于 s 点，即股东的理想收益点为 s 点；

9. MM′与 Pp 相交于 p 点，即股权杠杆控制公司实际控制人的理想收益点为 p 点。

综上，基于基本理论、分析框架、基本假设和图例说明，小结如下。

1. 无论是否处于是理想收益点，股权杠杆控制公司的实际控制人都享有超额利润，相较于股东和债权人，相同风险水平下收益更高，相同收益水平下风险更小；①

2. 鉴于公司的收益最终在股权杠杆控制公司的实际控制人、股东和债权人之间分配，②三者之间对于上述利益的争夺，可以视为一个零和博弈，③因此，股权杠杆控制公司的实际控制人可能的超额利润来源：一是侵害债权人利益，二是侵害股东的利益；④

3. 股权杠杆控制公司的实际控制人风险与收益的关系违反风险与收益呈正相关的基本金融学原理，有必要对其进行法律规制，从而保护股东、债权人和公司其他利害关系人的合法权益。⑤

---

① See Jorgenson Dale W., *Capital Theory and Investment Behavior*, American Economic Review, 1963, 53(2): 247 – 59.

② See Kuznets Simon, *Economic Growth and Income Inequality*, American Economic Review, 1955, 45(1): 1 – 28.

③ 零和博弈又称零和游戏，与非零和博弈相对，是博弈论的一个概念，属非合作博弈，指参与博弈的各方，在严格竞争下，一方的收益必然意味着另一方的损失，博弈各方的收益和损失相加总和永远为零。

④ 此处将公司视为债权人或者股东获得资本收益的工具，而不考虑其法律上的独立人格。

⑤ See Ross Stephen A., *The Economic Theory of Agency: The Principal's Problem*, American Economic Review, 1973, 63(2): 134 – 39.

第四章　实践维度——为什么要规制公司实际控制人股权杠杆控制

第一节　与股权杠杆控制相关的疑似证券违法行为

定增重组历来是资本市场上的玉盘珍馐，而且，其往往伴随着股权杠杆控制的一系列操作，这就更成为资本市场上的满汉全席。但是，天下没有不散的宴席，酒过三巡，菜过五味之后，剩下的只有残羹冷炙、杯盘狼藉。让我们从禾盛新材说开去。

一、禾盛新材简介

公司成立于 2002 年 11 月 15 日，经江苏省工商行政管理局核准，以 2007 年 4 月 30 日经审计的净资产 96,427,874.31 元，按每股 1.6071 元折合股本 6000 万股，由苏州工业园区禾盛新型材料股份有限公司(以下简称禾盛新材)整体变更方式设立的股份有限公司。2007 年 6 月 11 日,公司在江苏省工商行政管理局完成工商变更登记手续,并领取了注册号为 3200002104177 号企业法人营业执照,注册资本为 6000 万元。本公司设立时的发起人为赵东明等 18 名自然人以及和昌电器、新海宜和元风创投三家企业法人。公司的经营范围:家用电器、电子产品、机械设备、仪器仪表专用材料开发、生产、销售;金属材料自动覆塑及彩涂;自营或代理各类商品及技术的进出口业务(见表 31、表 32)。①

表 31 禾盛新材基本资料

公司名称	苏州禾盛新型材料股份有限公司		
英文名称	Suzou Hesheng Special Material Co. , Ltd.		
曾用名	—		
A 股代码	002290	A 股简称	禾盛新材
B 股代码	—	B 股简称	—
H 股代码	—	H 股简称	—
证券类别	深圳证券交易所中小板 A 股	所属行业	材料行业
总经理	许进	法人代表	赵东明
董秘	袁文雄	董事长	赵东明
证券事务代表	王文其	独立董事	黄彩英、郁文娟、陈泽桐
联系电话	0512-65073528	电子信箱	hesheng@ szhssm. com
传真	0512-65073400	公司网址	www. szhssm. com. cn

① 参见 http://f10. eastmoney. com/f10_v2/CompanySurvey. aspx? code = sz002290& timetip = 635821507968028837#jbzl - 0,最后访问日期:2020 年 12 月 12 日。

续表

办公地址	苏州工业园区后戴街 108 号	注册地址	苏州工业园区后戴街 108 号
区域	江苏	邮政编码	215121
注册资本(元)	2.11 亿	工商登记	320000000061944
雇员人数(人)	807	管理人员人数(人)	13
律师事务所	安徽承义律师事务所	会计师事务所	天健会计师事务所(特殊普通合伙)

表 32　禾盛新材发行信息

成立日期	2002 - 11 - 15	上市日期	2009 - 09 - 03
发行市盈率(倍)	36.39	网上发行日期	2009 - 08 - 26
发行方式	网下询价配售	每股面值(元)	1.00
发行量(股)	2100 万	每股发行价(元)	27.80
发行费用(元)	3368 万	发行总市值(元)	5.84 亿
募集资金净额(元)	5.50 亿	首日开盘价(元)	32.90
首日收盘价(元)	34.80	首日换手率	76.50%
首日最高价(元)	36.98	网下配售中签率	0.76%
定价中签率	0.39%		

二、变更公司实际控制人相关交易

1. 迎娶金英马失败

2014 年 4 月 14 日，禾盛新材与厦门金英马影视文化有限公司(以下简称金英马)第一大股东滕站(持股比例 53.33%)签订《股权转让协议》，根据金英马 2013 年的审计报告，本公司以 21,862.50 万元收购滕站所持金英马 26.5% 的股权，其估值系按金英马 2013 年净利润的 11 倍计算。金英马 2013 年经审计的净资产为 24,886.06

万元,禾盛新材按出资比例享有的净资产份额为6594.80万元,其收购价超出净资产份额15,267.70万元。公司以上述价格收购滕站股权,是基于本公司原计划继续收购金英马的剩余股权及金英马后续年度的业绩承诺,2014年10月,由于担保无法解除原因,公司中止后续收购剩余股权。禾盛新材持有金英马26.5%的股权,对其按照权益法核算,对公司出资金额超过其享有净资产部分计提减值准备。2014年度公司确认本次计提长期股权投资损失15,267.70万元。①

2. 联姻中科创资产

2015年5月18日,禾盛新材发布定增预案,公司拟以11.97元每股向深圳市中科创资产管理有限公司(以下简称中科创资产)等5名特定对象定增不超过2.42亿股,募资不超29亿元。停牌期间,中科创资产已于5月8日与公司原大股东赵东明、章文华、蒋学元签订了《股份转让协议书》,受让三人持有的禾盛新材股份。本次定增完成后,中科创资产将合计持有禾盛新材1.44亿股,占公司总股本的31.81%,成为新的大股东,公司实际控制人也将由原来的赵东明变更为中科创金融控股集团有限公司(以下简称中科创)董事长张伟。禾盛新材本次29亿元定增募资拟投向基于大数据的互联网供应链金融管理信息平台建设项目、商业保理建设项目、融资租赁建设项目、年产10万吨新型复合材料(数字印刷PCM)生产线项目四个项目,定增完成后,原主营家电外观复合材料(PCM/VCM)的禾盛新材将切入供应链金融管理领域,实现产业与金融的双轮驱动模式,增强盈利能力。

不难发现,此次联姻过程可细分为股权转让与定增"两部曲"。

---

① 《禾盛新材:关于2014年度计提长期股权投资减值损失的公告》(公告日期:2015年2月27日)。

禾盛新材于2015年3月23日起停牌筹划重大事项。2015年5月8日公司披露,中科创资产拟以协议方式分别收购禾盛新材控股股东赵东明、章文华和蒋学元三位股东持有的2080万股、382万股、250万股。2015年5月18日,公司又发布了易主定增预案,公司拟以11.97元每股向中科创资产、正能量资产、袁永刚、蒋元生、隆华汇定增不超过2.42亿股,募资不超29亿元,其中,中科创资产拟以14亿元认购1.17亿股。[①] 中科创在收购报告书中表示,除上述持股计划外,截至本报告书签署日,尚无在未来12个月内继续增持上市公司股份或者处置已拥有权益的股份的计划,但不排除增持可能。

三、股权杠杆控制禾盛新材的实际控制人

截至2015年9月30日,禾盛新材联姻中科创资产的交易仍没有最后完成,公司披露的控股股东与实际控制人仍然都是赵东明,其持股比例为29.80%(见表33)。待上述联姻交易完成之后,根据相关协议,中科创资产将合计持有禾盛新材1.44亿股,占公司总股本的31.81%,成为新的大股东,公司实际控制人也将由原来的赵东明变更为中科创董事长张伟(见表34)。不难发现,无论是赵东明,还是张伟,都符合本书语境下股权杠杆控制公司的实际控制人之定义,他们以不足50%的直接持股比例(赵东明的直接持股比例为29.80%,张伟的直接持股比例可能为零),实际控制了整个(100%)禾盛新材。

表33　联姻完成前的控股股东与实际控制人

控股股东	赵东明(持股比例:29.80%)
实际控制人	赵东明(持有苏州禾盛新型材料股份有限公司:29.80%)

① 《关于股东筹划协议转让公司股份及公司筹划非公开发行事项的延期复牌公告》,《关于股东签署股份转让协议的公告》。

表 34　联姻完成后的控股股东与实际控制人

控股股东	深圳市中科创资产管理有限公司(持股比例:31.81%)
实际控制人	张伟(持有深圳市中科创资产管理有限公司:100%)

值得一提的是,上述联姻交易完成之后,股权杠杆控制禾盛新材的实际控制人张伟,其创立的中科创金融控股集团还直接或间接持股天目药业(600671)、新黄浦(600638)两家上市公司,但目前均未控股。中科创对天目药业和新黄浦这两家公司的股权争夺都曾吸引了无数眼球。其中,在举牌新黄浦的过程中,由于张伟控制的上海中科创、中科创网络在合计持有新黄浦的股票达到法定的信披界限却未及时进行报告、通知和公告。张伟作为实际控制人负有直接责任,陕西证监局对其给予警告,并处以罚款3万元。

四、变更公司实际控制人相关交易过程中股权的变动

禾盛新材变更实际控制人相关交易的过程中,其十大流通股东的情况,见表35至表39。①

通过表35至表39,不难发现,截至2015年9月30日,在股权杠杆控制禾盛新材的实际控制人赵东明变更为张伟的过程中,公司第一大流通股东也由赵东明变更为中科创资产,其新进持有27,120,000股。

相应地,禾盛新材变更实际控制人相关交易的过程中,其十大股东的情况,见表40至表44。②

---

① 参见 http://f10.eastmoney.com/f10_v2/ShareholderResearch.aspx?code=sz002290#sdltgd-0,最后访问日期:2020年12月12日。

② 参见 http://f10.eastmoney.com/f10_v2/ShareholderResearch.aspx?code=sz002290#sdgd-0,最后访问日期:2020年12月12日。

表 35　截至 2014 年 9 月 30 日的十大流通股东

名次	股东名称	股东性质	股份类型	持股数(股)	占总流通股要持股比例	增减(股)	变动比例
1	赵东明	个人	A 股	20, 896, 138	15.60%	不变	—
2	蒋学元	个人	A 股	15, 120, 000	11.29%	不变	—
3	苏州工业园区和昌电器有限公司	其他	A 股	3, 023, 616	2.26%	-1, 200, 000	-28.41%
4	王洪	个人	A 股	1, 655, 800	1.24%	230, 000	16.13%
5	章文华	个人	A 股	1, 570, 000	1.17%	-3, 000, 000	-65.65%
6	俞惠君	个人	A 股	1, 510, 000	1.13%	85, 600	6.01%
7	邹宇	个人	A 股	883, 934	0.66%	新进	—
8	长江证券—建行—长江证券超越理财主题精选集合资产管理计划	集合理财计划	A 股	750, 000	0.56%	新进	—
9	丁永刚	个人	A 股	660, 000	0.49%	新进	—
10	合众人寿保险股份有限公司—分红—个险分红	保险产品	A 股	650, 000	0.49%	新进	—
	合计	—	—	46, 719, 488	34.89%	—	—

表 36　截至 2014 年 12 月 31 日的十大流通股东

名次	股东名称	股东性质	股份类型	持股数(股)	占总流通股要持股比例	增减(股)	变动比例
1	赵东明	个人	A 股	20, 896, 138	15.58%	不变	—
2	蒋学元	个人	A 股	10, 000, 000	7.46%	-5, 120, 000	-33.86%
3	华润深国投信托有限公司—智慧金 56 号集合资金信托计划	信托计划	A 股	4, 542, 126	3.39%	新进	—
4	苏州工业园区和昌电器有限公司	其他	A 股	3, 023, 616	2.25%	不变	—
5	金丽华	个人	A 股	2, 120, 000	1.58%	新进	—
6	钱星元	个人	A 股	2, 000, 000	1.49%	新进	—
7	章文华	个人	A 股	1, 570, 000	1.17%	不变	—
8	中国工商银行—易方达价值精选股票型证券投资基金	证券投资基金	A 股	1, 200, 000	0.89%	新进	—
9	融通资本财富—光大银行—融通资本聚利 1 号资产管理计划	基金资产管理计划	A 股	1, 014, 397	0.76%	新进	—
10	中国银行—易方达平稳增长证券投资基金	证券投资基金	A 股	980, 000	0.73%	新进	—
	合计	—	—	47, 346, 277	35.31%	—	—

表 37　截至 2015 年 3 月 31 日的十大流通股东

名次	股东名称	股东性质	股份类型	持股数(股)	占总流通股要持股比例	增减(股)	变动比例
1	赵东明	个人	A 股	20, 896, 138	15.58%	不变	—
2	蒋学元	个人	A 股	10, 000, 000	7.46%	不变	—
3	华润深国投信托有限公司—智慧金 56 号集合资金信托计划	信托计划	A 股	4, 633, 445	3.46%	91, 319	2.01%
4	章文华	个人	A 股	3, 820, 000	2.85%	2, 250, 000	143.31%
5	融通资本财富—光大银行—融通资本君道 1 号资产管理计划	基金资产管理计划	A 股	3, 356, 498	2.50%	新进	—
6	苏州工业园区和昌电器有限公司	其他	A 股	3, 023, 616	2.25%	不变	—
7	金丽华	个人	A 股	2, 120, 000	1.58%	不变	—
8	钱星元	个人	A 股	2, 000, 000	1.49%	不变	—
9	中国光大银行股份有限公司—光大保德信量化核心证券投资基金	证券投资基金	A 股	1, 164, 838	0.87%	新进	—
10	华润深国投信托有限公司—智慧金 28 号集合资金信托计划	信托计划	A 股	917, 720	0.68%	新进	—
	合计	—	—	51, 932, 255	38.73%	—	—

表 38　截至 2015 年 6 月 30 日的十大流通股东

名次	股东名称	股东性质	股份类型	持股数(股)	占总流通股要持股比例	增减(股)	变动比例
1	赵东明	个人	A 股	20, 896, 138	15.32%	不变	—
2	蒋学元	个人	A 股	10, 000, 000	7.33%	不变	—
3	章文华	个人	A 股	3, 820, 000	2.80%	不变	—
4	中国对外经济贸易信托有限公司—外贸信托 · 胜达成长 3 期证券投资集合资金信托计划	信托计划	A 股	3, 262, 720	2.39%	新进	—
5	华润深国投信托有限公司—智慧金 56 号集合资金信托计划	信托计划	A 股	3, 081, 614	2.26%	-1, 551, 831	-33.49%
6	苏州工业园区和昌电器有限公司	其他	A 股	3, 023, 616	2.22%	不变	—
7	中国对外经济贸易信托有限公司—外贸信托 · 胜达成长 4 期证券投资集合资金信托计划	信托计划	A 股	2, 473, 000	1.81%	新进	—
8	德邦基金—光大银行—圣熙 3 号资产管理计划	基金资产管理计划	A 股	2, 187, 833	1.60%	新进	—
9	金丽华	个人	A 股	2, 120, 000	1.55%	不变	—
10	丁亚青	个人	A 股	1, 940, 000	1.42%	新进	—
	合计	—	—	52, 804, 921	38.72%	—	—

表 39　截至 2015 年 9 月 30 日的十大流通股东

名次	股东名称	股东性质	股份类型	持股数(股)	占总流通股要持股比例	增减(股)	变动比例
1	深圳市中科创资产管理有限公司	其他	A 股	27, 120, 000	19.88%	新进	—
2	蒋学元	个人	A 股	7, 500, 000	5.50%	-2, 500, 000	-25.00%
3	国信证券股份有限公司	证券公司	A 股	3, 768, 679	2.76%	新进	—
4	华润深国投信托有限公司—智慧金 56 号集合资金信托计划	信托计划	A 股	3, 661, 614	2.68%	580, 000	18.82%
5	苏州工业园区和昌电器有限公司	其他	A 股	3, 023, 616	2.22%	不变	—
6	泰康人寿保险股份有限公司—分红—个人分红—019L—FH002 深	保险产品	A 股	2, 961, 399	2.17%	新进	—
7	金丽华	个人	A 股	2, 120, 000	1.55%	不变	—
8	中国建设银行股份有限公司—易方达国防军工混合型证券投资基金	证券投资基金	A 股	1, 500, 000	1.10%	新进	—
9	王顺兴	个人	A 股	1, 190, 000	0.87%	新进	—
10	德邦基金—光大银行—圣熙 3 号资产管理计划	基金资产管理计划	A 股	1, 014, 000	0.74%	-1, 173, 833	-53.65%
	合计	—	—	53, 859, 308	39.49%	—	—

表 40　截至 2014 年 9 月 30 日的十大股东

名次	股东名称	股份类型	持股数(股)	占总股本持股比例	增减(股)	变动比例
1	赵东明	流通 A 股	83, 584, 550	39.68%	不变	—
2	章文华	流通 A 股	15, 280, 000	7.25%	-3, 000, 000	-16.41%
3	蒋学元	流通 A 股	15, 120, 000	7.18%	不变	—
4	苏州工业园区和昌电器有限公司	流通 A 股	3, 023, 616	1.44%	-1, 200, 000	-28.41%
5	王洪	流通 A 股	1, 655, 800	0.79%	230, 000	16.13%
6	俞惠君	流通 A 股	1, 510, 000	0.72%	85, 600	6.01%
7	邹宇	流通 A 股	883, 934	0.42%	新进	—
8	长江证券—建行—长江证券超越理财主题精选集合资产管理计划	流通 A 股	750, 000	0.36%	新进	—
9	丁永刚	流通 A 股	660, 000	0.31%	新进	—
10	合众人寿保险股份有限公司—分红—个险分红	流通 A 股	650, 000	0.31%	新进	—
	合计	—	123, 117, 900	58.46%	—	—

表 41　截至 2014 年 12 月 31 日的十大股东

名次	股东名称	股份类型	持股数(股)	占总股本持股比例	增减(股)	变动比例
1	赵东明	流通 A 股	83, 584, 550	39.68%	不变	—
2	章文华	流通 A 股	15, 280, 000	7.25%	不变	—
3	蒋学元	流通 A 股	10, 000, 000	4.75%	-5, 120, 000	-33.86%
4	华润深国投信托有限公司—智慧金 56 号集合资金信托计划	流通 A 股	4, 542, 126	2.16%	新进	—
5	苏州工业园区和昌电器有限公司	流通 A 股	3, 023, 616	1.44%	不变	—
6	金丽华	流通 A 股	2, 120, 000	1.01%	新进	—
7	钱星元	流通 A 股	2, 000, 000	0.95%	新进	—
8	中国工商银行—易方达价值精选股票型证券投资基金	流通 A 股	1, 200, 000	0.57%	新进	—
9	融通资本财富—光大银行—融通资本聚利 1 号资产管理计划	流通 A 股	1, 014, 397	0.48%	新进	—
10	中国银行—易方达平衡增长证券投资基金	流通 A 股	980, 000	0.47%	新进	—
	合计	—	123, 744, 689	58.76%	—	—

表 42　截至 2015 年 3 月 31 日的十大股东

名次	股东名称	股份类型	持股数(股)	占总股本持股比例	增减(股)	变动比例
1	赵东明	流通 A 股	83, 584, 550	39.68%	不变	—
2	章文华	流通 A 股	15, 280, 000	7.25%	不变	—
3	蒋学元	流通 A 股	10, 000, 000	4.75%	不变	—
4	华润深国投信托有限公司—智慧金 56 号集合资金信托计划	流通 A 股	4, 633, 445	2.20%	91, 319	2.01%
5	融通资本财富—光大银行—融通资本君道 1 号资产管理计划	流通 A 股	3, 356, 498	1.59%	新进	—
6	苏州工业园区和昌电器有限公司	流通 A 股	3, 023, 616	1.44%	不变	—
7	金丽华	流通 A 股	2, 120, 000	1.01%	不变	—
8	钱星元	流通 A 股	2, 000, 000	0.95%	不变	—
9	中国光大银行股份有限公司—光大保德信量化核心证券投资基金	流通 A 股	1, 164, 838	0.55%	新进	—
10	华润深国投信托有限公司—智慧金 28 号集合资金信托计划	流通 A 股	917, 720	0.44%	新进	—
	合计	—	126, 080, 667	59.86%	—	—

表 43　截至 2015 年 6 月 30 日的十大股东

名次	股东名称	股份类型	持股数（股）	占总股本持股比例	增减（股）	变动比例
1	赵东明	流通 A 股	83, 584, 550	39.68%	不变	—
2	章文华	流通 A 股	15, 280, 000	7.25%	不变	—
3	蒋学元	流通 A 股	10, 000, 000	4.75%	不变	—
4	中国对外经济贸易信托有限公司—外贸信托·胜达成长 3 期证券投资集合资金信托计划	流通 A 股	3, 262, 720	1.55%	新进	—
5	华润深国投信托有限公司—智慧金 56 号集合资金信托计划	流通 A 股	3, 081, 614	1.46%	-1, 551, 831	-33.49%
6	苏州工业园区和昌电器有限公司	流通 A 股	3, 023, 616	1.44%	不变	—
7	中国对外经济贸易信托有限公司—外贸信托·胜达成长 4 期证券投资集合资金信托计划	流通 A 股	2, 473, 000	1.17%	新进	—
8	德邦基金—光大银行—圣熙 3 号资产管理计划	流通 A 股	2, 187, 833	1.04%	新进	—
9	金丽华	流通 A 股	2, 120, 000	1.01%	不变	—
10	丁亚青	流通 A 股	1, 940, 000	0.92%	新进	—
	合计	—	126, 953, 333	60.27%	—	—

表 44　截至 2015 年 9 月 30 日的十大股东

名次	股东名称	股份类型	持股数(股)	占总股本持股比例	增减(股)	变动比例
1	赵东明	流通 A 股	62, 784, 550	29. 80%	-20, 800, 000	-24. 88%
2	深圳市中科创资产管理有限公司	流通 A 股	27, 120, 000	12. 87%	新进	—
3	章文华	流通 A 股	11, 460, 000	5. 44%	-3, 820, 000	-25. 00%
4	蒋学元	流通 A 股	7, 500, 000	3. 56%	-2, 500, 000	-25. 00%
5	国信证券股份有限公司	流通 A 股	3, 768, 679	1. 79%	新进	—
6	华润深国投信托有限公司—智慧金 56 号集合资金信托计划	流通 A 股	3, 661, 614	1. 74%	580, 000	18. 82%
7	苏州工业园区和昌电器有限公司	流通 A 股	3, 023, 616	1. 44%	不变	—
8	泰康人寿保险股份有限公司—分红—个人分红—019L—FH002 深	流通 A 股	2, 961, 399	1. 41%	新进	—
9	金丽华	流通 A 股	2, 120, 000	1. 01%	不变	—
10	中国建设银行股份有限公司—易方达国防军工混合型证券投资基金	流通 A 股	1, 500, 000	0. 71%	新进	—
	合计	—	125, 899, 858	59. 77%	—	—

由于限售A股的存在，且数量约是无限售A股的3倍，①结合表40至表44，不难发现，截至2015年9月30日，在股权杠杆控制禾盛新材的实际控制人赵东明变更为张伟的过程中，公司第一大股东仍为赵东明，其减持无限售A股20,800,000股后，仍持有62,784,550股，公司第一大流通股东中科创资产则成为第二大股东。

五、变更公司实际控制人相关交易过程中的股价和交易量

从2014年10月，禾盛新材中止后续收购金英马剩余股权，迎娶失败；到2015年5月，公司发布定增预案，联姻中科创资产；再到2015年10月，原来股权杠杆控制公司的实际控制人赵东明减持其所持有的全部无限售A股，淡出十大流通股东（见图16）。

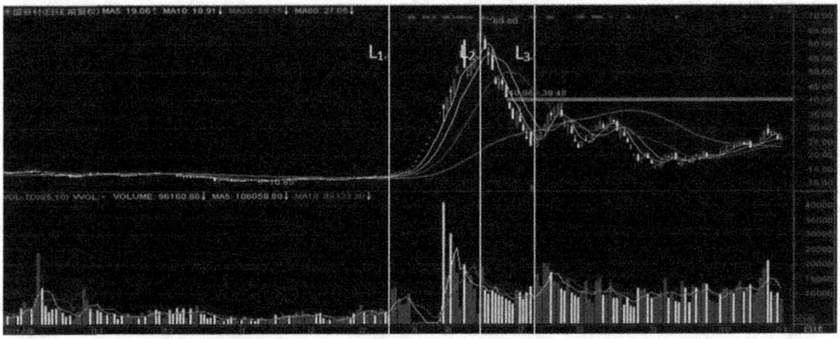

图16　禾盛新材的股价和交易量

（前复权，2014年9月30日至2015年10月31日）

通过图16，不难发现，从2014年10月到2015年10月的1年间，禾盛新材的股价和交易量大致可由L_1、L_2和L_3分为以下四个阶段。

① (83,584,550－20,896,138)/20,896,138，计算结果四舍五入后取整数。

1. 第一阶段——箱体盘整阶段

第一阶段，L_1左侧（2014年9月30日至2015年3月12日）为箱体盘整阶段，股价徘徊在10.85～15.71元的区间，最低价10.85元出现在2015年1月12日，最高价15.71元出现在2014年10月9日。以2014年9月30日的收盘价14.96元为基准，箱体盘整阶段股价的振幅仅为32%，[①]波动幅度不大。整个箱体盘整阶段的交易量的区间为7803～238,123手，最小量7803手出现在2014年12月25日，最大量238,123手出现在2014年10月10日，虽然与股价的波动幅度相比较为剧烈，但整体的交易量都稳定在65,000手以下。

2. 第二阶段——单边上涨阶段

第二阶段，L_1与L_2之间（2015年3月13日至2015年6月15日）为单边上涨阶段，股价由2015年3月13日的13.30元飙升到2015年6月15日的高点69.80元，涨幅高达425%。以2015年3月12日的收盘价12.44元为基准，单边上涨阶段股价的振幅高达454%。从2015年5月18日公司发布定增方案当天起，更是连拉9个一字板，[②]形成一字板天梯，之后虽略有调整，但又陆续出现5个

---

① (15.71－10.85)/14.96，结果四舍五入，保留两位小数。股票振幅的数据分析，对考察股票有较大的帮助，一般可以预示几种可能：(1)可能是庄家高度控盘，散户手中流动的筹码很少，数量不多的成交量就会使股价形成很大波动；(2)可能是庄家通过大幅拉高或杀跌进行吸筹或出货的操作；(3)处于多空明显分歧的阶段，如某股票在连续上涨或者涨停后，打开涨停或跌停时，就会出现较大的价格波动。具体到本书语境，这里将日振幅公式异化，将盘整阶段(2014年9月29日至2015年3月12日)视为1天，15.71元视为这一天最高点的价格，10.85元视为这一天最低点的价格，14.96元视为这一天之前一天的收盘价。

② 一字板，即收盘时K线是一字线，也就是说从开盘开始到收盘，成交价格没有变化，或涨停或跌停。

涨停板,直至2015年6月15日十字星[①]变盘。整个单边上涨阶段的交易量呈两极分化,一字板打开之前几乎都是微量,不超过2400手,地量[②]为475手,出现在2015年5月19日。从2015年5月28日开始,成交量突然放大到35,349手,随后一字板被打开,成交量也急剧放大,天量[③]为408,995手,出现在2015年5月29日。

3.第三阶段——单边下跌阶段

第三阶段,L_2与L_3之间(2015年6月16日至2015年7月6日)为单边下跌阶段,股价一路下泻至2015年7月6日的23.39元,较前期高点的69.80元,跌幅高达66%。以2015年6月15日的收盘价也是前期高点64.87元为基准,单边下跌阶段股价的振幅也高达61%。整个单边下跌阶段的交易量,没有之前的天量或者地量那么极端,总体保持在日均100,000手左右的水平,最小量64,258手出现在2015年6月29日,最大量124,266手出现在2015年7月6日。

---

① 十字星是一种K线的基本形态。十字星,是一种只有上下影线,没有实体的K线图。开盘价即是收盘价,表示在交易中,股价出现高于或低于开盘价成交,但收盘价与开盘价相等。其中,上影线越长,表示卖压越重。下影线越长,表示买盘旺盛。通常在股价高位或低位出现十字线,可称为转机线,意味着出现反转。十字星是指收盘价和开盘价在同一价位或者相近,没有实体或实体极其微小的特殊的K线形式,其虽有阴阳之分,但实战的含义差别不太大,远不如十字星本身所处的位置更为重要,比如出现在持续下跌末期的低价区,称为"希望之星",这是见底回升的信号;出现在持续上涨之后的高价区,称为"黄昏之星",这是见顶转势的信号。十字星往往预示着市场到了一个转折点,投资者需密切关注,及时调整操盘的策略,做好应变的准备。根据实战经验可以将十字星分为小十字星、大十字星、长下影十字星、长上影十字星、T形光头十字星、倒T形光脚十字星和一字线7类。

② 地量是个相对概念,是指在下跌过程中成交量创出一个新低的水平后,随后3个交易日左右没有再创出新低,那么我们就可以把那个新低叫作地量。

③ 天量是一个相对的概念,如果绝对地说,指的是个股走势前所未有的成交水平,如果相对地说,相对的天量指的是在近一轮行情周期中从没有出现过的成交水平;同时这个成交水平出现后短期内也不大可能重复出现。所以相对的天量指的是两个条件:一是近一个行情周期中从未出现的成交量,二是这个成交量过去后很难在短期内再次出现。

4. 第四阶段——箱体震荡阶段

第四阶段，L_3右侧（2015 年 7 月 15 日至 2015 年 10 月 31 日）为箱体震荡阶段，之所以称为箱体震荡阶段，是因为其与箱体盘整阶段即第一阶段相比，股价波动的范围更大，最高价 39.48 元出现在 2015 年 7 月 24 日，最低价 15.59 元出现在 2015 年 9 月 2 日。以 2015 年 7 月 6 日的收盘价 23.39 元为基准，箱体震荡阶段股价的振幅高达 102%，比之前任何一个阶段都剧烈。整个箱体震荡阶段的交易量，虽然最值之间相差悬殊，最小量 5654 手出现在 2015 年 7 月 15 日，最大量 211,083 手出现在 2015 年 10 月 28 日，但是，其他时间点都保持在日均 100,000 手左右的水平。

5. 变更实际控制人相关交易与股价的波动

鉴于 2014 年 9 月 30 日至 2015 年 10 月 31 日整个 A 股市场的风起云涌、跌宕起伏，想要进一步判断禾盛新材变更实际控制人相关交易是否客观上造成了其股价的剧烈波动，我们需要将禾盛新材的走势图与同期深成指以及中小板的走势图叠加，综合分析变更实际控制人的相关交易对公司股价的影响（见图 17）。

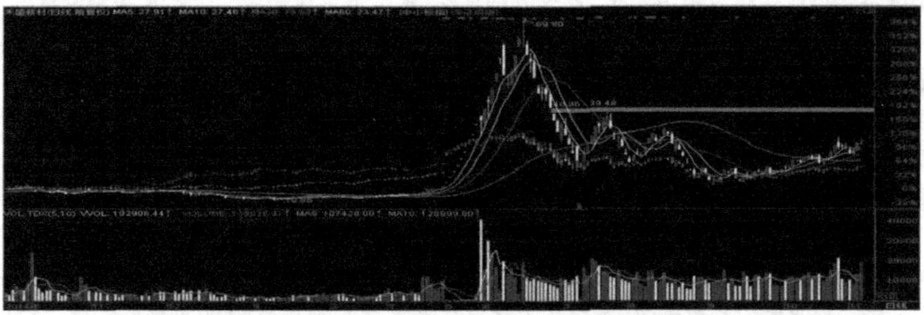

图 17 禾盛新材与同期深成指以及中小板走势的叠加
（前复权，2014 年 9 月 30 日至 2015 年 10 月 31 日）

如图 17 所示，虚体柱构成了深成指日均 K 线①（前复权），其同期最高点为 18,211.76，出现在 2015 年 6 月 15 日，同期最低点为 7803.46，出现在 2014 年 10 月 27 日；如果以 2014 年 9 月 30 日收盘时的指数 8080.35 为基准，指数振幅约为 129%。白色虚体柱构成了中小板日均 K 线（前复权），其同期最高点为 12,084.30，出现在 2015 年 6 月 12 日，同期最低点为 5272.45，出现在 2014 年 11 月 14 日；如果以 2014 年 9 月 30 日收盘时的指数 5604.80 为基准，指数振幅约为 122%。虚体柱与实体柱共同构成了禾盛新材日均 K 线（前复权），其同期最高点为 69.80 元，出现在 2015 年 6 月 15 日，同期最低点为 10.85 元，出现在 2015 年 1 月 12 日；如果以 2014 年 9 月 30 日的收

① K 线图（candlestick charts）又称蜡烛图、日本线、阴阳线、棒线、红黑线等，常见的说法是“K 线”。它是根据每个分析周期的开盘价、最高价、最低价和收盘价绘制而成。K 线图是技术分析的一种，最早由日本人于 19 世纪所创，起源于日本 18 世纪德川幕府时代（1603 ~ 1867 年）的米市交易，用来计算米价每天的涨跌，被当时日本米市的商人用来记录米市的行情与价格波动，包括开市价、收市价、最高价及最低价，阳烛代表当日升市，阴烛代表跌市。这种图表分析法在当时的中国以至整个东南亚地区均尤为流行。由于用这种方法绘制出来的图表形状颇似一根根蜡烛，加上这些蜡烛有黑白之分，因而也叫阴阳线图表。通过 K 线图，人们能够把每日或某一周期的市况表现完全记录下来，股价经过一段时间的盘档后，在图上即形成一种特殊区域或形态，不同的形态表示不同意义，可以从这些形态的变化中摸索出一些有规律的东西来。K 线图形态可分为反转形态、整理形态及缺口和趋向线等。后来 K 线图因其细腻独到的标画方式而被引入股市及期货市场。股市及期货市场中的 K 线图的画法包含 4 个数据，即开盘价、最高价、最低价、收盘价，所有的 K 线都是围绕这 4 个数据展开，反映大势的状况和价格信息。如果把每日的 K 线图放在一张纸上，就能得到日 K 线图，同样也可画出周 K 线图、月 K 线图。K 线图以每个分析周期的开盘价、最高价、最低价和收盘价绘制而成。以绘制日 K 线为例，首先确定开盘和收盘的价格，它们之间的部分画成矩形实体。如果收盘价格高于开盘价格，则 K 线被称为阳线，用空心的实体表示；反之称为阴线，用黑色实体或白色实体表示。很多软件都可以用彩色实体表示阴线和阳线，在国内股票和期货市场，通常用红色表示阳线，绿色表示阴线。但投资欧美股票及外汇市场的投资者应该注意：在这些市场上通常用绿色代表阳线，红色代表阴线，和国内习惯刚好相反。用较细的线将最高价和最低价分别与实体连接。最高价和实体之间的线被称为上影线，最低价和实体间的线被称为下影线。

盘价 14.96 元为基准,指数振幅约为 394%。综上,禾盛新材股价的振幅远高于同期的深成指以及中小板指数,即相较于所处市场环境的平均水平,波动得更加剧烈。因此,无论是日均 K 线的直观体现,还是以振幅为参考指标,都可以得出"禾盛新材变更实际控制人相关交易客观上造成了其股价的剧烈波动"的结论。

六、变更实际控制人相关交易与内幕交易

1. 内幕交易的相关理论

内幕交易,是指从事交易的一方知道某种影响证券价格的重要信息,在社会公众和交易对方都不知情的情况下买卖证券,从中牟利。[①] 证券法上所说的内幕交易与一般社会生活中所说的内幕交易或者幕后交易不同。一般意义上的内幕交易或幕后交易,是指交易双方都知情,互相串通一气做一些见不得人的勾当;而证券法上的内幕交易,则必定是一方知情而另一方不知情的交易。这里所谓的知情就是知道内幕信息。内幕信息,是指尚未公开的、一旦公开便会对证券的价格发生显著影响的信息。掌握了内幕信息的人称为内部人,或称内幕人员。简单地说,内幕交易就是内部人利用内幕信息买卖证券,从而获利的行为。

2. 我国现行法律的相关规定

《证券法》第 50 条规定,禁止证券交易内幕信息的知情人和非法获取内幕信息的人利用内幕信息从事证券交易活动。

《证券法》第 53 条规定,证券交易内幕信息的知情人和非法获取内幕信息的人,在内幕信息公开前,不得买卖该公司的证券,或者泄露该信息,或者建议他人买卖该证券。持有或者通过协议、其他安排与他人共同持有公司 5% 以上股份的自然人、法人、非法人组织

---

① 参见朱锦清:《证券法学》(第 3 版),北京大学出版社 2011 年版,第 200 页。

收购上市公司的股份,本法另有规定的,适用其规定。内幕交易行为给投资者造成损失的,应当依法承担赔偿责任。

《证券法》第 191 条第 1 款规定,证券交易内幕信息的知情人或者非法获取内幕信息的人违反本法第 53 条的规定从事内幕交易的,责令依法处理非法持有的证券,没收违法所得,并处以违法所得 1 倍以上 10 倍以下的罚款;没有违法所得或者违法所得不足 50 万元的,处以 50 万元以上 500 万元以下的罚款。单位从事内幕交易的,还应当对直接负责的主管人员和其他直接责任人员给予警告,并处以 20 万元以上 200 万元以下的罚款。国务院证券监督管理机构工作人员从事内幕交易的,从重处罚。

新《证券法》扩大了内幕信息的范围。公司一年内重大资产的变动、公司提供重大担保或从事关联交易、董事长或者经理无法履职以及"公司分配股利、增资的计划,公司股权结构的重要变化"等情形均被纳入了内幕信息的范围。此外,"可能对上市交易公司债券的交易价格产生较大影响的重大事件"也被列入内幕信息的范围。相较于原有规定,新《证券法》扩大内幕信息的范围体现了对内幕交易的认定日趋严格。

新《证券法》扩大了内幕信息知情人的范围。其中,"发行人,发行人实际控制的公司及其董事、监事、高级管理人员,因与公司业务往来可以获取公司有关内幕信息的人,上市公司收购人或者重大资产交易方及其控股股东、实际控制人、董事、监事和高级管理人员"等均被纳入法定内幕信息知情人范围。新《证券法》加重了内幕交易的法律责任,提高了违法成本。

新《证券法》对内幕交易的罚款从违法所得的 1 倍至 5 倍提高到 1 倍至 10 倍;对于没有违法所得或违法所得不足 50 万元的,罚款金额提高到 50 万元至 500 万元,原规定相应情形下的罚款金额仅为 3 万元至

60 万元；对于单位从事内幕交易的，直接负责的主管人员和其他直接责任人员的罚款金额从 3 万元至 30 万元提高到了 20 万元至 200 万元。①

3. 本书语境下疑似的内幕交易

虽然没有直接证据证明禾盛新材变更实际控制人相关交易的过程中存在内幕交易，但是基于公司股票走势图中用方框标出的部分（见图 18），依然可以提出合理的怀疑和担忧。

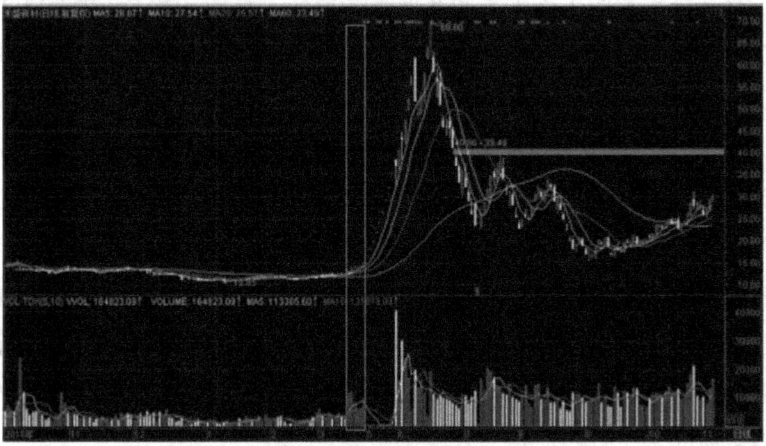

图 18　疑似内幕交易

（前复权，2015 年 3 月 13 日至 2015 年 3 月 20 日）

如图 18 所示，用方框标出的部分为禾盛新材 2015 年 3 月 13 日至 2015 年 3 月 20 日的股价和交易量，可将其解读为连续量能堆积：

① http://www.csrc.gov.cn/pub/shanghai/ztzl/pfzl/202003/t20200306_371622.htm，最后访问日期：2020 年 12 月 12 日。

(1)股价呈典型的小阳线堆积

禾盛新材2015年3月13日至2015年3月20日的股价呈典型的小阳线堆积。[①] 2015年3月13日的开盘价为12.50元,最高价为13.30元,最低价为12.40元,收盘价为13.30元,涨幅为6.91%;2015年3月16日的开盘价为13.32元,最高价为14.15元,最低价为13.31元,收盘价为13.93元,涨幅为4.74%;2015年3月17日的开盘价为13.85元,最高价为14.37元,最低价为13.75元,收盘价为14.11元,涨幅为1.29%;2015年3月18日的开盘价为14.05元,最高价为14.25元,最低价为13.74元,收盘价为14.15元,涨幅为0.28%;2015年3月19日的开盘价为14.07元,最高价为14.55元,最低价为13.96元,收盘价为14.19元,涨幅为0.28%;2015年3月20日的开盘价为14.15元,最高价为15.01元,最低价为14.05元,收盘价为14.95元,涨幅为5.36%。综上,从2015年3月13日至2015年3月20日,6个交易日的时间,禾盛新材股价的累计涨幅为18.86%。

(2)交易量的放量配合

相应地,禾盛新材2015年3月13日至2015年3月20日的交易量也放量[②]配合。2015年3月13日的交易量为115,566手,换手率

---

① 小阳线堆积,即连续出现小阳线(涨幅小于7%),说明在最近一段时间内,多方的力量与空方的力量是基本持平的,但多方的力量稍微占了一点上风,如果成交量相对均衡那么很可能是有做多力量在缓慢推升股价,一般来讲在达到一定程度后就会有一个加速拉升的动作。

② 放量中的量是指成交量,成交量放量是指比前一段时间成交明显放大。放量分为相对放量和持续放量。相对放量:今天与昨天相比,本周与上周相比;持续放量:最近几天和前一段时间的某天的量做比较。股市操作中经常发现有些个股走势出现异动,例如,成交量突然成倍增加,短期就实现巨量换手,主力的意图则要综合多方面的信息来判断,有时属于主力出货,有时属于主力换庄,投资者需要根据放量出现的位置、K线形态等方面来判别。

为 8.62%，单日交易量约是之前一个交易日 2015 年 3 月 12 日交易量 27,352 手的 4.23 倍，单日换手率约是之前一个交易日 2015 年 3 月 12 日换手率 2.04% 的 3.95 倍。值得注意的是，2014 年 9 月 30 日至 2015 年 3 月 12 日的交易量，只有极少数单日超过 50,000 手，单日换手率也稳定维持在 2% 上下。但是，2015 年 3 月 13 日之后一个交易日，即 2015 年 3 月 16 日，直至 2015 年 3 月 20 日，每日的交易量都超过 50,000 手，每日换手率也是之前的 2.5 ~ 4.5 倍，其中，2015 年 3 月 16 日的交易量为 140,382 手，换手率为 8.98%；2015 年 3 月 17 日的交易量为 81,175 手，换手率为 6.05%；2015 年 3 月 18 日的交易量为 59,149 手，换手率为 4.41%；2015 年 3 月 19 日的交易量为 62,118 手，换手率为 4.63%；2015 年 3 月 20 日的交易量为 98,805 手，换手率为 7.37%。综上，从 2015 年 3 月 13 日至 2015 年 3 月 20 日，短短 6 个交易日，禾盛新材的交易量合计高达 557,195 手，约是初始发行量 2100 万股的 2.65 倍，换手率合计也高达 40.06%。

(3) 突然连续量能堆积的谜底

禾盛新材 2015 年 3 月 13 日至 2015 年 3 月 20 日股价和交易量突然连续量能堆积的谜底，终于在 2015 年 3 月 23 日揭晓，公司发布了《关于苏州禾盛新型材料股份有限公司股票临时停牌的公告》；紧接着，公司于 2015 年 3 月 24 日发布了《关于股东拟筹划协议转让公司股份的停牌公告》，2015 年 3 月 30 日发布了《关于股东筹划协议转让公司股份事项的进展暨延期复牌公告》，2015 年 4 月 24 日发布了《关于股东筹划协议转让公司股份及公司筹划非公开发行事项的延期复牌公告》；随后，公司于 2015 年 5 月 13 日发布了《关于股东签署股份转让协议的公告》，2015 年 5 月 18 日发布了《关于公司非公开发行股票涉及关联交易事项的公告》；最终，公司于 2015 年 5 月

18 日发布了《关于公司股票复牌的提示性公告》。2015 年 5 月 18 日之后，禾盛新材的股价既经历了单边上涨甚至一字板天梯的饕餮盛宴，也经历了单边下跌甚至 13 阴 1 阳的尸横遍野。当天量的资金如潮水般退去，股价经过连续跌停、深幅调整再次归于平静的时候，更多的是无数势单力薄、赤身裸体、体无完肤却仍心存幻想的中小投资者为主力接盘、为祖国护盘。

综上，完全有理由怀疑禾盛新材通过定增重组、股权转让变更实际控制人的内幕消息在公司正式进行相关信息披露之前已经泄露，否则 2015 年 3 月 13 日至 2015 年 3 月 20 日股价和交易量突然连续量能堆积缺乏合理的解释和有力的支撑。虽然上述疑似内幕交易的时段，股权杠杆控制公司的实际控制人自身直接持股没有变动，但是法定强制信息披露显然不可能穷尽该控制人所有的近亲属、①主要社会关系成员②和其他利害关系人（如直接或者间接受该控制人控制或者重大影响的自然人、法人与非法人组织）。不难发现，股权杠杆控制公司的实际控制人，天然具有追求其自身利益的最大化的动机和能力。正如全世界无产阶级和劳动人民的伟大导师马克思（Karl Marx）的经典论断："如果有 10% 的利润，资本就会保证到处被使用；有 20% 的利润，资本就能活跃起来；有 50% 的利润，资本就会铤而走险；为了 100% 的利润，资本就敢践踏一切人间法律；有 300% 以上的利润，资本就敢犯任何罪行，甚至去冒绞首的

---

① 《刑事诉讼法》第 108 条第 1 款第 6 项规定："近亲属"是指夫、妻、父、母、子、女、同胞兄弟姊妹。《行政诉讼法》第 24 条规定的"近亲属"，包括配偶、父母、子女、兄弟姐妹、祖父母、外祖父母、孙子女、外孙子女和其他具有扶养、赡养关系的亲属。

② 主要社会关系成员一般是指本人的旁系亲属，如岳父母、分居的兄弟姐妹、伯叔姑姨舅、甥侄等，还包括和本人关系较密切或本人受其影响较大的亲友、同学等。也有观点认为主要社会关系成员指本人父母和配偶以外的主要社会关系，在政治上、思想上、生活上与本人有密切联系的旁系亲属，如岳父母、分居的兄弟姐妹、伯叔姑姨舅、甥侄等。

危险。"[①]面对内幕交易的非法暴利(以 2015 年 3 月 20 日的收盘价 14.95 元,2015 年 6 月 15 日的最高价 69.80 元为基准,内幕消息披露后的 21 个交易日,股价最高涨幅达 367%),加之法定强制信息披露的局限性和证券市场监管的有限性,股权杠杆控制公司的实际控制人作为内幕信息最核心的知情人、最强有力的控制者和潜在的影响、制造者,完全有铤而走险,泄露内幕信息给近亲属、主要社会关系成员和其他利害关系人(如直接或者间接受该控制人控制或者重大影响的自然人、法人与非法人组织),甚至直接或者间接控制上述主体进行内幕交易、牟取非法暴利的倾向性和可能性。

七、变更实际控制人相关交易与操纵市场

1. 操纵市场的相关理论

所谓操纵市场,其实就是操纵证券的市场价格。从经济运行的角度看,证券二级市场具有合理配置资源的作用。但是这种作用只有在证券价格没有人为的操纵和扭曲,社会公众投资者对各种证券的总需求和总供给通过市场价格的自然调节趋向平衡的前提下,才能得到充分的发挥。证券法的任务之一就是要确保这一市场功能的顺利实现。因此,对操纵市场的禁止被有的学者视作证券交易法的核心。[②] 操纵市场有两种手段,一是炒作股票,二是散布信息。两种手段经常被结合使用。

所谓炒作股票,就是针对某家公司的股票通过连续频繁的买

---

① 原为托·约·登宁所说,在《资本论》中被马克思引据。参见中共中央马克思恩格斯列宁斯大林著作编译局编译:《马克思恩格斯全集》(第 17 卷),人民出版社 1963 年版,第 258 页。

② See Louis Loss, *Fundamentals of Securities Regulation*, Little Brown & Co Law & Business; 3 edition, p. 1560 (1995); R. W. Jennings, H. Marsh Jr., *Securities Regalation*, Cases and Materials, p. 623 (1987).

卖，使其价格不断上升，从而造成该种股票交易活跃、价格持续上涨的假象，以此引诱别的投资者也来购买，一旦有大量的投资者上当抢购该种股票，炒作者就会在价格高位上全数抛出所持有的该种股票，牟取暴利。同时，买进该股票的公众投资者被套牢，遭受巨大的损失。①

除了通过炒作操纵市场价格之外，还有通过散布信息（虚假的或真实的）操纵市场价格的手段。市场价格是各种信息的综合反映，是市场根据所有能够得到的信息对证券价值作出的评估。新的利好或者利空消息不断出现，都会被市场吸收。市场会灵敏地作出反应，根据新的信息调整原先的评估，给出新的价格。这是证券市场价格变化的一般规律。因此，通过有目的的散布某种信息，可以激起投资者的热情，或者引起他们的恐慌，引诱他们抢购或者抛售某种证券，从而达到操纵市场价格并且获利的目的。②

2. 我国现行法律的相关规定

《证券法》第55条规定："禁止任何人以下列手段操纵证券市场，影响或者意图影响证券交易价格或者证券交易量：（一）单独或者通过合谋，集中资金优势、持股优势或者利用信息优势联合或者连续买卖；（二）与他人串通，以事先约定的时间、价格和方式相互进行证券交易；（三）在自己实际控制的账户之间进行证券交易；（四）不以成交为目的，频繁或者大量申报并撤销申报；（五）利用虚假或者不确定的重大信息，诱导投资者进行证券交易；（六）对证券、发行人公开作出评价、预测或者投资建议，并进行反向证券交易；（七）利用在其他相关市场的活动操纵证券市场；（八）操纵证券市场

① 参见朱锦清：《证券法学》（第3版），北京大学出版社2011年版，第216页。

② 参见朱锦清：《证券法学》（第3版），北京大学出版社2011年版，第220～221页。

的其他手段。操纵证券市场行为给投资者造成损失的,应当依法承担赔偿责任。"

《证券法》第192条规定,违反本法第55条的规定,操纵证券市场的,责令依法处理其非法持有的证券,没收违法所得,并处以违法所得1倍以上10倍以下的罚款;没有违法所得或者违法所得不足100万元的,处以100万元以上1000万元以下的罚款。单位操纵证券市场的,还应当对直接负责的主管人员和其他直接责任人员给予警告,并处以50万元以上500万元以下的罚款。

新《证券法》扩大操纵市场的行为类型。明确增加列举四种操纵市场的手段:包括"不以成交为目的,频繁或者大量申报并撤销申报""利用虚假或者不确定的重大信息,诱导投资者进行证券交易""对证券、发行人公开作出评价、预测或者投资建议,并进行反向证券交易""利用在其他相关市场的活动操纵证券市场"。

新《证券法》改变操纵市场的构成要件。除"影响"外,明确将"意图影响"证券交易价格或交易量的行为定义为操纵。"意图影响"证券交易价格或交易量的行为应该是客观上有操纵证券交易价格或交易量的行为,且操纵者具有操纵市场的主观恶意,但未造成实际影响即操纵证券市场的结果,属于操纵市场的行为。

新《证券法》加强操纵市场的处罚力度。大幅提高了操纵证券市场违法的成本,将操纵证券市场的罚款的上限提高:因操纵市场获利超过100万元的,没收违法所得,并处以违法所得1倍以上10倍以下的罚款(原为1~5倍);没有违法所得或者违法所得不足100万元的,处以100万元以上1000万元以下的罚款(原为30万~300万元);单位操纵证券市场的,对直接负责的主管人员和其他直接责任人员处以50万元以上500万元以下的罚款(原为

10 万～60 万元）。[①]

3. 本书语境下疑似的操纵市场

虽然没有直接证据证明禾盛新材变更实际控制人相关交易的过程中存在操纵市场的行为，但是基于公司股票走势图中用方框标出的部分（见图 19），依然可以提出合理的怀疑和担忧。

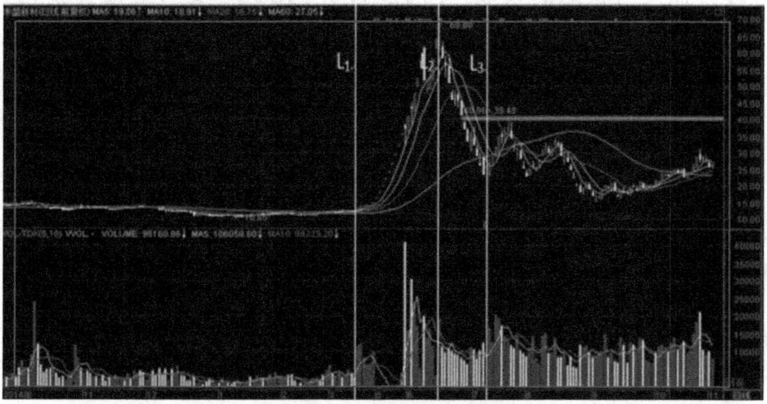

图 19　疑似操纵市场的行为

（前复权，2014 年 9 月 30 日至 2015 年 9 月 30 日）

如图 19 所示，用方框和白色线条共同标出的部分为禾盛新材 2014 年 9 月 30 日至 2015 年 9 月 30 日的股价和交易量，可将其解读为一个典型且完整的操纵市场周期。

（1）横盘吸筹阶段

L_1左侧（2014 年 10 月 1 日至 2015 年 3 月 12 日）为横盘吸筹阶段，禾盛新材的股价徘徊在 10.85～15.71 元的区间，股价的振幅仅为 32%，波动幅度不大。这个阶段的交易量的区间为 7803～

① http://www.csrc.gov.cn/pub/shanghai/ztzl/pfzl/202003/t20200306_371622.htm，最后访问日期：2020 年 12 月 12 日。

238,123 手,最小量 7803 手出现在 2014 年 12 月 25 日,最大量 238,123 手出现在 2014 年 10 月 10 日,整体的交易量都稳定在 65,000 手以下。

值得注意的是,2014 年 10 月 10 日禾盛新材发布了《关于终止重大资产重组的公告》;2015 年 2 月 14 日,深圳证券交易所就禾盛新材与金英马联姻的失败,专门发布了《关于对厦门金英马影视文化有限公司及相关当事人给予公开谴责处分的公告》;2015 年 2 月 27 日禾盛新材就与金英马联姻的失败,专门发布了《关于 2014 年度计提长期股权投资减值损失的公告》。

按照资本市场的一般规律和金融学的一般原理,消息面上出现重大利空,上市公司的股票对应的技术面一般是放量下跌、一泻千里,但是,禾盛新材技术面(股价与交易量的处变不惊、稳如磐石)与消息面(重大重组失败并计提长期股权投资减值损失,相关方被交易所公开谴责)的背离,且长达 5 个多月的箱体盘整,疑似操纵市场的第一个阶段——横盘吸筹。①

(2)天梯拉升出货阶段

L_1与L_2之间(2015 年 3 月 13 日至 2015 年 6 月 15 日)为天梯拉升出货阶段,股价由 2015 年 3 月 13 日的 13.30 元飙升到 2015 年 6 月 15 日的高点 69.80 元,涨幅高达 425%,振幅高达 454%。这个阶段,又可

① 在大盘上涨的时候在上档的阻力位处放上虚张声势的大卖单,适时阻止住股价的上涨,吓走多头;在股价下跌的时候,在下档分批埋上小买单,吸纳筹码。在跌到关键位置时,在支撑位上放上大买单,吓跑空头。这样股价在上有盖板、下有托盘的区域内运行,主力可尽情吸筹;也可以利用主动性的买卖单量控制股价,走出平台走势。由于平台横盘时间较长,有时连个差价也难以打出来,看着其他的股票潮起潮落,频频有差价可赚,绝大多数投资者都会耐不住寂寞,抛出廉价筹码,去追求短线收益,因此,主力完成建仓的过程中始终保持较低的吸筹成本。

以细分为天梯拉升①和拉升出货②两个阶段。

2015 年 5 月 18 日公司发布定增方案当天起,股价更是连拉 9 个一字板,形成一字板天梯;一字板打开之前的交易量几乎都是微量,不超过 2400 手,地量为 475 手,出现在 2015 年 5 月 19 日,这是典型的天梯拉升。

2015 年 5 月 29 日,一字板打开,股价略有调整,但又陆续出现 5 个涨停板,直至 2015 年 6 月 15 日十字星变盘;一字板打开之后,成交量也急剧放大,天量为 408,995 手,出现在 2015 年 5 月 29 日。这个阶段公司股价和交易量的特征以及配合,是典型的拉升出货。

值得注意的是,2015 年 3 月 13 日至 2015 年 6 月 15 日,正是禾盛新材联姻中科创的蜜月期,消息面上利好连连:2015 年 3 月 23 日公司发布了《关于苏州禾盛新型材料股份有限公司股票临时停牌的公告》;紧接着,公司于 2015 年 3 月 24 日发布了《关于股东拟筹划协议转让公司股份的停牌公告》,2015 年 3 月 30 日发布了《关于股东筹划协议转让公司股份事项的进展暨延期复牌公告》,2015 年 4 月 24 日发布了《关于股东筹划协议转让公司股份及公司筹划非公开发行事项的延期

---

① 此类拉升方式犹如假设天梯,升势一旦启动,锐不可当,飙升行情可谓惊天动地。但综观此类个股,在行情飙升之前,往往要经过漫长的吸货过程,在这个过程中,股价犹如一潭死水,波澜不惊。然而,主力已经悄悄掌握了流通盘 50% ~60% 的流通筹码。所以,行情一旦启动,往往升势如虹,气冲霄汉。

② 主力用一字板天梯将股价拉到一定高度,使观望的跟风盘忍受不住股价快速上涨的诱惑,原来获利的跟风盘也由于股价的快速提升而产生惜售的心理。主力往往抓住战机,以巨量的买单,将股价封至涨停,从而使多头人气达到高潮。此时后进的跟风买单纷至沓来,股价已牢牢地封住涨停。由于国内采取时间优先和价格优先的交易规则,因此在涨停价格的挂单是相同的,无法比出高低,然而时间上却仍有先后之分。时间上处在前列的是主力的巨量买单,排在后面的是中小散户的跟风盘。这样,主力采用明修栈道,暗度陈仓的方法悄悄撤出挂在前列买单,然后再将这些买单后继在跟风盘的后面。如此看来,涨停板上的巨量买单数量并无变化,甚至还有增多。主力可以以小批量的卖单,逐步将手中的筹码卖给排列在第一时间段内的散户投资者。这种涨停出货的手段既能卖上一个好的价格,又不会引起一般投资者的警觉,可谓一箭双雕。

复牌公告》;随后,公司于2015年5月13日发布了《关于股东签署股份转让协议的公告》,2015年5月18日发布了《关于公司非公开发行股票涉及关联交易事项的公告》;最终,公司于2015年5月18日发布了《关于公司股票复牌的提示性公告》。

这一阶段禾盛新材股价和交易量的特征和互动,辅以消息面上的配合,疑似操纵市场的第二个阶段——天梯拉升出货。

(3)单边下跌出货阶段

L_2与L_3之间(2015年6月16日至2015年7月6日)为单边下跌出货①阶段,股价一路下泻至2015年7月6日的23.39元,较前期高点的69.80元,跌幅高达66%,振幅也高达61%。整个阶段的交易量,没有之前的天量或者地量那么极端,总体保持在日均100,000手左右的水平,最小量64,258手出现在2015年6月29日,最大量124,266手出现在2015年7月6日。

禾盛新材股价的振幅远高于同期的深成指以及中小板指数,即相较于所处市场环境的平均水平,波动得更剧烈。因此,无论是日均K线的直观体现,还是以振幅为参考指标,都可以得出禾盛新材变更实际控制人相关交易客观上造成了其股价的剧烈波动的结论。2015年6月底至7月初的A股市场的股灾,不是禾盛新材股价单边下跌的全部原因,合理怀疑其为主力前期天梯拉升出货,实现大部分操作收益之后,利用股灾行情不计成本的出货套现,甚至有可能

---

① 主力利用的是跟风盘正旺盛的时候,趁投资者好梦未醒,而突然反手做空,先套牢后进买盘,接着将敢于抢反弹的人一网打尽。从盘面上来看,虽然也是快速下跌,但盘中多有反弹,以吸引买盘跟进,同时稳定套牢者之持股信心。但股价总体走势呈逐波下探之势,重心快速下移,在日K线上往往形成长阴线。由于股价下跌的过程中卖出的成交量俱是真刀真枪,常常一张卖单,打低数个价位,而盘中向上做反弹时,却有对敲盘出现,其目的是引诱跟风盘。因此,打压出货未必有巨量成交放出,相反,由于抢反弹的人越来越少,成交量还会逐步缩小。

利用做空机制(鉴于禾盛新材不能融券,可能的渠道为股指期货,如中证500指数[①])套利[②]之后的综合结果,疑似操纵市场的第三个阶段——单边下跌出货。

综上,完全有理由怀疑禾盛新材在定增重组、股权转让变更实际控制人的过程中存在操纵市场。与前述内幕交易的倾向性和可能性类似,面对操纵市场的非法暴利(以2015年1月12日的最低价10.85元,2015年6月15日的最高价69.80元为基准,股价涨幅达543%),加之法定强制信息披露的局限性和证券市场监管的有限性,股权杠杆控制公司的实际控制人作为上市公司最强有力的控制者或者影响者,完全有理由也有能力铤而走险,与操纵市场的庄家[③]配合,甚至直接或者间接控制上述主体操纵市场、牟取非法暴利。

八、不止于禾盛新材

可能有质疑会认为上述禾盛新材只是个例,不具有代表性和普遍性,但是,据《证券时报》记者2015年5月22日的不完全统计,

---

① 中证500指数,又称中证小盘500指数(CSI Smallcap 500 index),简称中证500(CSI 500),是中证指数有限公司开发的指数中的一种,其样本空间内股票是扣除沪深300指数样本股及最近一年日均总市值排名前300名的股票,剩余股票按照最近一年(新股为上市以来)的日均成交金额由高到低排名,剔除排名后20%的股票,然后将剩余股票按照日均总市值由高到低进行排名,选取排名在前500名的股票作为中证500指数样本股。中证500指数综合反映沪深证券市场内小市值公司的整体状况。

② 套利(arbitrage),在金融学中的定义为:在两个不同的市场中,以有利的价格同时买进或卖出同种或本质相同的证券的行为。投资组合中的金融工具可以是同种类的也可以是不同种类的。在市场实践中,套利一词有着与定义不同的含义。实际中,套利意味着有风险的头寸,它是一个也许会带来损失,但是有更大的可能性会带来收益的头寸。

③ 庄家,指能影响金融证券市场行情的大户投资者。通常占有50%以上的发行量,有时庄家控盘比例不一定达到50%,依各品种而定,一般10%~30%即可控盘。因交易量和资金量巨大,所以在期货市场上很少出现庄家。股市中庄家的特征如下:(1)庄家也是股东;(2)庄家通常是指持有大量流通股的股东;(3)庄家坐庄某只股票,可以影响甚至控制该只股票在二级场的价格和交易量;(4)庄家和散户是一个相对概念。

2015年以来，已有30家公司的实际控制人出现变更或拟变更。这其中，有17家公司通过非公开发行股票、重组借壳或股权转让的方式变更实际控制人。目前已复牌的12家公司中，有11家复牌即涨停。截至2015年5月21日收盘，12家公司的平均涨停次数为9次（见表45）。①

例如，禾盛新材和青鸟华光，自2015年5月18日复牌并祭出重组方案拟变更实际控制人以来，两公司股票连续4天联袂上演“涨停宴”。此外，还有康强电子和友利控股两只股票，股价扶摇直上毫不停歇，令前期介入的投资者大快朵颐。不过，相比江苏三友股票复牌后的20个涨停以及逾5倍的涨幅，以及龙生股份的26个涨停、逾10倍的涨幅，上述几家公司的投资者恐怕仍要大喊“没吃饱”。

表45　部分实际控制人（拟）变更公司一览

公司名称	证券代码	实控人变更方式	停复牌情况	复牌2015年12月31日涨停次数	复牌2015年12月31日股份涨幅（%）
禾盛新材	002290	协议转让+非公开发行股票	2015年5月18日复牌	4	46.42
青鸟华光	600076	重组借壳	2015年5月18日复牌	4	46.49
康强电子	002119	重组借壳	2015年5月11日复牌	9	135.93
友利控股	000584	重组借壳	2015年5月7日复牌	11	185.11

① 参见岳薇：《实际控制人变更烹出连续涨停盛宴——年内17家公司通过定增重组或股权转让变更实际控制人，其中11家公司复牌即涨停》，载《证券时报》2015年5月22日，第A07版。

续表

公司名称	证券代码	实控人变更方式	停复牌情况	复牌2015年12月31日涨停次数	复牌2015年12月31日股份涨幅（%）
九九久	002411	重组借壳	2015年4月21日复牌	8	138.51
桑德环境	000826	股权转让	2015年4月13日复牌	3	70.85
易世达	300125	股权转让	2015年3月31日复牌	2	56.51
江苏三友	002044	重组借壳	2015年3月26日复牌	20	514.42
龙生股份	002625	非公开发行股票	2015年3月26日复牌	26	1036.81
法因数控	002270	重组借壳	2015年3月10日复牌	5	125
中联电气	002323	重组借壳	2015年1月21日复牌	7	80.82
*ST新都	000033	重组借壳	2015年4月9日复牌，目前已暂停上市	15	108.02
道博股份	600136	原大股东易主	停牌中	—	—
中润资源	000506	股权转让	停牌中	—	—
金利科技	002464	股权转让	停牌中	—	—
步森股份	002569	股权转让	停牌中	—	—
*ST皇台	000995	股权转让	停牌中	—	—
*ST国恒	000594	股权转让	已暂停上市	—	—

整个 A 股市场经历了 2015 年 6 ~ 7 月的惊天股灾，炒作上述个股[①]的天量资金作鸟兽散，股价经历单边下跌、深幅调整之后又大多归于平静，剩下更多的依然是无数势单力薄、赤身裸体、体无完肤却仍心存幻想的中小投资者为主力接盘、为祖国护盘（见图 20 和图 21）。[②]

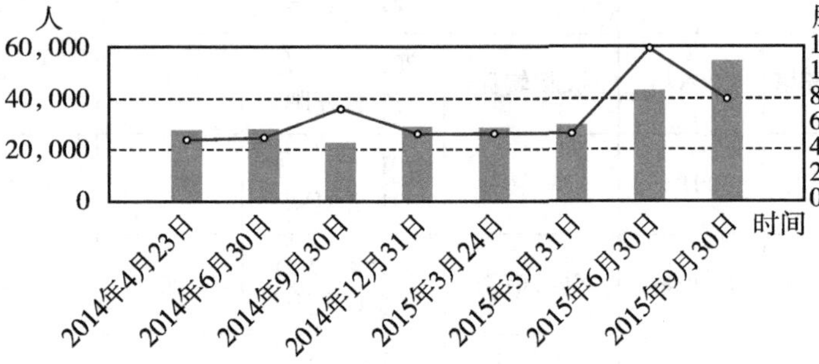

图 20　青鸟华光股东人数与股价比较（2014 年 4 月 23 日至 2015 年 9 月 30 日）

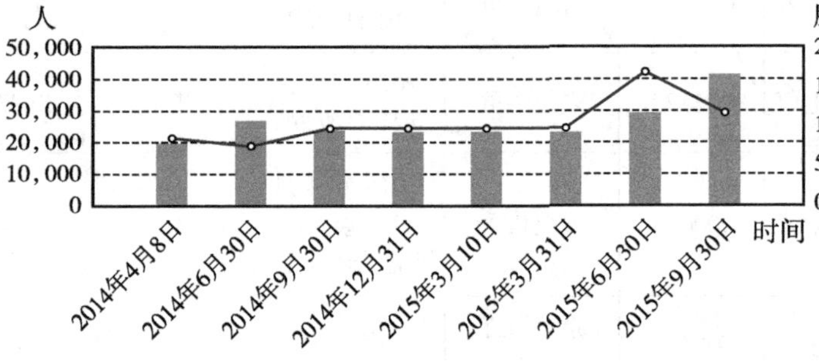

图 21　九九久股东人数与股价比较（2014 年 4 月 8 日至 2015 年 9 月 30 日）

当然，鉴于自身能力和文章篇幅所限，无法研究整个 A 股市场

---

① 以青鸟华光为例。

② 参见 http://f10.eastmoney.com/f10_v2/ShareholderResearch.aspx?code=sz002411，最后访问日期：2020 年 12 月 18 日。

上与股权杠杆控制公司的实际控制人相关的证券违法行为。本书以禾盛新材为个案的分析也是初步的、不完善的，但是至少从一个侧面说明了从商法特别是公司法、证券法的维度，规制股权杠杆控制公司的实际控制人相关证券违法行为的重要性、必要性和紧迫性。

第二节　与股权杠杆控制相关的财务造假行为

安然公司主要通过构建所有权金字塔和设立特殊目的实体，使公司“轻资产化”（asset light），即在不牺牲公司盈利能力的情况下可将资产和负债剥离出资产负债表。“轻资产化”可以规避会计准则和资本要求，提高了资产的回报率和股东价值；然而，这些交易缺乏相应的商业动机且远远达不到理想交易的标准。因此，当上述的交易体系产生赤字时，丑闻就此发生。[①] 让我们从安然事件说起。

一、安然事件简介

安然事件（the Enron Incident），是指 2001 年发生在美国的安然（Enron）公司破产案以及相关丑闻。安然公司曾经是世界上最大的能源、商品和服务公司之一，名列《财富》杂志“美国 500 强”的第七名，自称全球领先企业。然而，2001 年 12 月 2 日，安然公司突然向纽约破产法院申请破产保护，该案成为美国历史上企业第二大破产案。[②] 可以说，2001 年安然财务和证券欺诈丑闻直接导致了《萨班

① See William W. Bratton and Adam J. Levitin, *A Transactional Genealogy of Scandal: From Michael Milken to Enron to Godman Sachs*, 86 S. Cal. L. Rev. 783 – 868 (2013).

② https://en.wikipedia.org/wiki/Enron_scandal，最后访问日期：2020 年 12 月 18 日。

斯—奥克斯利法案》的迅速出台。①

安然公司,曾是一家位于美国的得克萨斯州休斯敦市的能源类公司。在2001年宣告破产之前,安然公司拥有约21,000名雇员,是世界上最大的电力、天然气以及电讯公司之一,2000年披露的营业额达1010亿美元之巨。公司连续6年被《财富》杂志评选为"美国最具创新精神公司",然而真正使安然公司在全世界声名大噪的,却是使这个拥有上千亿元资产的公司2002年在几周内破产的持续多年精心策划,乃至制度化、系统化的财务造假丑闻。安然欧洲分公司于2001年11月30日申请破产,美国本部于2日后同样申请破产保护(见表46)。

表46　安然公司基本资料

上市交易所	纽约证券交易所(New York Stock Exchange, NYSE)
交易代码	NYSE:ENE
所属行业	能源
公司现状	破产(2001年申请破产保护)
公司前身	北方天然气公司,休斯敦天然气公司
公司继承人	达利智电力公司,棱镜国际能源公司
公司设立地	美国内布拉斯加州奥马哈
公司创始人	肯尼斯·雷
公司总部	美国得克萨斯州休斯敦市史密斯街1400号
公司高管	肯尼斯·雷,董事长兼首席执行官;杰弗里·斯基林,首席运营官,前首席财务官;安德鲁·法斯托,首席财务官

具体到本书的语境下,将重点分析安然公司破产案中,公司的

① See William W. Bratton, *Enron, Sarbanes Oxley, and Accounting: Rules Versus Principles Versus Rents*, Villanova Law Review 48 (2003), p. 1023, 1043–1044; William W. Bratton and Adam J. Levitin, *A Transactional Genealogy of Scandal: From Michael Milken to Enron to Godman Sachs*, 86 S. Cal. L. Rev. (2013) p. 783–868.

股权杠杆控制的操作手法以及与之相关的财务处理。

二、安然公司构建的所有权金字塔

安然公司股权杠杆控制的结构与本书论及的“所有权金字塔”高度契合，即 A 公司（安然公司）通过 51% 的股份控制 B 公司，B 公司再以相同方式控制 C 公司，以此类推不断循环下去，到 Z 公司时，A 公司仅持有 Z 公司权益的几个百分点甚至零点几个百分点（见图 22）。

根据美国财务会计标准委员会（Financial Accounting Standards Board，FASB）制定的一般公认会计准则（Generally Accepted Accounting Principles，GAAP），由于 A 公司持有 Z 公司权益的比例过低，Z 公司的个别财务报表将不并入 A 公司的合并财务报表。①

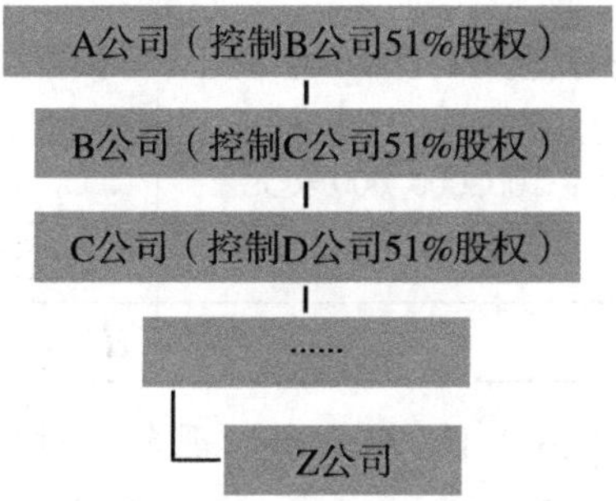

图 22　安然公司的所有权金字塔

是否合并财务报表产生的差异，用具体的数值实例说明可能

---

① GAAP No. 140 规定：合格的特殊目的实体（SPE）的资产负债若符合以下条件，可以不并入发起公司的财务报表：（1）SPE 与发起公司严格划清界限；（2）SPE 所从事的活动不超越设立时约定的范围；（3）SPE 只持有金融资产；（4）SPE 对非现金金融资产的出售或处分受到限制。但是发起公司和 SPE 之间的交易产生的收益和损失却可以确认为现金流。Lawrence A. Cunningham, *Introductory Accounting and Finance for Lawyers*（*Sixth Edition*），West Academic Press, 2nd Revised edition edition 2013, p. 100.

更加直观、明晰。假设 2001 年 1 月 1 日,A 公司以现金为对价获得 1,000,000 股 Z 公司股票(每股的市价为 20 美元),交易完成后,A 公司虽然仅直接持股 Z 公司的比例为 8%,但通过所有权金字塔,控制 Z 公司;Z 公司资产的账面价值①为 300,000,000 美元,对应的市场价值②为 400,000,000 美元,Z 公司的负债为 250,000,000 美元;A 公司利用对 Z 公司的控制力,以本书"隧道效应"部分论及的关联交易(转移定价),让 Z 公司移转 100,000,000 美元现金进入 A 公司。此时根据 GAAP 的规定不需要合并 Z 公司与 A 公司的财务报表,具体的会计处理见表 47。

表 47　不合并财务报表时 A 公司具体的会计处理

时间	借	贷
2001 年 1 月 1 日	Z 公司股票 20,000,000 美元	
	现金 100,000,000 美元	
		现金 20,000,000 美元
		应收账款 100,000,000 美元

如果 2001 年 1 月 1 日,A 公司以现金为对价获得 10,000,000 股 Z 公司股票,交易完成后,A 公司直接持股 Z 公司的比例为 80%,控制 Z 公司,上述其他条件不变。此时根据 GAAP 的规定需要合并

① 账面价值,是指某科目(通常是资产类科目)的账面余额减去相关备抵项目后的净额。账面余额,是指某科目的账面实际余额,作为不扣除该科目备抵的项目(如累计折旧、相关资产的减值准备等)。账面净值,是指(通常是资产类科目)的账面余额减去相关备抵项目。

② 市场价值,是指生产部门所耗费的社会必要劳动时间形成的商品的社会价值。市场价值是指一项资产在交易市场上的价格,它是自愿买方和自愿卖方在各自理性行事且未受任何强迫的情况下竞价后产生的双方都能接受的价格。

Z 公司与 A 公司的财务报表,A 公司具体的会计处理见表 48。

表 48 合并财务报表时 A 公司具体的会计处理

时间	借	贷
2001 年 1 月 1 日	Z 公司资产 400, 000, 000 美元	
	Z 公司商誉 80, 000, 000 美元①	
		现金 200, 000, 000 美元
		Z 公司负债 250, 000, 000 美元
		Z 公司少数股东权益 30, 000, 000 美元②

通过表 47 和表 48 的比较,不难发现,不合并财务报表的情形下,A 公司实际上通过股权杠杆——所有权金字塔控制着 Z 公司,可让其为自己筹资,或通过关联方交易转移利润,然而 Z 公司的负债却并未反映于 A 公司的资产负债表上。③

---

① 800, 000 = (2, 000, 000 + 2, 500, 000 + 300, 000) - 4, 000, 000。商誉是指能在未来期间为企业经营带来超额利润的潜在经济价值,或一家企业预期的获利能力超过可辨认资产正常获利能力(如社会平均投资回报率)的资本化价值。商誉是企业整体价值的组成部分。在企业合并时,它是购买企业投资成本超过被合并企业净资产公允价值的差额。

② 300, 000 = (4, 000, 000 - 2, 500, 000) × 20%。少数股东权益简称少数股权。在母公司拥有子公司的股份不足 100%,即只拥有子公司净资产的部分产权时,子公司股东权益的一部分属于母公司所有,即多数股权,其余仍属外界其他股东所有。由于后者在子公司全部股权中不足半数,对子公司没有控制能力,故被称为少数股权:(1)没有达到控股比例的公司股东权益,即公司 51% 以上控股权益外的其他股东权益;(2)公司股东在未完全控股的分公司、子公司中的权益。在合并附属公司的财务报表时,附属公司中的非本公司股份权益被认同为公司对外负债。

③ See Lawrence A. Cunningham, *Introductory Accounting and Finance for Lawyers* (Sixth Edition), West Academic Press, 2nd Revised edition edition 2013, p. 100.

上述仅为纵向持股关系，而实际上还可以发生横向的交叉持股①关系，例如，在从A公司到Z公司的多个层次上相互交叉持股（见图23）。

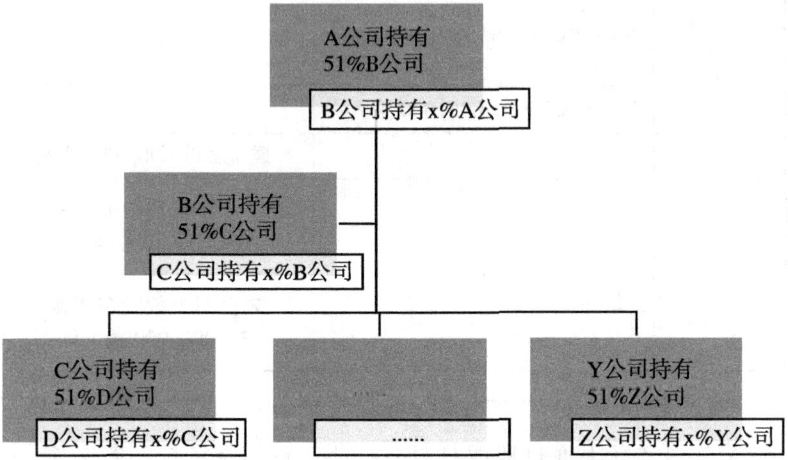

图23　安然公司的所有权金字塔（含多层横向交叉持股）

通过图22和图23的模式，安然公司最终发展出3000多家关联

---

① 交叉持股，是指两个公司直接或者变相直接相互持有对方的股权，继而相互成为对方股东，以达到某种特殊目的的现象。有学者提出“广义交叉持股”的概念，即甲上市公司持有乙上市公司的股票，乙上市公司再持有丙上市公司的股票的现象也称为交叉持股。显然这并不能看作真正的交叉持股，毕竟这种母子公司、子孙公司的现象非常普遍，而且也属于正常的投资行为，并不会对公司利益和公司治理产生损害。对交叉持股的分类：（1）以是否构成母子关系为标准：①母子公司之间的交叉持股，②单纯相互投资的交叉持股；（2）以是否直接持股为标准：①单纯型，②环状型；（3）以交叉持股的形成原因：①主动的交叉持股，②被动的交叉持股。也有学者将实践中常见的交叉持股类型总结为：（1）环状型交叉持股；（2）网状型交叉持股；（3）放射型交叉持股；（4）放射型之变型。交叉持股的积极效应：（1）资金融通；（2）产业布局；（3）分散风险；（4）资本运作；（5）狙击恶意收购。交叉持股的消极效应：（1）虚增资本；（2）内部人控制；（3）操纵股价和内幕交易；（4）妨碍竞争，导致垄断；（5）规避税收。参见施天涛：《关联企业法律问题研究》，法律出版社1998年版，第365页。

企业，其中约900家是设在海外的避税天堂。[①] 安然公司通过建立复杂的公司体系，拉长控制链条，将债务留在子公司账上，将利润显示在母公司账上，自上而下传递风险，[②]自下而上传递收益。

三、安然公司设立的特殊目的实体

特殊目的实体（Special Purpose Entity，SPE），在欧洲通常称为特殊目的载体（Special Purpose Vehicle，SPV），是为了特殊目的而建立的法律实体，它在资产证券化中起到重要作用。SPE本身被处于股权杠杆控制链条第一环的（如公司所有权金字塔顶层）母公司控制。

其实，本书"安然公司构建的所有权金字塔"部分论及的Z公司，处于安然公司所有权金字塔的最底层——股权杠杆控制链条的最后一环，从某种意义上说，作用等同于特殊目的实体，即作为安然公司自上而下传递风险，自下而上传递收益的工具，被安然公司牢牢地通过股权杠杆加以控制。根据美国当时的会计准则规定，在符合一定条件的情况下，安然公司可以不将与Z公司作用类似的特别

① 避税天堂，是指那些为吸引外国资本流入、繁荣本国或本地区经济，在本国或本地区确定一定范围，允许境外人士在此投资和从事各种经济、贸易和服务活动，获取收入或拥有财产而又不对其征直接税，或者实行低直接税税率，或者实行特别税收优惠的国家和地区。避税天堂大多是较小的沿海国家和内陆小国，甚至是很小的岛屿或"飞地"。它们自然资源稀缺、人口数量较少、经济基础薄弱。但由于它具有某些"优越性"，因此吸引了大量国外公司来此注册。除列支敦士登外，还有安道尔、摩纳哥、海峡群岛、马恩岛等欧洲小国或地区，以及开曼群岛、百慕大、巴哈马、荷属安的列斯、英属维尔京群岛、巴哈马等加勒比地区都属避税天堂。

② 风险，就是生产目的与劳动成果之间的不确定性，大致有两层含义：一种定义强调了风险表现为收益的不确定性；另一种定义则强调风险表现为成本或代价的不确定性。若风险表现为收益或者代价的不确定性，说明风险产生的结果可能带来损失、获利或是无损失也无获利，属于广义风险，所有人行使所有权的活动，应被视为管理风险，金融风险属于此类。而风险表现为损失的不确定性，说明风险只能表现出损失，没有从风险中获利的可能性，属于狭义风险。风险和收益成正比，所以一般积极进取的投资者偏向于高风险是为了获得更高的利润，而稳健型的投资者则着重于安全性的考虑。

目的实体纳入合并报表的编制范围。① 安然公司正是利用这个只注重法律形式、不顾经济实质的会计惯例的漏洞，设立了数以千计的特别目的实体，进行表外融资，从而达到隐瞒、掩盖负债和损失，夸大、虚构收入和利润等非法目的（见表49）。②

表49 安然公司利润及负债（1997～2000年）

单位：亿美元

项目名称	1997年	1998年	1999年	2000年	合计
调整前净利润	1.05	7.03	8.93	9.79	26.80
-重新合并SPE抵销数	0.45	1.07	2.48	0.99	4.99
-审计调减数	0.51	0.06	0.02	0.33	0.92
调减后净利润	0.09	5.90	6.43	8.47	20.89
调整后占调整前利润	8.6%	83.9%	72.0%	86.5%	77.9%
调整前负债	62.54	73.57	81.52	100.23	
+重新合并SPE增加负债	7.11	5.61	6.85	6.28	25.85
调整后负债总额	69.65	79.18	88.37	106.51	
调整后占调整前负债	111.3%	107.63%	108.4%	106.3%	

通过表49，不难发现，安然公司利用特殊目的实体总共夸大利润约4.99亿美元，隐匿负债约25.85亿美元。

安然公司通过设立特殊目的实体并进行股权杠杆控制，疑似非

① GAAP No.140规定：合格的特殊目的实体（SPE）的资产负债若符合以下条件，可以不并入发起公司的财务报表：（1）SPE与发起公司严格划清界限；（2）SPE所从事的活动不超越设立时约定的范围；（3）SPE只持有金融资产；（4）SPE对非现金金融资产的出售或处分受到限制。但是发起公司和SPE之间的交易产生的收益和损失却可以确认为现金流。

② 参见梁庆：《特殊目的实体的表外融资实证分析及启示——以安然公司为例》，载《会计之友》2011年第28期。

法的财务处理包括但不限于以下各项。

1. 利用会计准则的漏洞,掩盖损失、输送利益

安然公司一般会首先设立一个 SPE,通过股权杠杆控制该 SPE;然后利用当时会计准则中 SPE 可以不合并财务报表的会计漏洞,利用 SPE 进行表外融资,进而将相关交易的损失留在 SPE 的财务报表,而将收益输送给母公司及其高级管理人员。1993 ~ 2001 年,安然公司与 CalPERS、Chewco 之间就设立 JEDI 的一系列交易安排和财务处理,是比较典型的案例。

1993 年,安然公司下属的一个子公司和加利福尼亚州养老基金(CalPERS)合资成立了合资企业——联合能源发展投资有限合伙公司(JEDI),投资于能源相关项目(见图 24)。原本因安然公司和加利福尼亚州养老基金联合控制着 JEDI,各持股 50%,基于当时公认的会计准则和由之推出的"50% & 3% 标准",① JEDI 是一个不必合并的子公司(unconsolidated equity affiliate),因此,安然公司无须将

① "50% &3% 标准"源于 1991 年证券交易委员会的总会计师关于租赁交易所签发的一份文件:"最初对商业活动的实质性权益投资应该和相似的(借贷)交易产生的、具有相近的收益和风险的商业活动可比较。"SEC 成员与职业团体(working group)讨论得出的结论是:"3% 是最低可接受的权益投资额。"同时 SEC 认为:"根据实际情况,环境特征,应该有更大的投资比例,包括与承租人相关的信用风险,以及与租赁标的物相关的市场风险因素。"审计人员以及律师在此基础上,推断出这样的结论:"只要满足下面的两个条件,公司就有理由将 SPEs 放在表外,不并入合并报表的范围:(1)公司对 SPE 所持有的股权比例不超过 50%;(2)SPE 的权益资本至少占到公司全部资本不低于 50%。"GAAP 的相应准则是 EITF Topic D 14,"涉及特殊目的实体的交易",EITF 90 15,"非实体租赁人、余值担保人和其他租赁交易条款的影响",以及 EITF 96 21,"涉及特殊目的实体的租赁交易的会计执行问题"。SEC 坚持认为,3% 并不是一个明确无误的标准,外部融资的杠杆率应与交易的本质保持一致。会计行业也从未把这一标准视为一个完全量化的规则。参见 Dominick J. Ragone Ⅲ, *Current Accouting Projects*, 2000 Conference on SEC Developments (2000); E. John Larsen, *Modern Advanced Accounting* (*Seventh Edition*), McGraw-Hill Publishing House (1997)。

JEDI 的财务状况合并入自己的报表。①

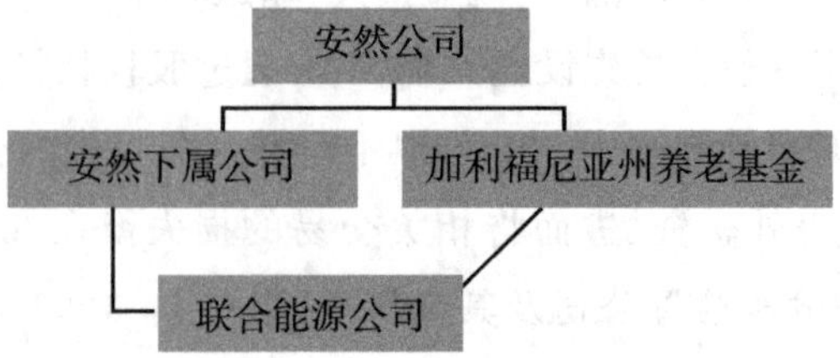

图 24 Enron 股权杠杆控制 JEDI 结构(1993~1997 年)

在 1997 年加利福尼亚州养老基金退出 JEDI 后,为了使 JEDI 在被收购后仍然能够保持不用合并入安然公司财务报表的状况,安然公司需要寻求一个新的有限合伙人。1997 年 11 月,Chewco 投资有限公司(Chewco Investment L. P.)作为安然公司的第一个 SPE 成立了,安然公司前执行副总裁和 CFO 法斯托(Fastow)的一名下属库柏(Kopper),不属于高级管理人员担任 Chewco 的管理人。之后,安然公司和库柏又将 Chewco 从有限公司转型为有限合伙公司,库柏成为无限合伙人,一个名为大河投资有限公司(Big River Funding LLC)和它唯一的成员小河投资有限公司(Little River Funding LLC)的实体成为有限合伙人。库柏在大河公司和小河公司设立后,将他个人的所有权利都转让给了一个与安然公司没有关系的人,道森(William D. Dodson)。值得注意的是,Chewco 所获得的 1150 万美元外部投资中,库柏和道森通过名为 SONR 的公司仅投资了 11.5 万美元的股本金,余下所有的金额由巴克莱银行以贷款形式提供给小

① 当时 GAAP 规定,如果独立的第三方对 SPE 有控制权,并在公司中拥有一定的股份,股份要求的最低比例是 3%,安然公司可以不将 SPE 的财务报表与其合并。用一个极端的例子来说明,如果安然公司可以采用大量的负债和少量的权益的方式,构造 SPE,比如投资双方各出 1 美元,无论公司通过 SPE 借款多少,同样可以适用 50% 的规则,不必合并报表。

河投资有限公司(见图25),但相关协议中将巴克莱银行这一贷款定性为预付款,使得安然公司和Chewco在会计处理上可以把这笔资金作为产权资本。①

为了保证偿付,巴克莱银行要求大河公司和小河公司设立660万美元的"储备金账户",使得这笔资金丧失了风险性,而Chewco因为缺少风险资本而理应合并入安然公司的财务报表。然而,安然公司无视这一变化,并没有合并Chewco和JEDI的财务报表。

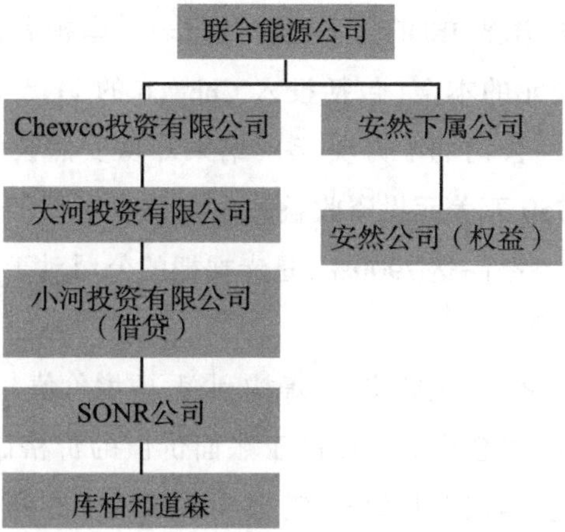

图25　JEDI资本结构(1997~2001年)

JEDI作为商业投资基金,以公允价值②来记载名下的资产,其名

---

① See William C. Powers Jr., *Report of Investigation by the Special Investigative Committee of the Board of Directors of Enron Corp*(2002), p. 73－83.

② 公允价值(fair value)亦称公允市价、公允价格,是指熟悉市场情况的买卖双方在公平交易的条件下和自愿的情况下所确定的价格,或无关联的双方在公平交易的条件下一项资产可以被买卖或者一项负债可以被清偿的成交价格。在公允价值计量下,资产和负债按照在公平交易中,熟悉市场情况的交易双方自愿进行资产交换或者债务清偿的金额计量。购买企业对合并业务的记录需要运用公允价值的信息。在实务中,通常由资产评估机构对被并企业的净资产进行评估。参见《企业会计准则第3号——投资性房地产》。

下资产公允价值的变化记为收入,安然公司采用了会计制度的权益法[①]合并了来自JEDI的损益:在JEDI名下有1200万安然公司股票,因此,安然公司在2000年第一季度中记录了1.26亿美元的源自自身股票升值的收入;而在2001年第一季度,由JEDI持有的安然公司股票贬值了近9400万美元,但是安然公司却没有记载由此带来的利润损失。[②]

2001年3月,安然公司用3500万美元重新购回了Chewco在JEDI中的权益,并把JEDI合并入财务报表。库柏和道森总共投入了仅12.5万美元的本金(包括投入Chewco的11.5万美元和投入大河公司和小河公司的1万美元),结果却从安然公司得到了超过1000万美元(750万美元投资收益和出售权益所得的300万美元现金)的收益,收益率高达7900%,是赤裸裸的公司对于其高级管理人员的利益输送。[③]

2. 利用与SPE的关联交易,虚构利润、虚增价值

安然公司一般会将资产以高于账面价值的价格出售给SPE,同时会以自己的资信甚至其他资产,为SPE购买上述高估值资产的融资提供担保,再调高公司内部类似剩余资产的估值,从而达到虚构利润、虚增资产价值的目的。由于安然公司实际控制SPE,因此其也

---

① 权益法(equity method)是适用于长期股权投资的一种会计核算方法。根据这种方法,投资企业要按照其在被投资企业拥有的权益比例和被投资企业净资产的变化来调整"长期股权投资"账户的账面价值。使用这种方法时,投资企业应将被投资企业每年获得的净损益按投资权益比例列为自身的投资损益,并表示为投资的增减。如果收到被投资企业发放的股利(不包括股票股利,下同),投资企业要冲减投资账户的账面价值。参见《企业会计准则第2号——长期股权投资》。

② See Wendy Zellner & Stephanie Anderson Forest, *The Fall of Enron*, Business Week, 17th Dec., 2001, p.34–35.

③ See William W. Bratton, *Enron and the Dark Side of Shareholder Value*, Tulane Law Review 76 (2002), p.1275,1305.

实际控制着被出售的高估值资产。1999～2000 年，安然公司与 LJM2 之间就出售 Dark Fiber Inventory 的一系列交易安排和财务处理，是比较典型的案例。

1999 年，安然公司首席财务官（CFO）安德鲁·法斯托（Andrew Fastow），组建了两个有限合伙公司，LJM 开曼有限合伙公司（LJM1）和 LJM 联合投资有限合伙公司（LJM2）。以安然最好的交易作为承诺，LJM1 和 LJM2 从机构投资者那里筹集了 3.09 亿美元资金。① 作为普通合伙人组成的管理层成员，法斯托股权杠杆控制着 LJM1 和 LJM2，在法斯托和有限合伙人之间还有两层普通合伙人。②

2000 年，安然公司的年报披露："将 Dark Fiber③Inventory 出售给关联方 LJM2，从而获得 30,000,000 美元的现金收入和 70,000,000 美元应收票据收入，由此确认在该交易中实现 67,000,000 美元的毛利（gross margin）。"④具体的会计处理见表 50 和表 51。

---

① 这些投资者包括 JP 摩根大通、花旗、瑞士信贷第一波士顿和美联银行。承销这些收益的美林，也投入了 2200 万美元。参见 John R. Emshwiller, *How Wall Street Greased Enron's Money Engine*, Wall Street Journal, 14th, Jan., 2001, C1。

② See William C. Powers Jr., *Report of Investigation by the Special Investigative Committee of the Board of Directors of Enron Corp*(2002), p. 73 – 74.

③ 所谓的"Dark Fiber"实际上是安然公司从事的一种宽带业务。在这笔交易中，安然将"光导纤维电缆（fiber-optic cables）传输数据的使用权"作为标的物。当时在美国，各类网络公司总共已安装了这种光缆合计 4000 万公里。但这些电缆中只有一小部分能用来传输携带有 Internet 数据的亮信号，绝大多数的电缆还有待升级，属于不能传输此类信号"dark fiber"（黑色光纤）。很明显，这种用"光缆来传输网络信号使用权"的市价是很难评估的。参见 William C. Powers Jr., *Report of Investigation by the Special Investigative Committee of the Board of Directors of Enron Corp*(2002), p. 76 – 80.

④ Annual Report of Enron (2000), p. 49, note 16.

表 50 LJM2 具体的会计处理

时间	借	贷
2001 年 1 月 1 日	黑色光纤存货 100,000,000 美元	
		现金 30,000,000 美元
		应收票据 70,000,000 美元

至于表 50 中应收票据 70,000,000 美元资金的来源,可以由 LJM2 向银行申请贷款,安然公司以自己的资信甚至其他资产为其提供担保;或者 LJM2 以黑色光纤为基础资产池(pool of underlying assets),发行资产支持证券(Asset-Backed Security, ABS),从该 ABS 投资者那里获得相应资金以支付安然公司。①

表 51 Enron 具体的会计处理

时间	借	贷
2001 年 1 月 1 日	现金 30,000,000 美元	
	应收票据 70,000,000 美元	
	设立 LJM2 的费用 X 美元	
	剩余黑色光纤存货增值 Y 美元	
		现金 X 美元②
		黑色光纤存货 33,000,000 美元

① 至于 ABS 的投资者为什么愿意溢价购买 LJM2 发行的 ABS,奥秘在于安然公司与 LJM2 之间的“补偿性衍生工具合同”,即安然公司承诺:一旦黑色光纤的价格下降,安然公司将全额补偿 LJM2 相应的损失。在这一交易中,安然公司实质上承担了黑色光纤所有的市场风险。

② 这里假定用现金 X 美元支付 LJM2 的设立费用。

续表

时间	借	贷
		出售黑色光纤存货毛利 67,000,000 美元
		剩余黑色光纤存货增值 Y 美元①

通过表 50 和表 51,不难发现,安然公司与 LJM2 之间就出售 Dark Fiber Inventory 的交易虚构出售黑色光纤存货毛利 67,000,000 美元,虚增剩余黑色光纤存货价值 Y 美元。尽管 2000 ~ 2001 年,黑色光纤的市场价值随着互联网泡沫的破灭而狂跌不止,安然公司却依然能够从上述交易中确认收益,原因在于 LJM2 可以不与安然公司合并财务报表,因此,安然公司也就避免确认 LJM2 持有黑色光纤资产发生的损失。

3. 利用金融衍生品与 SPE 的组合,确认收益、输送利益

2001 年,杰弗里·斯基林成为安然公司的 CEO 后,对金融部门的创新模式,特别是由此带来的资产回报率的提高印象深刻。金融比能源行业能产生更好的资产回报:在传统的资产投资中,很难产生补偿性的回报率。在当今世界,你必须把知识植入传统产品中,否则你将只能获得普通回报率。安然公司渴望像银行那样赚钱。如果银行可以通过把资产负债表内的资产转移给新的流动性交易市场中的买者,变得更灵活,更有利可图,安然公司也可以这样做。这将使安然公司放弃原来的经营业务,即背负大量资产的天然气生产和运输,成为一个纯粹的金融中介机构。安然公司做了银行也曾做过的另一件事:提供了一系列风险管理产品,绝大部分是针对客

① 例如,安然公司有 10 个单位的黑色光纤,每个单位价值 10 美元,合计价值 100 美元。随后,安然公司将其中的 1 个单位以 20 美元的价格卖给了 LJM2,接着安然公司将剩余的 9 个单位的黑色光纤单价也相应地调整为 20 美元,所以它的账面资产价值合计应该为 180 美元,相较调整之前增值 90 美元,即为 Y 美元。

户的价格风险而提供的场外衍生产品。① 1998～2000 年，安然公司与 LJM1、韵律猛禽网络公司（Rhythms Net Connections Raptor）之间就韵律网络公司（Rhythms Net Connections）股票的一系列交易安排和财务处理，是比较典型的案例。

1998 年 3 月，安然公司以 1000 万美元投资于韵律网络公司。② 1999 年 4 月 7 日，韵律网络公司成功上市，收盘价在第一个交易日达到了 69 美元。但是根据相关法律法规和交易所规范性文件，安然公司持有的韵律网络公司股票在 1999 年 10 月 8 日之前③不能套现。另外，安然公司也在寻求利用本公司股票升值获利的方法，安然公司持有一份与贝尔斯登就安然公司股票的买入期货合约，④由于当时网络泡沫正值高峰，安然公司股价大涨，所以该期货合约也处于升水状态。但是，根据 GAAP，任何公司不得将其自身股票升值确认为收入，因此安然公司计划把它作为嵌入式价值记入公司收入。⑤

鉴于上述情况，安然公司重组了持有的买入期货合约，兑现了 340 万股的安然公司股票，作价 1.68 亿美元，⑥并将这 340 万股安然公司股票转移给了 LJM1。LJM1 向其子公司——也是安然公司为本次交易设立的 SPE——韵律猛禽网络公司出资 160 万股的安然公司股票和 375 万美元的现金，作为韵律猛禽网络公司的资本。安然公司从 LJM1 和韵律网络公司获得 6400 万美元票据，并从韵律猛禽

---

① See OnLine Extra: Q & A with Enron's Skilling, Business Week, 12th, Feb., 2001.

② 当时安然公司以每股 1.85 美元的价格购买了 540 万股韵律网络公司股票。

③ 锁定期，一般为 IPO 之后最初的 6 个月。

④ 安然公司为多方，即其自身股票远期的买方，投资银行为空方，即安然公司股票远期的卖方。

⑤ Testimony from Democratic staff of the committee on Energy and Commerce; Harry I. Wolk, Michael G. Tearney, "Accounting Theory: A Conceptual and Institutional Approach (Fourth Edition), South-Western College Publishing House, 1997.

⑥ 原价 2.76 亿美元，由于 4 年禁售期，折价 39%。

网络公司收到了540万股,总价值1.04亿美元的韵律网络公司股票的看跌期权①作为交易对价。安然公司与LJM1、韵律网络公司和韵律猛禽网络公司之间的交易结构见图26。

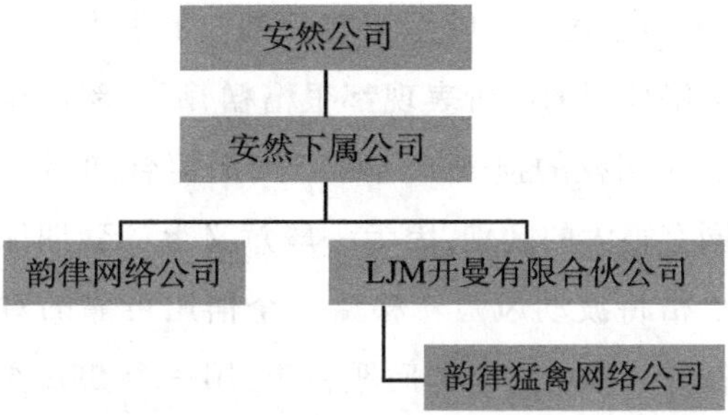

图26　安然公司与LJM1、韵律网络公司和韵律猛禽网络公司之间的交易结构(1998～2000年)

韵律猛禽网络公司获得的资本为160万股安然公司股票,价值8000万美元,因此其在交易结束的同时就已经具有负的净股本资产2025万美元。② 韵律猛禽网络公司之所以愿意在成立之初就接受负的净股本资产2025万美元,是因为其就是安然公司为相关交易所特别设立的SPE,完全被安然公司股权杠杆控制,而且安然公司通过价格掉期衍生工具(price swap derivative)承诺:如果韵律猛禽网络公司的市值下跌,安然公司就用自身的股票加以补偿,并将韵律猛禽网络公司的总市值维持在12亿美元以上。③

---

①　安然公司有权在2004年6月,以每股56美元的价格,向韵律猛禽网络公司出售韵律网络公司股票。

②　韵律网络公司的资产为8375万美元资产,由375万美元现金和8000万美元安然公司限制股票(160万股×50元/股),然而却承担了1.04亿美元韵律网络公司股票看跌期权的负债。

③　韵律猛禽网络公司的市值以安然通过价格掉期衍生工具的承诺作为后盾,即韵律猛禽网络公司的投资者实际上购买的是安然价格掉期衍生工具承诺下的公司,并不纯粹是持有新型、高风险韵律网络公司的股票。所以,在韵律猛禽网络公司的投资者看来,韵律网络公司的业绩似乎与自己并无太大的关系。

通过图26并结合之前的分析,不难发现,韵律猛禽网络公司能否承担韵律网络公司股票看跌期权的责任取决于安然公司股票的价值:如果安然公司股票表现良好,即使韵律网络公司股价表现不佳,韵律猛禽网络公司也能够承担看跌期权的损失。但是如果安然公司和韵律网络公司的股价表现都很糟糕,那么韵律猛禽网络公司将不能承担看跌期权的损失。这种套期保值合同与一般意义上的套期保值合同有很大的区别,因为一般意义上的套期保值合同是支付一个市场价格将波动风险转移给一个信用可靠的对手。安然公司的这种操作方式在会计上的问题在于:用一个SPE作为套期保值的对手,而这个SPE的资本却是由自己的股票构成的。当然,SPE不合并入安然公司的财务报表,安然公司获得了财务会计报表的优化:一方面,通过确认其持有的韵律猛禽网络公司发行的韵律网络公司股票看跌期权的价值,从而确认了其投资韵律网络公司股票的资本利得;另一方面,如果韵律网络公司股票下跌时,其又能避免计提该股权投资的跌价损失准备。

2000年第一季度,安然公司作出清算韵律网络公司股票的决定,在与韵律猛禽网络公司的交易中,由于韵律网络公司股票的贬值,安然公司所持有的韵律网络公司股票看跌期权升值到2.07亿美元。为了交换这些总价值2.07亿美元的现金,韵律猛禽网络公司向安然公司归还了其所持有的所有安然公司股票160万股(之前交易中从LJM1处受让),按照交易日的市价计算为2.34亿美元。[①]

值得注意的是,LJM1仍然持有原来的180万股安然公司股

① 计算禁售期的折价,应为1.62亿元。参见William C. Powers Jr., *Report of Investigation by the Special Investigative Committee of the Board of Directors of Enron Corp* (2002), p. 73–83。

票,[①]市场价为2.51亿美元,扣除未摊销的折扣,即使假设LJM1已出售其中的一部分用以支付给安然公司的6400万美元票据,LJM1仍然可以从持有或者出售这些股票获得至少1亿美元的经济收益。鉴于安然公司首席财务官安德鲁·法斯托股权杠杆控制LJM1的事实,这又是赤裸裸的公司对于其高级管理人员的利益输送。

4.不止于安然

安然事件爆发后,安然公司股票从每股90美元暴跌到每股0.26美元左右,市值由近800亿美元缩至2.68亿美元,减少了近300倍。公司前首席执行官杰弗里·斯基林被判入狱24年零4个月。美国联邦检察官要求斯基林缴纳总额高达1.83亿美元的财产赔偿。斯基林被冻结的财产数目大概是6000万美元,其中的4500万美元将被用来建立一个基金会,用于对安然案中的受害者进行补偿,而另外1500万美元将用于支付斯基林的律师费,另外的1.2亿美元的赔偿则还没有落实。公司前首席财务官安德鲁·法斯托以污点证人身份,被判入狱6年,上缴了近3000万美元的现金和其他个人资产。[②] 2006年7月5日,安然公司创始人之一、前CEO肯尼思·雷突发心脏病去世。[③]

安然神话的破灭让世人唏嘘不已,然而,在安然公司轰然倒下之后的20年间,世界顶级的商业巨头利用股权杠杆控制子公司(SPE)进行财务造假的丑闻却层出不穷、愈演愈烈,具体案例见表52至表58,世界顶级商业巨头股权杠杆控制子公司(SPE)财务造假丑闻。

---

① 180万股=340万股-160万股。

② See William C. Powers Jr., *Report of Investigation by the Special Investigative Committee of the Board of Directors of Enron Corp*(2002),p.86.

③ http://blog.cnfol.com/invest/article/1169171280-896252.html,最后访问日期:2020年12月18日。

表 52 帕玛拉特股权杠杆控制子公司(SPE)财务造假丑闻

时间	公司名称	丑闻概述	造假手法
2003 年	意大利乳业巨头帕玛拉特公司	意大利乳品业巨头帕玛拉特公司有着 40 多年的历史,是意大利第八大企业,在全球近 30 个国家拥有约 3.6 万名员工。公司创始人卡利斯托·坦齐因涉嫌财务造假被米兰警方逮捕。帕玛拉特公司资不抵债,已进入破产保护阶段。帕玛拉特公司财务丑闻震惊了意大利国内外,这家跨国公司的财务账面出现巨大漏洞,而且涉嫌使用假银行证明文件	帕玛拉特公司财务造假的目的不外乎两个:一是为了弥补公司巨额财务亏空;二是把资金从帕玛拉特公司(坦齐家族占有 51% 的股份)转移到坦齐家族完全控股的其他子公司(SPE),具体手法如下。 1. 利用衍生金融工具和复杂的财务交易掩盖负债。帕玛拉特公司一方面利用股权杠杆控制的子公司(SPE)炮制复杂的财务报表,另一方面通过投资银行进行操作,将借款转化为投资,掩盖公司负债。 2. 伪造银行资信文件,虚构银行存款。帕玛拉特公司通过伪造文件,声称通过其凯曼群岛的子公司(SPE)Bonlat 将价值 49 亿美元的资金(大约占其资金的 38%)存放在美洲银行账户。 3. 虚构交易数额,虚增销售收入。帕玛拉特公司一份虚假的文件称,公司曾向哈瓦那的一家子公司(SPE)出售了价值 6 亿美元,数量 30 万吨的奶粉,而真实价值不到 80 万美元。 4. 利用关联方交易,转移公司资产。帕玛拉特公司利用复杂的公司结构和众多的海外子公司(SPE)转移资金。坦齐指使有关人员伪造虚假文件,以证明帕玛拉特公司对某个或某些海外子公司(SPE)负债,然后帕玛拉特公司将资金注入上述海外子公司(SPE),再由该海外子公司(SPE)将资金转移到其他坦齐家族控制的海外子公司(SPE)

表 53　AIG 股权杠杆控制子公司(SPE)财务造假丑闻

时间	公司名称	丑闻概述	造假手法
2004 年	美国保险巨头 AIG 公司	全球最大的保险公司美国国际集团(AIG)曝出财务造假丑闻,其涉嫌在一系列交易中操纵业绩,AIG 表示,修正其一系列违规财务操作后所带来的最大影响是使其截至 2004 年 12 月 31 日的 828.7 亿美元资产价值减少 2%,大约为 17 亿美元	AIG 采用不正当的会计手段欺骗监管部门和投资者,具体包括为了故意夸大该公司承保业务的表现,从事虚假交易、隐瞒损失、虚报收等问题。具体手法如下。 1. 利用关联方交易,虚构公司资产。AIG 利用和另一家保险公司即其股权杠杆控制的子公司(SPE)的虚假交易来制造其仍然有保险储备的假象。 2. 利用关联方交易,掩盖公司损失。AIG 把汽车保险中所蒙受的理赔损失转移到一家由其股权杠杆控制的子公司(SPE)。AIG 还把巴西分部的超额损失分摊到其在中国台湾地区股权杠杆控制的子公司(SPE)。 3. 虚假申报,虚构盈利。把出售人寿保险获得的收入虚假申报为责任理赔的盈利

表 54 三洋电机股权杠杆控制子公司(SPE)财务造假丑闻

时间	公司名称	丑闻概述	造假手法
2007 年	日本电器巨头三洋电机公司	即便 2007 年的暖冬创造了全球同期历史最高温,不宣而至的日本版"安然事件"还是让全球产业界感到周身寒彻。这次的肇事者是自作聪明的日本三洋电机公司。2007 年 2 月 23 日,由于怀疑国内电器巨头三洋电机公司在 2004 年 3 月结束的财务年度报表中,蓄意把子公司亏损的 1900 亿日元减报为 500 亿日元,并把隐瞒的巨额亏损留于事后冲销,日本证券交易监督委员会对其历史账目展开调查。受此事件影响,三洋电机公司当天股价跌幅最高达 28.8%,投资者信心也是一落千丈	1. 三洋电机公司在 2004 年 3 月结束的财务年度报表中,蓄意把子公司(SPE)亏损的 1900 亿日元减报为 500 亿日元,并把隐瞒的巨额亏损留于子公司(SPE)事后冲销。 2. 三洋电机公司梦碎现金流。之所以瞒巨额亏损,是因为三洋电机公司认为,基于公司业绩的增长和市场环境的改善,上述瞒报损失能在很短的时间内得以弥补。但是现实常常事与愿违,公司亏损日益加深,财务造假由于现金流出的问题而被暴露出来

表 55 萨蒂扬股权杠杆控制子公司(SPE)财务造假丑闻

时间	公司名称	丑闻概述	造假手法
2009 年	印度 IT 巨头萨蒂扬公司	印度 IT 外包巨头萨蒂扬电脑服务公司(Satyam Computer Services Ltd.)的财务造假丑闻于 2009 年被揭发。在萨蒂扬公司创始人兼董事长拉贾(B. Ramalinga Raju)承认通过与股权杠杆控制子公司(SPE)的关联交易虚增资产负债表的资产超过 10 亿美元之后,该公司股价在两个交易日内下跌了近 90%。 美国证券交易委员会(SEC)2011 年 4 月 5 日表示,萨蒂扬公司在过去 5 年间利用股权杠杆控制子公司(SPE)进行财务造假,将公司营收、盈利和现金余额夸大了 10 亿美元。据美国证券交易委员会向美国华盛顿地区法院提出的申诉,萨蒂扬公司被指控通过与股权杠杆控制子公司(SPE)的关联交易,并利用虚假发票和伪造的银行对账单夸大了该信息技术公司的现金余额,并使其看起来对投资者更加有利可图	萨蒂扬公司通过与股权杠杆控制子公司(SPE)的关联交易,虚报的现金数额接近银行存款实际数额的 10 倍,并低报了负债,虚增债权 5 倍多,具体手法如下。 1. 质押子公司(SPE)股票,贷款直接弥补收入。萨蒂扬公司以股权杠杆控制子公司(SPE)发行的股票作为质押,向银行贷款以填补公司收入。筹集的美元贷款并未在萨蒂扬公司的资产负债表中体现,而是直接注入萨蒂扬公司的账户,以帮助其弥补收入上的不足。 2. 伪造客户身份,虚假交易夸大营收。萨蒂扬公司伪造客户身份,通过其股权杠杆控制子公司(SPE)与这些伪造的客户进行虚构的交易,并以上述客户的名义开出了虚假发票,从而将该公司的营收任意夸大

表 56 奥林巴斯股权杠杆控制子公司(SPE)财务造假丑闻

时间	公司名称	丑闻概述	造假手法
2011 年	日本光学巨头奥林巴斯公司	奥林巴斯公司于2011 年 10 月被曝出自 20 世纪 90 年代以来一直隐瞒其证券投资的亏损,隐瞒金额高达 1177 亿日元,约合 15.3 亿美元。 2013 年 7 月 3 日,东京地方法院对作为法人的奥林巴斯公司作出判决。随后,奥林巴斯公司前社长菊川刚等三名前该公司高级管理人员,被检方以违反金融商品交易法、有价证券报告虚假记载的罪名起诉	奥林巴斯公司财务造假的目的是通过与股权杠杆控制子公司(SPE)的关联交易,填补投资证券的巨额亏损漏洞,具体手法如下。 1. 千方百计从母公司套取现金,掩盖亏损。(1)2008 年奥林巴斯公司斥资 22 亿美元收购 Gyrus 公司时,支付给了美国 Axes 咨询公司 6.87 亿美元的咨询费,该项咨询费接近总并购费用的 1/3,远高于正常市场价格(咨询费通常为交易额的 1% ~2%,按照最高比率估计也不应超过 0.4 亿美元)。据调查,美国 Axes 咨询公司在开曼群岛注册成立,在为奥林巴斯公司提供过咨询服务后的第二年就注销了。(2)2006 ~2008 年,奥林巴斯公司以 734 亿日元(约合 9.4 亿美元)收购了与公司主营业务几乎没有关系的日本国内销售保健食品和负责资源回收的 3 家公司,而这 3 家公司年销售额仅为 54 亿日元(约合 0.7 亿美元),在日本国内均未上市。在 2009 年的公司财报中,奥林巴斯公司对这 3 家公司做出了 557 亿日元(约合 7.1 亿美元)的减值处理。 2. 利益海外子公司(SPE)转移资金,掩盖亏损。奥林巴斯公司通过股权杠杆控制的将资金转移到貌似毫无关联的投资基金,再由该投资基金以原价购回已经出现亏损的有价证券或金融衍生品,填补上述有价证券或金融投资巨额亏损的黑洞,从而把账做平

表 57　特易购股权杠杆控制子公司(SPE)财务造假丑闻

时间	公司名称	丑闻概述	造假手法
2014 年	英国零售业巨头特易购公司	当地时间 2014 年 8 月 29 日,英国最大的零售公司,也是世界三大零售商之一的英国特易购公司(Tesco)表示在截至当地时间 8 月 23 日的 6 个月时间里,Tesco 在英国市场的贸易盈利达到 11 亿英镑。但是没过几天,Tesco 方面更正称,预计盈利只有 8. 5 亿英镑。面对各方的质疑,Tesco 承认有 2. 5 亿英镑(约合人民币 25 亿元)的虚增利润。这个由公司内部检举揭发的财务造假案,迅速升级为 Tesco 有史以来最大的信誉危机	Tesco 的财务造假主要通过与股权杠杆控制子公司(SPE)关联交易,以提早认列营收、延迟认列成本,具体手法如下。 1. 与子公司(SPE)关联交易,倒签单据。Tesco 与其股权杠杆控制子公司(SPE)进行关联交易,并把 2013 年 1 月 2 日签发的相关单据,改成 2012 年 12 月 31 日签的,就可以提早认列 2012 年的营收;相应地,把 2012 年 9 月 30 日记录的 90 天账期的应付账,改成 2012 年 10 月 2 日,这样,就可以人为延迟认列 2012 年的成本。 2. 操纵研发费用,资产损失准备。Tesco 与其股权杠杆控制子公司(SPE)进行联合研发,并在研发费用如何列支成本上做文章,因为摊销期限本身就存在巨大的可操作空间。还有就是在资产损失准备,Tesco 完全可以利用会计准则,少计提或者干脆不计提

表 58 东芝股权杠杆控制子公司(SPE)财务造假丑闻

时间	公司名称	丑闻概述	造假手法
2015 年	日本电子巨头东芝公司	日本企业在 2015 年事件频发,东芝公司财务造假丑闻是诸多事件中最为引人注目的一个。东芝公司有着 140 年的历史,140 年中,东芝公司也曾经出现过因被别国恶意抹黑而遭受名誉重大损失的情形,但这次已经不是谁在抹黑东芝公司,是东芝公司自己不得不承认,过去 7 年里存在持续的财务造假。2008 年国际金融海啸之后,面对市场环境的恶化和企业自身业绩的下滑,东芝公司持续地做假账,让公司凭空多出了 1518 亿日元(约合人民币 80 亿元)的利润。东芝公司的问题也最集中地暴露了日本企业目前的困境	东芝公司的利润造假,主要是通过与股权杠杆控制子公司(SPE)进行关联交易,从而多计资产和收入、少计负债和费用,具体手法如下。"完工百分比法"的会计处理。东芝公司最典型的财务造假手法是"完工百分比法"的会计处理,即与股权杠杆控制子公司(SPE)进行基础设施工程的相关交易,从而过小评估基础设施的工程成本,导致费用计入被推迟,也可能采取将计提的损失推迟到下一年度确认等手段。东芝公司高层希望"提高表面上的当期利润",财务部门为迎合这一目的而持续违规操作了会计业务,从而虚构利润

当然,鉴于篇幅、能力所限,无法穷尽所有与股权杠杆控制相关的财务造假行为,本书以安然公司、帕玛拉特公司、AIG 公司等世界顶级商业巨头为个案的分析也是初步的、不完善的,但是至少从一个侧面说明了从商法特别是公司法、证券法和财务等维度,规制股权杠杆控制公司实际控制人相关财务造假的重要性、必要性和紧迫性。

第五章　如何规制公司实际控制人的股权杠杆控制

基于本书前面的分析和论述，不难发现，公司实际控制人，从广义上，是指无论是否是公司的股东、董事、监事或者高级管理人员，通过投资关系、协议或者其他安排，能够实际支配公司行为的人；从狭义上，仅指并无公司股东、董事、监事或者高级管理人员及之身份，但通过投资关系、协议或者其他安排，能够实际支配公司行为的人。所谓股权杠杆控制，即公司实际控制人虽然直接或者间接持有公司较低比例的股权，甚至不直接持有股权，但控制绝对多数或者相对多数的投票权。股权杠杆控制公司的实际控制人往往凭借所有权金字塔、类别股、股权信托、代理投票和联合投票等方式攫取公司的控制权，进而通过隧道效应、特权消费和建造个人帝国等方法攫取排他、高额的金钱利益与非金钱利益，而随之而来的成本却由中小股东、公司以及其他利害关系人分担。更有甚者，实践中，股权杠杆控制公司的实际控制人还涉嫌内幕交易、操纵市场和其他证券违法行为，也可能利用所有权金字塔和特殊目的实体等进行财务造假行为。因此，无论是依据法理学上的正义观、民法学上的公平和诚信原则以及公司治理的相关理论，还是从法律的经济分析向度，规制公司实际控制人的股权杠杆控制无疑是必要的、重要的，也是紧迫的。

那么，我们到底应该如何规制公司实际控制人股权杠杆控制？这里从认识论和方法论分别给出对策建议。

第一节　认识论

"流寇—坐寇论"是由当代最有影响力的经济学家之一、公共选择理论的主要奠基者，美国马里兰大学经济系教授曼瑟·奥尔森（Mancur Olson, 1932－1998）通过"罪犯比喻"提出的。[①] 究竟什么样的模型才能解释当权者如何为自身的利益而有选择地使用权力？奥尔森发现了"罪犯比喻"的妙用，他的这一发现得益于一本关于冯玉祥的书。这本书介绍冯玉祥率领20万北洋大军围剿白狼，受到百姓的拥戴。白狼是民国初年的农民起义领袖，是势力遍及河南、陕西、甘肃的"流寇"。冯玉祥则是统治西北的军阀，盘踞一方的"坐寇"。奥尔森感到不解的是：流寇偶尔来抢，得手就离开。坐寇却反复掠夺同样的人。为什么民众宁愿接受坐寇的统治？

① 参见张宇燕：《经济学与常识》，福建人民出版社2005年版，第144页。张宇燕教授曾跟随奥尔森教授学习政治经济学。

一、"流寇—坐寇论"

"流寇—坐寇论",是奥尔森在其遗著《权力与繁荣》中最终形成并完善的。《权力与繁荣》还有一个副标题,即"超越共产主义与资本主义专制",全称《权力与繁荣:超越共产主义与资本主义专制》(Power And Prosperity: Outgrowing Communist and Capitalist Dictatorships),是奥尔森生前最后一部重要的著作,是对他前两部代表作《集体行动的逻辑》(1965 年)和《国家兴衰探源》(1982 年)相关研究的深化。在分析了利益集团对一个国家经济的影响之后,奥尔森试图提出国家实现繁荣的条件是什么。如果说《集体行动的逻辑》《国家兴衰探源》和相关论文的目的在于解释问题的话,那么《权力与繁荣》的目的就在于解决问题①(见表 59)。

表 59　"流寇—坐寇论"及相关理论的谱系

时间	公司名称	丑闻概述	造假手法
1965 年	《集体行动的逻辑》	理性的无知与"搭便车"(外部性)	理性的无知,即由于每个人知道自己的力量对于整个社会来说微乎其微,所以人们往往选择对整个社会似乎是不负责任的做法。"搭便车"(外部性),即因为希望别人都去努力而自己坐享其成实乃理性人之本性。集体行动产生的两种特定条件:一是集体成员的"不对称",二是"选择性激励"的存在

① See Mancur Olson, *The Logic of Collective Action: Public Goods and the Theory of Groups*(Revised ed.), Harvard University Press (1971); Mancur Olson, *The Rise and Decline of Nations: Economic Growth, Stagflation, and Social Rigidities*, Yale University Press (1982); Mancur Olson, *Big Bills Left on Sidewalk. Why Some Nations are Rich and Others Poor*, Journal of Economic Perspectives, Vol. 10, No. 2 (1996); Mancur Olson, *Power and Prosperity: Outgrowing Communist and Capitalist Dictatorship*, Basic Book (2000).

续表

时间	公司名称	丑闻概述	造假手法
1982 年	《国家的兴衰探源》	狭隘利益与共容利益	集体中有“搭便车”的个人,国家中也有“搭便车”的群体。利益集团就可以通过寻租活动影响经济政策的制定,改变收入再分配的方案,从而增加利益集团自己的收入。“狭隘利益”集团(流寇的原型)的自身利益与社会的繁荣关系不大,因而存在强烈的激励企图通过损害社会利益来提高自身利益。“共容利益”集团(坐寇的原型)的自身利益与社会的繁荣密切相关,因而在争取收入再分配时比较有节制,注意减少对社会利益的危害
1994 年	《掉到地上的大面额钞票没人捡》	解释国家间贫富差别的准则	解释国家间贫富差别的道理虽然有千条万绪,只有一条是放之四海而皆准的:在任何一个社会里,只要巧取豪夺比生产建设来得容易,掠夺活动就会使投资、分工、合作等创造活动萎缩,经济就不发达,社会就贫穷
2000 年	《权力与繁荣:超越共产主义与资本主义专制》	“流寇—坐寇论”	最早,存在一群流寇,到处掠夺。后来,这群流寇发现,通过在一固定地区征税,对该地区提供保护等公共产品,能够得到更多利益。于是,他们定居下来,对其成员制定了一些规章制度,严格保护成员产权,不准外来者掠夺该地区,也不准内部成员随意掠夺或盗窃他人财产。这样,坐寇就产生了

1.“流寇”

奥尔森所谓的“流寇”,常见于无政府或弱政府的状态下。通俗来说,他们的劫掠行为是“一锤子买卖”,即只有一次从流亡的地区劫掠财富的机会。他们最理性的选择和行为就是最大化这一次且仅有一次的劫掠机会,杀鸡取卵、竭泽而渔。颇有些“我走之后哪管洪水滔天”的意味。即使他们由于一念之仁或者其他主客观原因不这么做,后续的“流寇”也不会像他们一样手软,对被劫掠之地手下留情。鉴于无政府或弱政府的状态下，劫掠机会的一次性和稀缺性，“流寇”之间竞争关系的残酷性和对立性，对被劫掠之地的仁慈就是对自己生存的残忍。因此，有一个被劫掠之地遭受一次又一次“一锤子买卖”，破窗效应（Broken Windows Theory）①和“公地悲剧”（The Tragedy of the Commons）②不可避免地上演了，即被劫掠地经历洗劫之后变成不毛之地，随着不毛之地越来越多，“流寇”的“一锤子买卖”越来越难以为继，他们变得无地可抢；潜在被劫掠地和被劫掠地的民众害怕受到和再次受到洗劫，纷纷离开自己的故土，但是随着不毛之地越来越多，他们也无处可逃，马太效应（matthew effect）③的

---

① 破窗效应是犯罪学的一个理论，该理论由詹姆士·威尔逊（James Q. Wilson）及乔治·凯林（George L. Kelling）提出，并刊登于“The Atlantic Monthly”1982年3月版的一篇题为“Broken Windows”的文章。此理论认为环境中的不良现象如果被放任存在，会诱使人们仿效，甚至变本加厉。以一幢有少许破窗的建筑为例，如果那些窗不被修理好，可能将会有破坏者破坏更多的窗户。最终他们甚至会闯入建筑内，如果发现无人居住，也许就在那里定居或者纵火。一面墙，如果出现一些涂鸦没有被清洗掉，很快的，墙上就布满了乱七八糟、不堪入目的东西；一条人行道有些许纸屑，不久后就会有更多垃圾，最终人们会视若理所当然地将垃圾顺手丢弃在地上。

② 1968年，英国学者哈丁（Hardin）在《科学》杂志上发表了一篇题为《公地的悲剧》的文章，首次提出该理论。公地作为一项资源或财产有许多拥有者，他们中的每一个都有使用权，但没有权利阻止其他人使用，而每一个人都倾向于过度使用，从而造成资源的枯竭。过度砍伐的森林、过度捕捞的渔业资源及污染严重的河流和空气，都是“公地悲剧”的典型例子。之所以叫悲剧，是因为每个当事人都知道资源将由于过度使用而枯竭，但每个人对阻止事态的继续恶化都感到无能为力，而且都抱着“及时捞一把”的心态从而加剧了事态的恶化。公共物品因产权难以界定而被竞争性地过度使用或侵占是必然的结果。

③ 1968年，美国科学史研究者罗伯特·莫顿（Robert K. Merton）提出这个术语用以概括一种社会心理现象：“相对于那些不知名的研究者，声名显赫的科学家通常得到更多的声望；即使他们的成就是相似的，同样地，在一个项目上，声誉通常给予那些已经出名的研究者。”马太效应，指强者越强、弱者越弱的现象，广泛应用于社会心理学、教育、金融以及科学领域，是社会学家和经济学家们常用的术语，反映的社会现象是两极分化，富的更富，穷的更穷。名字来自圣经《新约·马太福音》一则寓言：“凡有的，还要加倍给他叫他多余；没有的，连他所有的也要夺过来。”“马太效应”与“平衡之道”相悖；与“二八定则”类似，是十分重要的自然法则。中国古代哲学家老子曾提出类似的思想：“天之道，损有余而补不足。人之道则不然，损不足以奉有余。”

负面影响变本加厉、愈演愈烈。[①]

2.“坐寇”

奥尔森所谓的“坐寇”，常见于强政府的状态下，而且，这个强权的独裁专制政府往往是由“坐寇”创立和掌控的。随着破窗效应和“公地悲剧”不可避免地上演，马太效应的负面影响变本加厉、愈演愈烈，各“流寇”集团遵循社会领域“物竞天择，适者生存”的进化论，越来越少、越变越强。理性、自利且赢得上述残酷社会竞争的“流寇”头子发现，通过在一固定地区征税，即所谓的“占山为王、落草为寇”，对该地区提供保护等公共产品，较之前“一锤子买卖”能够得到更多利益。于是，他们定居下来，对其成员制定了一些规章制度，严格保护成员产权，不准外来者掠夺该地区，也不准内部成员随意掠夺或盗窃其他民众财产。这样，国家就产生了。[②] 关于“流寇—坐寇”的联系与区别，见表60。

表60　“流寇—坐寇”的联系与区别

	流寇	坐寇
所处政治环境	无政府或弱政府	强权的独裁专制政府
劫掠方式	“一锤子买卖”	“多锤子买卖”并提供公共产品
时间跨度	短期（短视）	长期（远见）
民众意愿	不愿生产，背井离乡	愿意生产，守土安疆
较之“流寇”，民众更愿意在“坐寇”统治下生活，因为他们至少还有明天		

当然，“坐寇”是贪婪、残暴的理性人，不是活菩萨或者活雷锋，

---

① See Mancur Olson, Dictatorship, Democracy and Development, 87 AM. POL. SCI. Rev. 567, 568 (1993); Mancur Olson, "Power and Prosperity: Outgrowing Communist and Capitalist Dictatorship" Basic Book (2000).

② 参见管清友：《曼瑟·奥尔森经济思想述评》，载《上海经济研究》2007年第8期。

“流寇”之所以会选择向“坐寇”转变,一方面是社会发展的趋势与必然,另一方面是为了自身利益的最大化。延续本书第二章中多次使用的分析范式,假设“流寇”可以劫掠的利益为BL(多为“一锤子买卖”,金钱利益与非金钱利益合并计算),该“流寇”以“坐寇”身份提供和平、秩序和保护等公共产品的成本为C,①可以攫取的金钱利益为PB,可以攫取的非金钱利益为NPB:在不考虑非金钱利益NPB的情况下,只有当可以攫取的金钱利益PB与提供公共产品的成本C之差大于“流寇”劫掠利益BL时,才会发生从“流寇”到“坐寇”的转变;在考虑非金钱利益NPB的情况下,只有当可以攫取的金钱利益PB、非金钱利益NPB之和与提供公共产品的成本C之差大于“流寇”劫掠利益BL时,才会发生从“流寇”到“坐寇”的转变。反之,“流寇”会理性地选择维持现状(见表61)。

表61　“流寇—坐寇”的理性选择

公式: PB－C＞BL(不考虑非金钱利益)或PB＋NPB－C＞BL(考虑非金钱利益) －从“流寇”转变为“坐寇” PB－C＜BL(不考虑非金钱利益)或PB＋NPB－C＜BL(考虑非金钱利益) －维持“流寇”的现状

① 在以狩猎、采集为主要生产方式的原始社会里,原始部落一般由50～100人组成。由于人数不多,部落内的和平秩序可以通过自发、自愿的协商来实现。到了农业社会,生产力提高,人口增长。这时,社会无法自动实现和平与秩序。和平与秩序是一种公共物品。它使个人财产有保障,使人民愿意为积累财富而积极从事生产活动。反之,在强盗横行的地方,大量资源被用于防盗和保安,人们不积极从事生产活动,甚至装穷、装懒。在人数多的大集体中,实现集体行动非常困难。在社会人口众多的情况下,生产“和平与秩序”这种公共物品的成本很高,个人成本与收益极不对称,“搭便车”是理性选择。结果,和平与秩序无法自动实现。无政府状态是集体行动失败的产物。参见Mancur Olson, *The Logic of Collective Action: Public Goods and the Theory of Groups* (Revised ed.), Harvard University Press (1971)。

续表

说明: PB——以"坐寇"身份可以攫取的金钱利益 NPB——以"坐寇"身份可以攫取的非金钱利益 C——以"坐寇"身份提供和平、秩序和保护等公共产品的成本 BL——"流寇"可以劫掠的利益(多为"一锤子买卖",金钱利益与非金钱利益合并计算)

综上,奥尔森认为,理性的、自利的流寇头子好像是在一只看不见的手引导下变成坐寇,戴上皇冠,自封君主、国王、天子或者皇帝,以政府取代无政府状态。这只与亚当·斯密的"看不见的右手"相对应的"看不见的左手",①具体指"坐寇"垄断劫掠权后的利益机制。"坐寇"的领地越富裕,他的收益也越高。因此,"坐寇"拥有涵盖利益,掠夺有度,而且不许其他强盗、土匪、黑帮、军阀来掠夺。"坐寇"积极维持社会秩序安定,创造生产条件,甚至愿意兴修水利、

① 这只看不见的手被奥尔森称为"看不见的左手",与亚当·斯密的"看不见的右手"相对应。"看不见的左手"和"看不见的右手"看起来有两个共同之处:两只手都引导人们做好事,都指出垄断一条路。生产者在自身利益的驱使下在市场中提供各种各样的产品和服务,客观上提高了消费者的利益;统治者为了自身的长期利益而提供各种公共物品,客观上为被统治者造福。同样地,生产者看到自由竞争导致利润下降,都希望征服其他竞争者、成为垄断市场的寡头;在权力场上角逐的流寇也明白"公地悲剧"的道理,都希望打败对手、成为独霸一方的坐寇。然而,市场上的竞争是将利益转移给消费者,"看不见的右手"指导生产者先做好事再垄断市场。权力场上的竞争对所有人的利益都造成破坏,"看不见的左手"引导流寇在垄断掠夺权力后才做好事。因此,消费者不希望看到市场被垄断,而老百姓则不愿意看到群雄争霸的混乱局面长久持续下去。社会越稳定,统治者的涵盖利益越强、眼光也越长远,人们的投资活动也就越有保障。在独裁体制下,理性独裁者的涵盖利益是提供社会秩序和公共物品、实现社会发展的动力。而权力转移的不确定性则是保障财产合法性、合同有效性、促进社会长期发展的障碍。那些即将下台的独裁者,其行为同流寇并无两样。"国王万岁,万万岁",其实也反映了老百姓求稳、怕乱的心态。奥尔森进一步指出:"直到相当近代的人类历史,述说的都是同样一个故事:人类文明在坐寇的统治下逐渐进步,其过程偶尔由于流寇的出现而被打断。"参见陈抗:《流寇,坐寇,看不见的左手——奥尔森学术思想介绍(三)》,载金明善主编:《经济学家茶座》2002年第4期,山东人民出版社2002年版。

铺路架桥、提供其他公共物品,因为这些活动和有限掠夺的目的一样,都是为了自身的长远利益。

3."流寇—坐寇"及民众的利益分析

那么,相较于"流寇"的洗劫,民众在"坐寇"统治下剩余利益的状况如何?"坐寇"统治的利益状况又当如何呢?通过对三者的利益分析,我们可能会更加深刻地理解前述"较之'流寇',民众更愿意在'坐寇'统治下生活"以及"'流寇—坐寇'理性选择"的结论。

这里我们可以借助税收收入的效用函数,先引入"税收收入[①] = 税基[②] × 税率[③]"的公式,用 TI 表示税收收入,TB 表示税基,TR 表示税率,则有税收收入效用函数的代数表达式"TI = TB × TR"(见表62)。

表62　税收收入的效用函数

公式:
$$TI = TB \times TR$$
说明: TI——税收收入 TB——税基 TR——税率

通过表62,不难拟合出税收收入效用函数的图形,见图27。

---

① 税收收入是指国家依据其政治权力向纳税人强制征收的收入,它是最古老,也是最主要的一种财政收入形式。税收具有强制性、无偿性和固定性三大特征。

② 税基是指计税依据或计税标准。它包括实物量与价值量两类,前者如现行资源税中原油的吨数,消费税中黄酒、啤酒的吨数,汽油、柴油的数量;后者如个人所得税中的个人所得额,营业税中的营业额等。

③ 税率,是对征税对象的征收比例或征收额度,是计算税额的尺度,也是衡量税负轻重与否的重要标志。常见的税率主要有比例税率、超额累进税率、超率累进税率和定额税率等。

如图 27 所示，X 轴为税率 TR，Y 轴为税收收入 TI，效用函数的最大值 Y′出现在 X′($0 < X' < 1$)，此时税收收入最高；效用函数的最小值 0 出现在 X＝0 或者 1 的位置，此时税收收入最低。

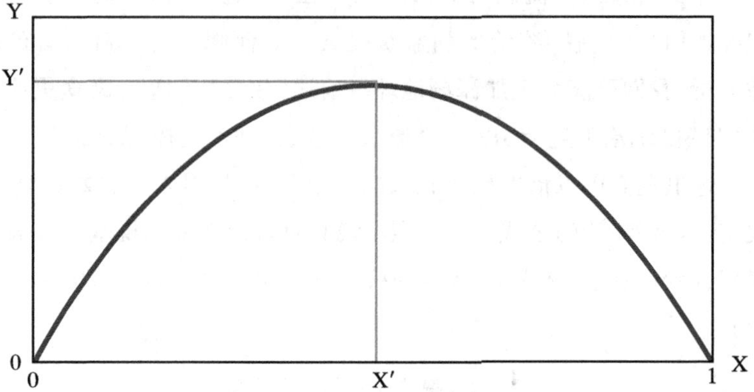

图 27　税收收入效用函数

具体到“流寇—坐寇”及民众的利益分析，我们可以类似地用 TL 表示“流寇”的劫掠收益(因为多为“一锤子买卖”，非金钱利益与金钱利益相比可以忽略不计)，RL 表示其劫掠率；TZ 表示“坐寇”统治下的收益(这里将金钱利益与非金钱利益合并计算)，RZ 表示其统治下的税率(相当于“坐寇”的年劫掠率，这里保持不变)，C 表示其统治的成本(这里也保持不变)；TB′为潜在被劫掠地最初的财富值，TB″为潜在被劫掠地在“坐寇”统治下后续的财富值，一般 TB″＞TB′，因为“坐寇”为了自身利益的最大化，会理性地选择爱惜民力、放水养鱼(见表 63)。

表 63　“流寇—坐寇”收益的效用函数

公式： TL = TB′ × RL（“流寇”洗劫的成本忽略不计） TZ = TB′ × RZ – C（不考虑潜在被劫掠地在“坐寇”统治下后续财富值的增长，即 TB″ = TB′） TZ′ = TB″ × RZ – C（考虑潜在被劫掠地在“坐寇”统治下后续财富值的增长，即 TB″ > TB′） 说明： TL——“流寇”的净劫掠收益（因为多为“一锤子买卖”，非金钱利益与金钱利益相比可以忽略不计） TZ——“坐寇”统治下的净收益（这里将金钱利益与非金钱利益合并计算） TB′——潜在被劫掠地最初的财富值 TB″——潜在被劫掠地在“坐寇”统治下后续的财富值 RL——“流寇”的劫掠率 RZ——“坐寇”统治下的税率（相当于“坐寇”的年劫掠率，这里保持不变） C——“坐寇”统治的成本（这里也保持不变）

用具体的数值实例说明可能更加直观、明晰，假设某潜在被劫掠地 A 最初拥有 100 单位的财富，“流寇”的劫掠率为 80%，A 的财富水平在遭到劫掠后无法恢复但也不会变得更差；而“坐寇”统治下的税率为 30%，统治成本为 10 单位的财富，且其统治下，A 每年的财富维持在至少不低于最初的 100 单位。

在不考虑 A 在“坐寇”统治下后续财富增长，“流寇—坐寇”及民众的利益分析，见表 64。

表 64　“流寇—坐寇”及民众的利益分析（不考虑后续财富增长）

	第一年	第二年	第三年	第四年	……
“流寇”净劫掠	80	0	0	0	0
民众剩余（“流寇”）	20	20	20	20	20
“坐寇”统治总收益	30	30	30	30	30

续表

	第一年	第二年	第三年	第四年	……
统治成本	10	10	10	10	10
“坐寇”统治净收益	20	20	20	20	20
民众剩余(“坐寇”)	70	70	70	70	70

通过表64,不难发现,从第一年到第四年,“坐寇”净收益的总额都小于或等于“流寇”的净劫掠收益,但是从“坐寇”统治的第四年开始,其净收益的总额就会超过“流寇”的劫掠收益。民众在“坐寇”统治下,每年财富的剩余都超过被“流寇”洗劫后的财富剩余。

考虑A在“坐寇”统治下的后续财富增长,“坐寇”提供的相关公共产品使A每年的财富水平维持在130单位,“流寇—坐寇”及民众的利益分析,见表65。

表65 “流寇—坐寇”及民众的利益分析(考虑后续财富增长)

	第一年	第二年	第三年	第四年	……
“流寇”净劫掠	80	0	0	0	0
民众剩余(“流寇”)	20	20	20	20	20
“坐寇”统治总收益	39	39	39	39	39
统治成本	10	10	10	10	10
“坐寇”统治净收益	29	29	29	29	29
民众剩余(“坐寇”)	81	81	81	81	81

通过表65,不难发现,虽然第一年和第二年,“坐寇”净收益的总额都小于“流寇”净劫掠收益。但是从“坐寇”统治的第三年开始,其净收益的总额会超过“流寇”的净劫掠收益。民众在“坐寇”统治下,每年财富的剩余都超过被“流寇”洗劫后的财富剩余,而且超过表64情形下的每年财富剩余。

综上,通过表64和表65,不难得出结论:相对于遭受“流寇”的洗劫,民众接受“坐寇”统治的理性选择是有数理依据的,因为无论是“坐寇”还是民众都实现了自身利益的最大化,符合帕累托最优原则,[①]而且还创造了社会财富。

二、本书语境下的镜鉴

当然,鉴于上述分析中的模型过于抽象,假设的条件也不足,“坐寇”统治A地,鉴于其面临政治、经济和社会生活的多样性、复杂性和不确定性,其未来(第一年之后)收益的折现率[②]难以估计,所以这里没有将“坐寇”的收益按照一定比率折现计算现值。下面将估

---

① 帕累托最优原则是以意大利经济学家维弗雷多·帕累托的名字命名的,他在关于经济效率和收入分配的研究中最早使用了这个概念。帕累托最优(pareto optimality),也称为帕累托效率(pareto efficiency),是指资源分配的一种理想状态,假定固有的一群人和可分配的资源,从一种分配状态到另一种状态的变化中,在没有使任何人境况变坏的前提下,使得至少一个人变得更好。帕累托最优状态就是不可能再有更多的帕累托改进的余地;换句话说,帕累托改进是达到帕累托最优的路径和方法。帕累托最优是公平与效率的“理想王国”。

② 折现率(discount rate)是指将未来有限期预期收益折算成现值的比率。本金化率和资本化率或还原利率则通常是指将未来无限期预期收益折算成现值的比率。分期付款购入的固定资产其折现率实质上即是供货企业的必要报酬率。折现率不是利率,也不是贴现率。折现率、贴现率的确定通常是和当时的利率水平有紧密联系的。(1)之所以说折现率不是利率,是因为:①利率是资金的报酬,折现率是管理的报酬。利率只表示资产(资金)本身的获利能力,而与使用条件、占用者和使用途径没有直接联系,折现率则与资产以及所有者使用效果相关。②如果将折现率等同于利率,则将问题过于简单化、片面化了。(2)之所以说折现率不是贴现率,是因为:①两者计算过程有所不同。折现率是外加率,是到期后支付利息的比率;而贴现率是内扣率,是预先扣除贴现息后的比率。②贴现率主要用于票据承兑贴现之中;而折现率则广泛应用于企业财务管理的各个方面,如筹资决策、投资决策及收益分配等。要搞清楚折现率,就必须先从折现开始分析。折现作为一个时间优先的概念,认为收益或利益低于同样的收益或利益,并且随着收益时间向将来的推迟的程度而有系统地降低价值。同时,折现作为一个算术过程,是把一个特定比率应用于一个预期的现金流,从而得出当前的价值。从企业估价的角度来讲,折现率是企业各类收益索偿权持有人要求报酬率的加权平均数,也就是加权平均资本成本;从折现率本身来说,它是一种特定条件下的收益率,说明资产取得该项收益的收益率水平。投资者对投资收益的期望、对投资风险的态度,都将综合地反映在折现率的确定上。同样地,现金流量会由于折现率的高低不同而使其内在价值出现巨大差异。

计股权杠杆控制公司实际控制人预期未来收益的折现率,并在“流寇型—坐寇型”公司实际控制人及公司利害关系人的利益分析中引入现金流折现法,以期细化和深化相关分析。

1.“流寇型”股权杠杆控制公司的实际控制人

具体到本书的语境,可以将“流寇”的概念从国家治理的向度映射到公司治理的向度。所谓“流寇型”股权杠杆控制公司的实际控制人,是指这样一种公司实际控制人,即由于客观上外部存在强力的敌意收购者或者内部异议人的实力雄厚,该公司实际控制人在公司帝国中的王位可能朝不保夕,王权也受到严重抑制;抑或主观上该公司实际控制人信奉“百年在林,不如一鸟在手”、现金为王的投资理念,因此一次性、最大化地通过隧道效应、特权消费和建造个人帝国等方法从公司攫取排他、高额的金钱利益与非金钱利益,而随之而来的成本却由中小股东、公司以及其他利害关系人分担。这像“流寇”,见表66。

表66　“流寇”与“流寇型”公司实际控制人的类比

	流寇	“流寇型”公司实际控制人
所处环境	无政府或弱政府	公司帝国的王位可能朝不保夕,王权也受到严重抑制
劫掠方式	“一锤子买卖”	“百年在林,不如一鸟在手”、现金为王
时间跨度	短期(短视)	短期(短视)
民众(利害关系人)意愿	不愿生产,背井离乡	不愿投资或者果断撤资

2.“坐寇型”股权杠杆控制公司的实际控制人

相应地,再将“坐寇”的概念从国家治理的向度映射到公司治理的向度。所谓“坐寇型”股权杠杆控制公司的实际控制人,是指这样一种公司实际控制人，相较于“流寇型”公司实际控制人，客观上外部不存在强力的敌意收购者而且内部也没有实力雄厚的异议人，其在公司帝国中的王位千秋万载，王权也是令行禁止；抑或主观上其信奉长线投资、放水养鱼的投资理念，虽然也通过隧道效应、特权消费和建造个人帝国等方法从公司攫取排他、高额的金钱利益与非金钱利益，但是每次攫取的数量相对较少，攫取的次数相对较多，最终达至攫取总额（每次攫取数量×攫取次数）的最大化。这又像极了“坐寇”，见表67。

表67　“坐寇”与“坐寇型”公司实际控制人的类比

	坐寇	“坐寇型”公司实际控制人
所处环境	强权的独裁专制政府	公司帝国的王位千秋万载，王权也令行禁止
劫掠方式	“多锤子买卖”并提供公共产品	长线投资、放水养鱼
时间跨度	长期（远见）	长期（远见）
民众（利害关系人）意愿	愿意生产、守土安疆	愿意投资并长期共存

关于“流寇型—坐寇型”公司实际控制人的联系与区别，见表68。

表68　“流寇型—坐寇型”公司实际控制人的联系与区别

	“流寇型”公司实际控制人	“坐寇型”公司实际控制人
所处环境	公司帝国的王位可能朝不保夕，王权也受到严重抑制	公司帝国的王位千秋万载，王权也令行禁止
劫掠方式	“百年在林，不如一鸟在手”、现金为王	长线投资、放水养鱼
时间跨度	短期（短视）	长期（远见）

续表

	“流寇型”公司实际控制人	“坐寇型”公司实际控制人
利害关系人意愿	不愿投资或者果断撤资	愿意投资并长期共存
较之“流寇型”公司实际控制人，公司利害关系人更愿意投资“坐寇型”公司实际控制人股权杠杆控制的公司并与其长期共存		

这里，我们可以引入博弈论①中的“一次博弈”与“多次博弈”进行进一步分析。

“流寇型”公司实际控制人与公司利害关系人之间显然是“一次博弈”，实际控制人的收益就是利害关系人的损失，博弈双方是完全对立的（实际控制人只有一次机会通过隧道效应、特权消费和建造个人帝国等方法从公司攫取排他、高额的金钱利益与非金钱利益），理性博弈双方的最优博弈策略（实际控制人在最短的时间最大限度地从公司攫取利益，利害关系人在最短的时间最大限度从公司出逃），并不能实现双方利益的最大化，而且很可能最终导致双输的局面，进而减损社会财富。

“坐寇型”公司实际控制人与公司利害关系人之间显然是“多次博弈”，虽然实际控制人的收益仍然是利害关系人的损失，但是双方完全对立的关系得到缓解（实际控制人有多次机会通过隧道效应、特权消费和建造个人帝国等方法从公司攫取排他、高额的金钱利益与非金钱利益），因为多次博弈加入了作弊后对方的远期反应和惩

① 博弈，是指一些个人、团队或其他组织，面对一定的环境条件，在一定的规则约束下，依靠所掌握的信息，同时或先后，一次或多次，从各自允许选择的行为或策略中进行选择并加以实施，并从中各自取得相应结果或收益的过程。一个完整的博弈应当包括五个方面的内容：第一，博弈的参加者，即博弈过程中独立决策、独立承担后果的个人和组织；第二，博弈信息，即博弈者所掌握的对选择策略有帮助的情报资料；第三，博弈方可选择的全部行为或策略的集合；第四，博弈的次序，即博弈参加者作出策略选择的先后；第五，博弈方的收益，即各博弈方作出决策选择后的所得和所失。

罚环节,增加了对博弈双方选择自己最优策略的行为加以一定限制和惩罚(实际控制人如果单次攫取的利益过高,利害关系人会立刻从公司出逃),并给予双方第二次选择的机会(实际控制人如果想实现攫取总额最大化的目标,需要与利害关系人长期共存,多次博弈),从而更易达到双方利益最大化,而且很可能最终导致双赢的局面,进而增进社会财富。

延续本书一以贯之的分析范式,假设"流寇型"公司实际控制人可以劫掠的利益为BL′(多为"一锤子买卖",金钱利益与非金钱利益合并计算),"坐寇型"公司实际控制人维持并治理公司的成本为C′,其可以攫取的金钱利益为PB′,可以攫取的非金钱利益为NPB′:在不考虑非金钱利益NPB′的情况下,只有当"坐寇型"可以攫取的金钱利益PB′与其维持并治理公司的成本C′之差大于"流寇型"可以劫掠的利益为BL′时,才会发生从"流寇型"公司实际控制人到"坐寇型"公司实际控制人的转变;在考虑非金钱利益NPB′的情况下,只有当可以攫取的金钱利益PB′、非金钱利益NPB′之和与其维持并治理公司的成本C′之差大于"流寇型"可以劫掠的利益为BL′时,才会发生从"流寇型"公司实际控制人到"坐寇型"公司实际控制人的转变。反之,"流寇型"公司实际控制人会理性地选择维持现状(见表69)。

表69　"流寇型—坐寇型"公司实际控制人的理性选择

公式: $PB' - C' > BL'$(不考虑非金钱利益)或 $PB' + NPB' - C' > BL'$ – 从"流寇型"公司实际控制人转变为"坐寇型"公司实际控制人 $PB' - C' < BL'$(不考虑非金钱利益)或 $PB' + NPB' - C' < BL'$ – 维持"流寇型"公司实际控制人的现状

续表

说明： PB′——"坐寇型"公司实际控制人可以攫取的金钱利益 NPB′——"坐寇型"公司实际控制人可以攫取的非金钱利益 C′——"坐寇型"公司实际控制人维持并治理公司的成本 BL′——"流寇型"公司实际控制人可以劫掠的利益为 BL′(多为"一锤子买卖"，金钱利益与非金钱利益合并计算)

综上，"看不见的左手"对于"流寇型"公司实际控制人与"坐寇型"公司实际控制人同样适用，他们之所以选择以"流寇型"劫掠公司或者"坐寇型"的方式治理公司，都是为了自身利益的最大化。

3. "流寇型—坐寇型"股权杠杆控制公司的实际控制人及公司利害关系人的利益分析

那么，相较于"流寇型"公司的实际控制人的洗劫，公司利害关系人投资"坐寇型"公司实际控制人控制的公司并与其长期共存的剩余利益状况如何？"坐寇型"公司实际控制人的利益状况又当如何呢？通过对三者的利益分析，我们可能会更加深刻地理解前述较之"'流寇型'公司实际控制人，公司利害关系人更愿意投资'坐寇型'公司实际控制人股权杠杆控制的公司并与其长期共存"以及"'流寇型—坐寇型'公司实际控制人理性选择"的结论。

这里我们依然可以借助税收收入的效用函数，具体到"流寇型—坐寇型"公司实际控制人及公司利害关系人的利益分析，也可以类似地用 TL′表示"流寇型"公司实际控制人的劫掠收益(因为多为"一次博弈"，非金钱利益与金钱利益相比可以忽略不计)，RL′表示其劫掠率；TZ′表示"坐寇型"公司实际控制人维持并治理公司的收益("多次博弈"，这里将金钱利益与非金钱利益合并计算)，RZ″表示其利益攫取率(相当于"坐寇型"公司实际控制人与公司利害关系人每次博弈的年劫掠率，这里保持不变)，C′表示其维持并治理公司的成本为(这里也保持不变);TB‴为潜在被劫掠公司最初的财富值,TB⁗为潜在被劫掠公司在“坐寇”治理下后续的财富值,一般 TB⁗ > TB‴,因为“坐寇型”公司实际控制人为了自身利益的最大化,会理性地选择长期投资、放水养鱼(见表70)。

表70　“流寇型—坐寇型”公司实际控制人收益的效用函数

公式: TL′ = TB‴ × RL′(“流寇型”公司实际控制人洗劫的成本忽略不计) TZ′ = TB‴ × RZ′ − C′(不考虑潜在被劫掠公司在“坐寇型”公司实际控制人治理下后续财富值的增长,即 TB⁗ = TB‴) TZ″ = TB⁗ × RZ′ − C′(考虑潜在被劫掠公司在“坐寇型”公司实际控制人治理下后续财富值的增长,即 TB⁗ > TB‴) 说明: TL′——“流寇型”公司实际控制人的净劫掠收益(因为多为“一次博弈”,非金钱利益与金钱利益相比可以忽略不计) TZ′——“坐寇型”公司实际控制人治理的净收益(这里将金钱利益与非金钱利益合并计算) TB‴——潜在被劫掠公司最初的财富值 TB⁗——潜在被劫掠公司在“坐寇型”公司实际控制人治理下后续的财富值 RL′——“流寇型”公司实际控制人的劫掠率 RZ′——“坐寇型”公司实际控制人治理的利益攫取率(相当于“坐寇型”公司实际控制人与公司利害关系人每次博弈的年劫掠率,这里保持不变) C′——“坐寇型”公司实际控制人维持并治理公司的成本(这里也保持不变)

用具体的数值实例说明可能更加直观、明晰,假设某潜在被劫掠公司 A′最初价值 100 单位的财富,“流寇型”公司实际控制人的劫掠率为 80%,A′的财富水平在遭到劫掠后无法恢复但也不会变得更差;而“坐寇型”公司实际控制人治理的利益攫取率为 30%,维持并治理公司的成本为 10 单位的财富,且其治理下,A′每年的价值维持在至少不低于最初的 100 单位。

因为货币是具有时间价值的，①今天的 1 元比明天的 1 元更有价值(见表 71)。

表 71　货币时间价值的公式

投资方式	货币时间价值类别	符号	计算公式	系数的经济含义
一次性支付	复利终值：已知 P 求 F	$F_{PF}(i,n)$	$F = P(1+i)^n$	一元钱复利本利和
	复利现值：已知 F 求 P	$F_{FP}(i,n)$	$P = F\frac{1}{(1+i)^n}$	一元钱的复利现值
分期支付	期末年金终值：已知 A 求 F	$F_{AF}(i,n)$	$F_R = A\frac{(1+i)^n - 1}{i}$	每期末等额支付一元钱的复利本利和
	期末年金现值：已知 A 求 P_R	$F_{AP_R}(i,n)$	$P_R = A\frac{(1+i)^n - 1}{i(1+i)^n}$	每期末等额支付一元钱的现值总和
	期初年金终值：已知 A 求 F'	$F_{AF'}(i,n)$	$F'_R = F_R(1+i)$	每期初等额支付一元钱的复利本利和
	期初年金现值：已知 A 求 P'_R	$F_{AP'_R}(i,n)$	$P'_R = P_R(1+i)$	每期初等额支付一元钱的现值总和
	投资回收年金：已知 P_R 求 A	$F_{P_RA}(i,n)$	$A = P_R\frac{i(1+i)^n}{(1+i)^n - 1}$	现值总值为一元钱的每期末等额支付值
	资金存储年金：已知 F 求 A	$F_{FA}(i,n)$	$A = F\frac{i}{(1+i)^n - 1}$	终值本利和为一元钱的每期末等额支付值

① 货币的时间价值，是指当前所持有的一定量货币比未来获得的等量货币具有更高的价值。就经济学的角度而言，当前的一单位货币与未来的一单位货币的购买力之所以不同，是因为要节省现在的一单位货币不消费而改在未来消费，则在未来消费时必须有大于一单位的货币可供消费，作为弥补延迟消费的贴水。

所以，这里我们引入现金流折现法，①将“坐寇型”公司实际控制人第一年之后从 A′公司攫取的利益需要按照特定的比率折现（见表 72）。

表 72　现金流折现法的公式

公式：

$$V = \sum_{t=1}^{n} \frac{CF_t}{(1+r)^t}$$

说明：

V——现值（本书语境下为“坐寇型”公司实际控制人从 A′公司攫取利益的现值）

n——期限（本书语境下为“坐寇型”公司实际控制人从 A′公司攫取利益的期限）

CF_t——t 时刻的现金流（本书语境下为“坐寇型”公司实际控制人 t 时刻从 A′公司攫取利益）

r——预期现金流的折现率（本书语境下为“坐寇型”公司实际控制人从 A′公司攫取利益的折现率）

至于“坐寇型”公司实际控制人从 A′公司攫取利益的折现率，综合我国股票市场的平均收益率（见表 73）和现行的存贷款利率水平（见表 74）。

---

①　现金流量折现法（discounted cash flow technique）是对企业未来的现金流量及其风险进行预期，然后选择合理的折现率，将未来的现金流量折合成现值。使用此法的关键是确定：第一，预期企业未来存续期各年度的现金流量；第二，要找到一个合理的公允的折现率，折现率的大小取决于取得的未来现金流量的风险，风险越大，要求的折现率就越高；风险越小，要求的折现率越低。在实际操作中现金流量主要使用实体现金流量和股权现金流量。实体现金流量，是指企业全部投资人拥有的现金流量总和。实体现金流量通常用加权平均资本成本来折现。股权现金流量，是指实体现金流量扣除与债务相联系的现金流量。股权现金流量通常用权益资本成本来折现，而权益资本成本可以通过资本资产定价模式来求得。

表 73　我国股票市场的平均收益率(截至 2015 年 12 月)

股指平均收益率	平均收益率(%)	平均市盈率
上海 A 股平均收益率	5.88	17.00
上海股票平均收益率	5.88	17.01
深圳股票平均收益率	2.05	48.87
深圳中小板股票平均收益率	1.61	62.27
深圳主板股票平均收益率	3.54	28.28
深圳创业板股票平均收益率	0.96	104.14

表 74　我国存贷款利率水平(截至 2015 年 12 月)

类型	利率(%)
一、城乡居民和单位存款	
(一)活期存款	0.35
(二)整存整取定期存款	
三个月	1.10
半年	1.30
一年	1.50
二年	2.10
三年	2.75
二、各项贷款	—
一年以内(含一年)	4.35
一年至五年(含五年)	4.75
五年以上	4.90
三、个人住房公积金贷款	
五年以下(含五年)	2.75
五年以上	3.25

综合表 73 和表 74 中的数据，为了方便计算和说明，这里假定“坐寇型”公司实际控制人从 A′公司攫取利益的折现率为 6%。

在不考虑 A′公司在“坐寇型”公司实际控制人治理下的后续财富增长，“流寇型—坐寇型”公司实际控制人及利害关系人的利益分析，见表 75。

表 75　“流寇型—坐寇型”公司实际控制人及利害关系人的利益分析（不考虑后续财富增长）

	第一年	第二年	第三年	第四年	第五年
“流寇型”净劫掠	80	0	0	0	0
公司利害关系人剩余（“流寇型”）	20	20	20	20	20
“坐寇型”治理总收益	30	30	30	30	30
“坐寇型”治理成本	10	10	10	10	10
“坐寇型”治理净收益	20	20	20	20	20
“坐寇型”治理净收益现值①	20	18.87	17.80	16.79	15.84
公司利害关系人剩余（“坐寇型”）	70	70	70	70	70

通过表 75，不难发现，6% 的折现率之下，从第一年到第四年，“坐寇型”公司实际控制人净收益总额的现值都小于“流寇”的净劫掠收益，但是从“坐寇型”公司实际控制人治理 A′公司的第五年开始，其净收益总额的现值就会超过“流寇型”公司实际控制人的劫掠收益。公司利害关系人在“坐寇型”公司实际控制人治理的 A′公司中，每年财富的剩余都超过被“流寇型”公司实际控制人洗劫后的财富剩余。

---

①　“坐寇型”净收益现值 =“坐寇型”净收益/$(1+\text{折现率})^n$，结果保留两位小数。

考虑A′公司在"坐寇型"公司实际控制人治理下的后续财富增长,"坐寇型"公司实际控制人的治理使A′公司每年的财富水平维持在130单位,"流寇型—坐寇型"公司实际控制人及利害关系人的利益分析,见表76。

表76 "流寇型—坐寇型"公司实际控制人及利害关系人的利益分析(考虑后续财富增长)

	第一年	第二年	第三年	第四年	……
"流寇型"净劫掠	80	0	0	0	0
公司利害关系人剩余("流寇型")	20	20	20	20	20
"坐寇型"治理总收益	39	39	39	39	39
"坐寇型"治理成本	10	10	10	10	10
"坐寇型"治理净收益	29	29	29	29	29
"坐寇型"净收益现值现值	27.36	25.81	24.35	22.97	21.67
公司利害关系人剩余("坐寇型")	81	81	81	81	81

通过表76,不难发现,虽然从第一年到第三年,"坐寇型"公司实际控制人净收益总额的现值都小于"流寇型"公司实际控制人的净劫掠收益。但是从"坐寇型"公司实际控制人治理A′公司的第四年开始,"坐寇型"公司实际控制人净收益总额的现值就会超过"流寇型"公司实际控制人的净劫掠收益。公司利害关系人在"坐寇型"公司实际控制人治理的A′公司中,每年财富的剩余都超过被"流寇型"公司实际控制人洗劫后的财富剩余,而且超过表75情形下每年的财富剩余。

通过表75和表76,不难得出,较之"流寇型"公司实际控制人,公司利害关系人更愿意投资"坐寇型"公司实际控制人股权杠杆控制的公司并与其长期共存的理性选择是有数理依据的,因为无论是"坐寇型"公司实际控制人还是公司的利害关系人都实现了自身利益的最大化,符合帕累托最优原则,而且还创造了社会财富。

综上,面对"怎样规制公司实际控制人的股权杠杆控制?"这一问题,从认识论的维度,当代最有影响力的经济学家之一、公共选择理论的主要奠基者,美国马里兰大学经济系教授曼瑟·奥尔森的"流寇—坐寇论"及相关理论值得镜鉴。具体到本书语境,类比地提出"流寇型—坐寇型"公司实际控制人,即将股权杠杆控制公司的实际控制人进一步细分为"流寇型"和"坐寇型"两大类。通过对"流寇型—坐寇型"公司实际控制人理性选择的分析和对"流寇型—坐寇型"公司实际控制人及公司利害关系人的利益分析,只有当"坐寇型"公司实际控制人通过维持和治理公司可以攫取的利益与其维持并治理公司的成本之差大于"流寇型"公司实际控制人可以劫掠的利益时,才会发生从"流寇型"公司实际控制人到"坐寇型"公司实际控制人的转变;反之,"流寇型"公司实际控制人会理性地选择维持现状。较之"流寇型"公司实际控制人,公司利害关系人更愿意投资"坐寇型"公司实际控制人股权杠杆控制的公司并与其长期共存,因为无论是"坐寇型"公司实际控制人还是公司的利害关系人都实现了自身利益的最大化,符合帕累托最优原则,而且还创造了社会财富。

因此,从认识论的维度规制公司实际控制人的股权杠杆控制,应该鼓励"坐寇型"股权杠杆控制公司的实际控制人,抑制"流寇型"股权杠杆控制公司的实际控制人。至于如何鼓励"坐寇型"股权杠杆控制公司的实际控制人,又如何抑制"流寇型"股权杠杆控制公司的实际控制人,是方法论维度的问题。

第二节　方法论

通过本书前述的分析，不难发现，公司实际控制人股权杠杆控制可能导致的问题包括但不限于以下几个方面。

第一，股权杠杆控制公司的实际控制人享有超额收益，相较于股东和债权人，相同风险水平下收益更高，相同收益水平下风险更小。至于上述超额收益的来源，无非是侵害公司、股东、债权人和其他利害关系人的合法权益。这显然违背法理学上的正义观、民法学上的公平和诚信原则以及公司治理的相关理论，也与资本市场效率曲线、风险与收益呈正相关等一般经济学、金融学原理不符。

第二，股权杠杆控制公司的实际控制人涉嫌内幕交易、操纵市场和其他证券违法行为。这显然违背了证券法公开、公平、公正的基本原则，更背离了保护投资者（特别是中小投资者）合法权益，维护社会经济秩序和社会公共利益，促进市场经济发展的立法目的。①

第三，股权杠杆控制公司的实际控制人还可能利用所有权金字塔和特殊目的实体等进行财务造假行为。这显然违背了会计法真实、完整、合法的基本原则，更背离了加强经济管理和财务管理，提高经济效益，维护市场经济秩序的立法目的。②

面对上述问题，从认识论维度，“鼓励‘坐寇型’股权杠杆控制公司的实际控制人，抑制‘流寇型’股权杠杆控制公司的实际控制人”之对策建议。从方法论的维度，建议行动主义的机构投资者“引进

---

① 参见《证券法》第一章　总则。
② 参见《会计法》第一章　总则。

来”与鼓励“走出去”投资善的法域之公司。①

一、行动主义的机构投资者引进来

1. 关于机构投资者的定义

国内外关于机构投资者比较权威的定义,②见表77。

表77　国内外关于机构投资者比较权威的定义

出处	内容	解读
《新帕尔格雷夫货币与金融词典》	机构投资者就是许多西方国家管理长期储蓄的专业化的金融机构。这些机构管理着养老基金、人寿保险基金和投资基金或单位信托基金,其资金的管理和运用都由专业化人员完成	这个定义所包含的机构投资者是指专门投资于证券业并积极管理这种投资的金融中介机构,它把产业基金、风险投资基金以及大陆法系国家的银行都排除在外,因此是不甚完备的
《布莱克法律词典》	大的投资者,例如共同基金、养老基金、保险公司以及用他人的钱进行投资的机构等	机构投资者从广义上讲是指用自有资金或者从分散的公众手中筹集的资金专门进行有价证券投资活动的法人机构。在西方国家,以有价证券投资收益为其重要收入来源的证券公司、投资公司、保险公司、各种福利基金、养老基金及金融财团等,一般称为机构投资者。其中最典型的机构投资者是专门从事有价证券投资的共同基金

---

① 本书方法论维度的措施,更多地倾向于事前或事中的选择性激励,既有正向激励——之于没有被股权杠杆控制的公司,又有反向激励——之于被股权杠杆控制的公司。“选择性激励”的相关内容,参见 Mancur Olson, *The Logic of Collective Action: Public Goods and the Theory of Groups* (Revised ed.), Harvard University Press (1971)。

② 参见[英]约翰·伊特韦尔、[美]默里·米尔盖特、[美]彼得·纽曼:《新帕尔格雷夫经济学大辞典》(中文版)(第4卷),经济科学出版社1996年版,第628页;Black's Law Dictionary, 9th, West, a Thomson business, 2009, p. 620;《合格境外机构投资者境内证券投资管理办法》第2条。

续表

出处	内容	解读
《合格境外机构投资者境内证券投资管理办法》	合格境外机构投资者,是指符合本办法的规定,经中国证券监督管理委员会批准投资于中国证券市场,并取得国家外汇管理局额度批准的中国境外基金管理机构、保险公司、证券公司以及其他资产管理机构	在中国,机构投资者是指在金融市场从事证券投资的法人机构,主要有银行、证券公司、保险公司、养老基金和投资基金等

2. 关于机构投资者的理论

机构投资者是美国和英国以及一些其他国家(如荷兰等)最重要的一种股东类型。但是对于机构投资者能否监督它们投资对象公司的管理层并由此创造股东价值的问题,至今仍然没有定论。支持的观点认为,机构投资者对公司价值有积极的影响,①增加了管理者薪酬对业绩表现的敏感性,降低了管理者薪酬的标准。② 反对的观点则认为,机构投资者视野较短,经常削减那些对保持公司长期竞争地位有必要的支出,研究还发现它们增加了财务误报的可能性

---

① See Lee D. and K. Park, *Does Institutional Activism Increase Shareholder Wealth? Evidence from Spillovers on Non-target Companies*, Journal of Corporate Finance, 15 (2009), p. 488 – 504; Gugler K., Muelle D. and B. Yurtoglu, *lnsider Ownersnip, Ownership Concentration and Investment Performance*: *An Internatlonal Comparison*, Journal of Corporate Finance, 14 (2008), p. 688 – 705.

② See Hartzell J. and L. Starks, *Institutional Investors and Executive Compensation*, Journal of Finance 58 (2003), p. 2351 – 2374.

和严重性，对公司价值具有负面影响。① 申言之，有以下几种学说。

（1）支持说

马尔科·贝克特、朱利安·弗兰克斯、柯林·梅耶和斯特凡诺·罗西在爱马仕英国重点基金担任英国电信养老金基金的基金经理人案例中，发现了机构投资者发挥了积极和正面作用的证据。马尔科·贝克特等人获得了1998～2004年爱马仕和它的投资对象公司相互交流的信件、会议记录、备忘录、陈述、业绩单、电话记录和客户报告。他们发现在机构投资者积极干预产生了实际产出时，经济响是巨大的。②

阿普里尔·克莱因和伊曼纽尔·祖尔研究了对冲基金（hedge fund）③购买公司股票的影响。当对冲基金给目标公司的股东带来巨大收益时，它们也变相减少了债券持有人的财富，因为在对冲基金购买股票的申报期间，债券的平均价格几乎降低了4%，而在申报后的一年间平均降低了4.5%。进一步来讲，债券持有人的损失与股东所获得的短期和长期回报具有负相关性，这表明了财富从前者

---

① See Bhide A., *The Hidden Costs of Stock Market Liquidity*, Journal of Financial Economics, 34 (1993), p. 31 – 51; Coffee J., *Liquidity versus Control: the Institutional Investors as Corporate Monitor*, Columbia Law Review, 91 (1991), p. 1277 – 1368; Bushee B., *The Influence of Influeence of Institutionbal Investor on Myopic R&D Investment Behaviour*, Accounting Review, 73 (1998), p. 305 – 333; Bushee B., *Do Institutional Investors Prefer Near-term Earn ings over Long-run Value*?, Contemporary AccOunting Research, 18 (2001), p. 207 – 246; Burns N., Kedia S. and M. Lipson, *Institutional Ownership and Monitoring: Evidence from Financial Misreporting*, Joumal of Corporate Finance, 15 (2010), p. 443 – 455.

② See Becht M., Franks J. R., Mayer C. and S. Rossi, *Returns to Shareholder Activism: Evidence from A Clinical Study of the Hermes UK Focus Fund*, Review of Financial Studies, 22 (2006), p. 3093 – 3129.

③ 采用对冲交易手段的基金被称为对冲基金，也称避险基金或套利基金。对冲交易的方法和工具有很多，如卖空、互换交易、现货与期货的对冲、基础证券与衍生证券的对冲等。

到后者的转移。如果申报日期后的一年内,对冲基金获得一个董事会席位,这个损失还将扩大。① 当然,这里对冲基金类机构投资者所发挥的积极和正面作用是针对目标公司的股东而言,对于公司债权人而言,却是消极和负面的。

由于机构投资者的干预通常只在公司内部,因此很难被外部人发现。从委托代理理论的角度来看,为何机构投资者应该成为所有公司治理问题的解药,原因并不清楚。依次出现的问题还有为何机构投资者应该缓和经理人与股东之间的代理问题?机构投资者是自己公司成员的代表还是投资对象公司股东的代理人?因此,反对说应运而生。

(2)反对说

加纳·菲德姆克、马克·格尔根和吕克·伦内布格调查了公司所有权和控制权对于内部交易市场反应的影响。先验研究认为,负责监督管理层的股东由于需要收集信息且至少对一些信息进行发布,因此应该能够减少经理人与股东之间的信息不对称问题。据此可以推测出股东积极的公司应该比股东消极的公司更少经历内部交易的大幅市场波动。但是,加纳·菲德姆克等人发现机构投资者增强了而不是降低了市场对内部交易的反应,这意味着机构投资者并没有监督其所投资公司的管理层。通过访谈得到的数据进一步表明,机构投资者会一直关注董事会的交易,因此增强了市场对这些交易的反应。与之相反,由于市场对公司内部交易的反应度比较低,因此家族投资者和公司投资者可能会监督它们投资对象公司的

---

① See Klein A. and E. Zur, *The Impact of Hedge Fund Activism on the Target Firm's Existing Bondholders*, Review of Financial Studies, 24 (2011), p. 1735 – 1771.

管理层。①

在英国,公司治理的最佳实务准则已经敦促机构投资者在它们投资对象公司的治理中扮演更加积极的角色。2001 年的《麦纳斯报告》指出:机构投资者"对于公司绩效表现不佳,甚至在与它们当事人的投资利益相关的情况下,依然保持着不愿采取行动的勉强态度"。与这种观察结果一致,大量对英国公司的研究发现大多数机构投资者都是被动的,它们更喜欢采取与其发出声音不如退出的态度。②

(3)机构投资者行动主义

无论是支持说还是反对说,其实都在某种程度上主张机构投资者行动主义,即为了避免造成投资对象公司负面媒体报道的增加和股价的进一步下跌,机构投资者可能更愿意在内部解决糟糕的管理业绩和其他相关问题。如果在此之后,管理层仍然没有回应,他们可能会发起所谓的代理权竞争作为最后一种解决手段。代理权竞争是指请求其他股东的支持,并通过在年度股东大会的投票来进行公司变革。虽然机构投资者发起的代理权竞争通常发生在美国,而且在英国也不断增加,但彼得·齐拉基、吕克·伦内布格和彼得·齐拉吉的研究指出,这种竞争在欧洲大陆国家依然相当少。③ 与英

---

① See Fidrmuc J., Goergen M. and L. Renneboog, *Insider Trading, News Releases and Ownership Concentration*, Journal of Finance, 61 (2006), p. 2931 – 2973.

② See Stapledon G., *Institutional Shareholders and Corporate Governance*, Oxford Clarendon Press (1996); Goergen M. and L. Renneboog, *Investment Policy, Internal Financing and Ownership Concentration in the UK*, Journal of Corporate Finance, 7 (2001), p. 257 – 284; Faccio M. and M. Lasfer, *Do Occupational Pension Funds Monitor Companies in Which They Hold Large Stakes?*, Journal of Corporate Finance, 6 (2000), p. 71 – 110.

③ See Cziralki P., Renneboog L. and P. G. Szilagyi, *Shareholder Activism: through Proposals: the European Perspective*, European Financial Management, 16 (2010), p. 738 – 777.

国和欧洲大陆国家相比,美国机构投资者发起提议的成功率相对更高。但是,美国经理人并不必须执行机构投资者的提议,而在英国和大多数欧洲大陆国家的经理人则必须执行。因此在美国,由于经理人的地位根深蒂固,一些机构投资者的提议根本无法实行。彼得·齐拉基等人在英国和欧洲大陆的案例中也发现,股票价格与股东大会上机构投资者提议的提交具有负相关性。这表明,股票市场将股东提议解释为机构投资者甚至大量股东对公司治理问题担忧的负面信号,而不是对公司经营方式在未来可能改进的正面信号。因此,彼得·齐拉基等人将股东提议视为"一个紧急刹车而不是一个方向盘:它们标志着对市场的异议,但却不能提供一个可靠的解决办法"。与此相反,美国股票市场对机构投资者提议的反应通常是正面的。如预期所料,这个正面价格反应主要出现在机构投资者提议是为解决公司的较差业绩表现和不良公司治理问题的案例中。①

3.本书语境下的镜鉴

(1)经典法学理论的分析

具体到本书的语境下,面对前述股权杠杆控制公司的实际控制人享有超额收益;涉嫌内幕交易、操纵市场和其他证券违法行为;利用所有权金字塔和特殊目的实体等进行财务造假行为等问题,机构投资者相较被股权杠杆控制公司的广大中小股东和其他弱势利害关系人,拥有更加丰富的政府、市场和社会资源、积极参与公司治理的经验、获取和分析相关信息的投研能力、推进诉讼等相关纠纷解决机制的实力(见图28)。

---

① See Renrieboog L. and P. G. Szilagyi, *The Role of Shareholder Proposals in Corporate Govemance*, Journal of Corporate Finance, 17 (2011), p. 167 – 188.

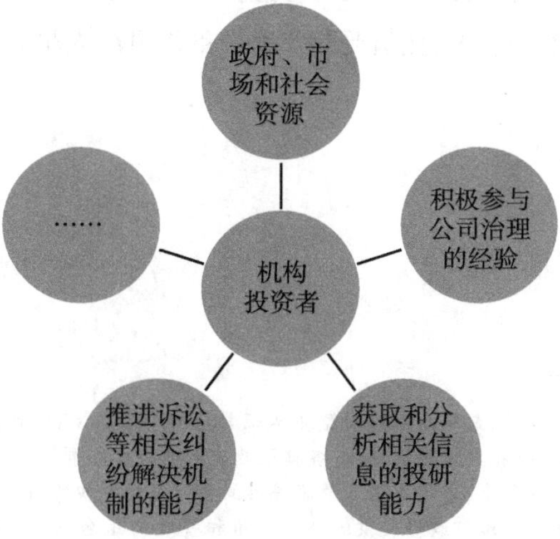

图 28　机构投资者的能力矩阵

通过图 28,不难发现,机构投资者的存在本身对于股权杠杆控制公司的实际控制人而言,就是一个震慑和制约。申言之,一方面,一家被股权杠杆控制的公司如果想吸引机构投资者的投资并形成长期的战略合作伙伴关系,那么股权杠杆控制该公司的实际控制人至少应当向潜在机构投资者呈现"坐寇型"公司实际控制人的第一印象。因为对于潜在的机构投资者而言,"流寇型"公司实际控制人股权杠杆控制的公司投资价值显然更低,相应的投资风险却更高。另一方面,一家被股权杠杆控制的公司中如果已经存在机构投资者,如果公司实际控制人以类似"流寇型"公司实际控制人的方式横征暴敛、竭泽而渔,机构投资者为了维护自身利益,会毫不犹豫地启动诸如异议提案权、代理权竞争等制约机制。如果上述机制受阻或者失灵，机构投资者最终会选择“用脚投票”，[①]还可能基于其相关合法权益的损失，凭借受信义务[②]和公司法人格否认法理，[③]通

① “用脚投票”，最早是由美国经济学家蒂伯特（Charles Tiebout）提出的：在人口流动不受限制、存在大量辖区政府、各辖区政府税收体制相同、辖区间无利益外溢、信息完备等假设条件下，由于各辖区政府提供的公共产品和税负组合不尽相同，所以各地居民可以根据各地方政府提供的公共产品和税负的组合，来自由选择那些最能满足自己偏好的地方定居。居民们可以从不能满足其偏好的地区迁出，而迁入可以满足其偏好的地区居住。形象地说，居民们通过“用脚投票”，在选择能满足其偏好的公共产品与税负的组合时，展现了其偏好并作出了选择哪个政府的决定。公司治理领域的“用脚投票”，与用手投票相对应。所谓用手投票，是指投资者以其投入资本的比重，参与公司的利润分配，享有所有者权益；以其股权比重，通过公司股东代表大会、董事会，参与公司的重要决策，其中包括选择经理层。反之，“用脚投票”，指投资者还拥有另一种选择权，即选择离开——卖掉其持有的公司股票。通常用来表达失望或抵触的心理，从而选择离开或者放弃。

② 股东、董事、监事和高级管理人员基于在公司治理结构中的权力分配，行使相应的权力。上述权力的行使必须伴随义务的制约，没有节制的权力意味着他人的灾难。公司法上的受信义务就是基于这一考虑而设置的约束机制。公司中的受信义务人（股东、董事、监事、高级管理人员和本书语境下股权杠杆控制公司的实际控制人）应对公司承担受信义务，即像信托关系中的受托人对委托人或者代理关系中代理人对本人一样承担受信义务。公司法上的受信义务（fiduciary duties）具体分为两种义务：一是注意义务（duties of care/duties of attention）；二是忠实义务（duties of loyalty）。前者指受信义务人应当履行适当的注意义务以免损害公司的利益；后者指受信义务人应当将公司利益置于自己利益之上。参见施天涛：《商法学》（第4版），法律出版社2010年版，第222页。

③ 公司法人格否认法理，是指当公司控制股东滥用公司独立人格和股东有限责任时，将忽视其与公司各自独立的法律人格，而视公司与其背后的股东为一体，对外承担连带责任的一种法律措施。该法理是公司法人制度的有益补充，是以矫正公司法人制度在具体运作中出现的不公平为己任的。参见朱慈蕴：《论公司法人格否认法理的适用要件》，载《中国法学》1998年第5期。

过股东代表诉讼[①]或者股东直接诉讼[②]等方式，追究股权杠杆控制公司的实际控制人之责任。

机构投资者的存在，对于被股权杠杆控制公司的中小股东以及其他弱势利害关系人而言，也是其投资决策的重要指标。申言之，一方面，潜在的中小股东以及其他弱势利害关系人想要介入一家公司之前，可以考察这家公司机构投资者的数量、质量和投资历史。一般而言，在其他条件、指标不变的情况下，机构投资者数量多、质量好、投资历史辉煌的公司被“流寇型”公司实际控制人股权杠杆控制的概率就较小，反之，该公司被“流寇型”公司实际控制人股权杠杆控制的概率就较大。另一方面，相较于公司已经存在的机构投资者、中小股东以及其他弱势利害关系人，机构投资者的能力矩阵使其更早也更加深刻地发现该公司实际控制人攫取排他、高额的控制利益，因此其可以更快也具有针对性地作出反应。此时，公司的中小股东以及其他弱势利害关系人或者积极地将自己的代理权委托给机构投资者，或者消极地搭机构投资者的“便车”，这些都是理性且自身利益最大化的选择。

---

① 前面我们讨论了受信义务，现在我们转向这些义务的执行。公司的股东、董事、监事、高级管理人员以及股东、控制股东、实际控制人对公司承担受信义务，如果他们违反了这种义务，就应当对公司承担责任。原则上追究侵权责任的权利属于公司，因为其是直接的受害者。但是，公司由于内部人控制和操纵或者其他种种原因，完全可能放弃追究侵权行为人的责任。股东代表诉讼(shareholder representative litigation)，又称股东派生诉讼(shareholder derivative litigation)或者间接诉讼(indirect litigation)，是针对公司由于内部人控制和操纵而放弃追究侵权行为人责任的问题，发动上述责任追究和执行程序的替代性救济措施，指当公司由于某种原因没有就其所遭受的某种行为的侵害提起诉讼时，公司的股东可以代表公司以旨在使公司获得赔偿等救济为目的而针对该行为所提起的诉讼。参见施天涛：《商法学》(第4版)，法律出版社2010年版，第236页。

② 股东直接诉讼(shareholder direct suits)，又称股东诉讼(shareholder suits)，是指基于对股东本人的直接侵害而由股东提起的诉讼。参见施天涛：《商法学》(第4版)，法律出版社2010年版，第236页。

（2）法经济学向度的分析

当然，机构投资者也是理性人，那么什么条件下其才会持行动主义的态度积极参与公司治理呢？这里还是借助本书一以贯之的分析方法，做个简单的类型化。

情形一：假设某公司的原始价值为 V，机构投资者的持股比例为 x%，其持行动主义的态度积极参与公司治理所负担的成本为 C；该公司在行动主义的机构投资者积极参与治理后，如果价值上升到 V′，则机构投资者可以按持股比例获得公司价值增量 x% 的收益。那么，只有当机构投资者获得公司价值增量的收益 B 大于其负担的积极参与公司治理所负担之成本 C 时，其才有可能持行动主义的态度积极参与公司治理（见表 78）。

情形二：相应地，上述假设的条件不变，如果机构投资者持消极态度参与公司治理，公司利益被股权杠杆控制的实际控制人肆意攫取，价值下降到 V″，则机构投资者可以按持股比例承担公司价值减损 x% 的损失。那么，只有当机构投资者承担公司价值减损的损失 L 大于其负担的积极参与公司治理所负担之成本 C 时，其也才有可能持行动主义的态度积极参与公司治理（见表 78）。

表 78　机构投资者持行动主义的态度积极参与公司治理的条件

公式：

$$B = (V' - V) \times x\% > C$$

Or

$$L = (V - V'') \times x\% > C$$

说明：

V——公司的原始价值

x%——机构投资者的持股比例

C——机构投资者持行动主义的态度积极参与公司治理所负担的成本

B——机构投资者按持股比例获得公司价值增量的收益

续表

V′——公司在行动主义的机构投资者积极参与治理后的价值 V″——公司在机构投资者持消极态度参与治理后的价值 L——机构投资者按持股比例承担公司价值减损的损失

通过表78，不难发现，在其他假设条件不变的情况下，机构投资者在公司的持股比例越高，其持行动主义的态度积极参与公司治理，按持股比例获得公司价值增量的收益就越高；机构投资者持消极态度参与治理，其按持股比例承担公司价值减损的损失就越高。综上，机构投资者持积极态度（消极态度）参加公司治理的收益（损失）与其持股比例呈正相关。

用具体的数值实例说明可能更加直观、明晰。假设某公司的原始价值为100单位，机构投资者持股比例分别为1%、10%和50%，其参与公司治理的成本始终为1（这里假定机构投资者参与公司治理的成本不会因其持股比例的变化而发生变化）。机构投资者持积极态度参加公司治理，公司的价值会增加到200单位；其持消极态度参加公司治理，公司的价值会下降到50单位，则相应的收益（损失）分析，见表79。

表79　不同持股比例机构投资者持积极/消极态度参与公司治理的收益/损失分析

持股比例	1%	10%	50%
公司的原始价值	100	100	100
公司的后续价值（增加）	200	200	200
公司价值的增量	100	100	100
机构投资者的总收益	1	10	50
机构投资者参与公司治理的成本	1	1	1

续表

持股比例	1%	10%	50%
机构投资者的净收益	0	9	49
公司的后续价值(减损)	50	50	50
公司价值的减损	50	50	50
机构投资者的损失	0.5	5	25

通过表79,我们可以更加直观地发现:当机构投资者持积极的态度参与公司治理时,持股比例50%之机构投资者的总收益是持股比例10%之机构投资者总收益的5倍,是持股比例1%之机构投资者总收益的50倍;考虑机构投资者参与公司治理成本的情况下,持股比例50%之机构投资者的净收益是持股比例10%之机构投资者净收益的5.44倍,是持股比例1%之机构投资者净收益的正无穷倍。当机构投资者持消极的态度参与公司治理时,持股比例50%之机构投资者的损失是持股比例10%之机构投资者损失的5倍,是持股比例1%之机构投资者损失的50倍。显然,这里持股比例50%的机构投资者会更加积极地参与公司的治理,震慑和制约股权杠杆控制公司的实际控制人。

综上,针对但不限于股权杠杆控制公司的实际控制人享有超额收益;涉嫌内幕交易、操纵市场和其他证券违法行为;利用所有权金字塔和特殊目的实体等进行财务造假行为等问题,机构投资者相较被股权杠杆控制公司的广大中小股东和其他弱势利害关系人,拥有更加丰富的政府、市场和社会资源、积极参与公司治理的经验、获取和分析相关信息的投研能力、推进诉讼等相关纠纷解决机制的实力。行动主义的机构投资者的存在本身,对于股权杠杆控制公司的实际控制人而言,就是一个震慑和制约;对于被股权杠杆控制公司的中小股东以及其他弱势利害关系人而言,也是投资决策的重要指标。因此,从方法论的维度规制公司实际控制人的股权杠杆控制,不仅要引入行动主义的机构投资者,并降低其积极参与公司治理的成本,还要尽可能提高其在公司的持股比例。

二、鼓励走出去投资善的法域之公司

1. LLSV 关于控制股东和实际控制人的研究

LLSV 关于控制股东和实际控制人研究的基础性文献,也是比较公司治理领域被引用最多的经典文献之一,是他们在 1998 年发表的《法律和金融》。① 这篇论文的核心内容是检验在大型上市公司中公司法对股东的保护是否与股份所有权的集中度有关。LLSV 认为所有权的集中度与投资者的保护呈负相关。因此,在那些无法保护股东权利的国家,小股东的所有权不大可能是重要的,即股权集中度越高,对投资者的保护特别是对中小股东的保护就越差。

1999 年 LLSV 中的 LLS 又联名发表了一篇比较公司治理领域基石性、丰碑式的文献《世界公司所有权》,②详细阐述了终极股东通过直接或间接持股实现上市公司实际控制的诸多方式,并提出比较公司治理领域经典的二分法:善的法域和恶的法域,前者指美国和英国,这两个国家公司的所有权高度分散,基本不存在控制股东或实际控制人,对中小股东的保护较好;后者指除美、英之外的其他国家,基本上都存在控制股东或实际控制人,对中小股东的保护欠佳。

2. 本书语境下的镜鉴

具体到本书的语境,LLSV 关于控制股东相关研究的合理演绎就是,被股权杠杆控制的公司中,实际控制人凭借所有权金字塔、类

---

① See Rafael La Porta, Florencio Lopez-de-Silanes, Andrei Shleifer, and Robert W. Vishny, *Law and Finance*, 106 J. POL. ECON (1998), p. 1113 – 1142.

② See Rafael La Porta, Florencio Lopez-de-Silanes, Andrei Shleifer, *Corporate Ownership around the World*, 54 J. FIN. (1999), p. 471.

别股、股权信托、代理投票和联合投票等方式攫取公司的控制权，进而通过隧道效应、特权消费和建造个人帝国等方法攫取排他、高额的金钱利益与非金钱利益，而随之而来的成本却由中小股东、公司以及其他利害关系人分担。既然相较于股权杠杆控制公司的实际控制人，广大中小股东的合法权益无法得到保障，那么为了更好地保护被股权杠杆控制公司的中小股东，可以鼓励他们走出去投资于股权高度分散，基本不存在控制股东或者实际控制人，对中小股东保护较好的善的法域之公司。

正所谓“法为邦器，民为邦本”，在“股东中心主义”的大背景下，规制公司实际控制人的股权杠杆控制只是手段，其根本目的是保护被股权杠杆控制公司的中小股东。保护被股权杠杆控制公司的中小股东，同时又是规制公司实际控制人股权杠杆控制最重要的一环。因此，鼓励被股权杠杆控制公司的中小股东“用脚投票”——走出去投资于善的法域之公司，对于规制公司实际控制人股权杠杆控制无疑具有现实、重大且深远的意义。

那么，全球资本市场的实践和数据以及中国市场相应的实践和数据是否支持上述判断呢？

3. 全球资本市场实践和数据的实证分析

投资于恶的法域之公司（被实际控制人股权杠杆控制的公司，这里为了方便讨论，不做有限责任公司和股份有限公司的区分，统一以购买股票/股权作为投资于被实际控制人股权杠杆控制的公司之渠道）的广大中小股东，可替代的投资渠道无外乎善的法域之公司（美股、欧股）、国债及其他券、银行存款、房地产、原油、黄金、基础金属和农产品等大宗商品。那么，以上几种可替代投资渠道的收益率与投资恶的法域之公司相比，孰高孰低呢？

(1)全球视角下的考量

首先,让我们来盘点2013年①全球资产的表现,见图29。

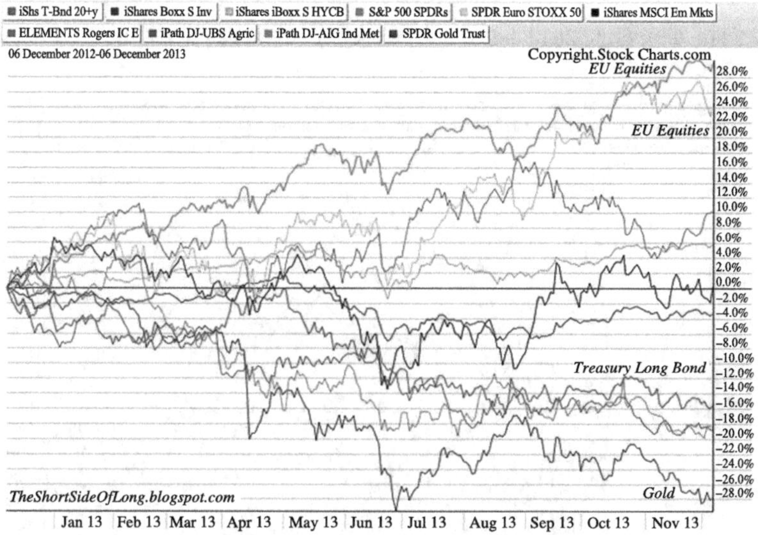

图29　2013年全球资产表现盘点

通过图29,不难发现,一方面,西方国家股市2013年表现极为优异,特别是美股(善的法域之公司,以下未做特殊说明均同),收益率最高。受布伦特原油减产和天然气复苏影响,能源资产表现尚可,高收益率的垃圾债券表现也中规中矩。另一方面,无论是通胀型资产还是通缩型资产在2013年的表现都不佳。基础金属、农产品、黄金等抗通胀产品,以及国债等抗通缩产品的跌幅均为15%～30%。黄金更是遭遇了30年来最严重的年度下跌。值得注意的是,

① 这里之所以选择2013年全球资产表现的数据,是因为本书这部分的构思成型于2013年,且与之后中国房地产业相关数据的时间对应一致。另能力所限,无法对最近的市场做更多的判断和评述。本书的相关内容仅为学术研究,不构成任何投资建议。

新兴市场股市(恶的法域之公司,以下未做特殊说明均同)的收益率在 -14% ~7% 波动,显然低于美股同期的收益率。

可能有人会质疑 2013 年的数据不具有典型性和趋势性,那么让我们接着来盘点 2011 ~2013 年全球资产的表现,见图 30。

图 30　2011 ~2013 年全球资产表现盘点

通过图 30,不难发现,选取 3 年的时间跨度,美股的表现再次一枝独秀。自 2011 年 10 月以来,美股的涨幅就一直在扩大。然而,在 2011 ~2012 年的大部分时期,美国国债的表现要明显优于其他资产,这主要归结于对通缩和系统性风险的担忧(包括中国、欧洲等地区增长放缓)。表现不好的主要是抗通胀型资产,主要是受中国需求减弱影响。3 年中,基础金属下跌了 40%。农产品和黄金也是奋力挣扎。值得注意的是,新兴市场股市的收益率连续 3 年都平稳地处于负增长状态,显然低于美股同期的收益率。

最后，让我们再来盘点 2009～2013 年全球资产的表现，见图 31。

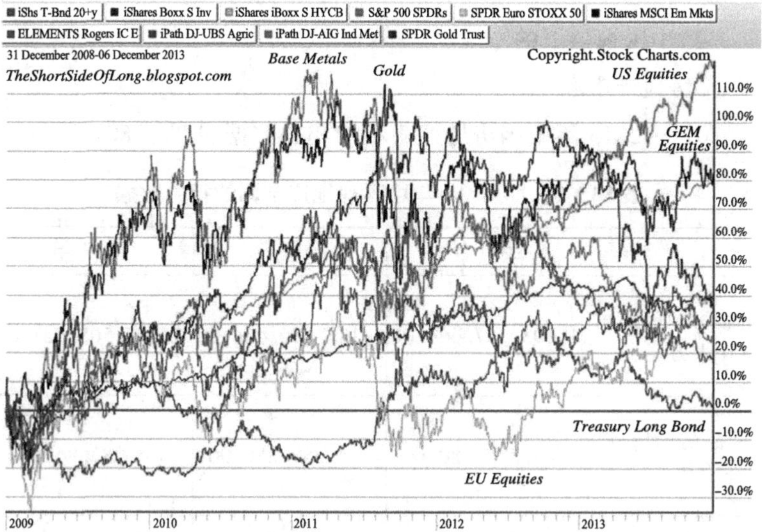

图 31　2009～2013 年全球资产表现盘点

通过图 31，不难发现，5 年中，尤其是自 2009 年 3 月的牛市以来，美股的涨势依然冠绝全球其他资产。所以，许多分析师都说这是有史以来最招人嫉恨的牛市。但事实上，5 年来几乎所有的资产都有不同程度的涨幅。由于在金融危机初期下滑较多，美国长期国债是 5 年来唯一没有增长的资产。在雷曼倒闭后最初的一段时间，美联储的放水让基础金属和黄金着实风光了一阵，但随着美国之外的全球经济增长放缓，它们开始由涨至跌。债券方面，高收益率的垃圾债已经从 2009 年的萧条中恢复了过来。欧洲股市也正在努力复苏，欧股的表现已经较 2011～2012 年欧债危机最严重期间有了很大回升。同时，在近期下行的资产中，我们还发现农产品和基础金属在 2011 年时达到峰值后就又在底线附近徘徊。值得注意的是，新兴市场股市的收益率也在2011年时达到峰值后有向下超过50%的回调，之后震荡向上，其最大收益率小于美股，总体收益率不如美股稳定。

(2)中国视角下的考量

①房地产市场

2011～2013年中国房地产市场的相关数据，[①]见表80。

表80　2011～2013年中国房地产市场的相关数据

	2011年	2012年	2013年
商品房销售面积(平方米)	1,093,667,464.00	1,113,036,464.00	1,305,505,927.00
商品房销售额(万元)	585,888,580.00	644,557,856.00	814,282,842.00
商品住宅销售套数(套)	9,139,672.00	9,446,424.00	11,046,279.00
商品房待售/空置面积(平方米)	287,076,234.00	364,600,578.00	492,950,142.00
商品房销售价格(元/平方米)	5357.00	5791.00	6237.00

① 参见http://www.epsnet.com.cn/Sys/Olap.aspx? ID = OLAP_CRE2_P_Y_WEB，最后访问日期：2020年12月18日。

通过表80,不难得出,以商品房销售价格为计算投资中国房地产的基准指标,2012年的投资收益率约为8.1%,2013年的投资收益率约为7.7%。对比美股同期的收益率,不难发现,投资美股的预期收益率高于投资中国房地产市场的预期收益率。另外,房地产投资的门槛也明显高于股票,以中国为例,购买首套房首付比例最低为三成,购买二套房首付比例最低为六成(北京、上海、广州和深圳等一线城市为七成)。①

②国债市场

截至2013年12月,中国国债市场的相关数据,见图32。②

通过图32,不难得出,截至2013年12月,3个月国债的收益率为2.52%,6个月国债的收益率为2.55%,1年期国债的收益率为2.57%,3年期国债的收益率为2.83%,5年期国债的收益率为2.90%,7年期国债的收益率为3.08%,10年期国债的收益率为

① 参见http://www.rong360.com/gl/2014/07/15/51463.html,最后访问日期:2020年12月19日。

② 参见http://www.cnstock.com/v_news/sns_bwkx/201511/3638155.htm,最后访问日期:2020年12月19日。

3.06%。对比美股同期的收益率，不难发现，投资美股的预期收益率[1]高于投资中国国债市场的收益率。

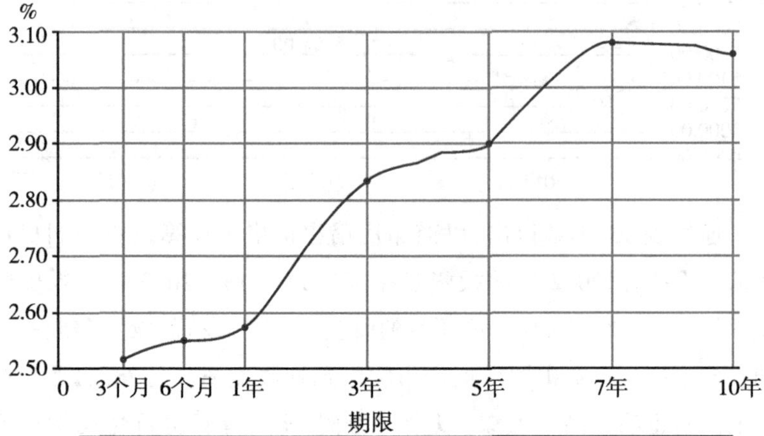

期限	当日(%)	比上日(BP)	比上月末(BP)	比上年末(BP)
3个月	2.52	2.00	16.05	-81.53
6个月	2.55	1.99	16.38	-65.66
1年	2.57	0.99	22.25	-68.48
3年	2.83	-1.77	9.55	-52.95
5年	2.90	-0.85	-1.07	-61.21
7年	3.08	-1.00	2.26	-52.56
10年	3.06	1.00	0.03	-56.16

图 32　中国国债市场的相关数据(截至 2013 年 12 月)

---

① 预期收益率也称为期望收益率，是指如果没有意外事件发生时根据已知信息所预测能得到的收益率。在衡量市场风险和收益模型中，使用最久，也是至今大多数公司采用的是资本资产定价模型(Capital Asset Pricing Model，CAPM)，其假设是尽管分散投资对降低公司的特有风险有好处，但大部分投资者仍然将他们的资产集中在有限的几项资产上。比较流行的还有后来兴起的套利定价模型(Arbitrage Pricing Theory，APT)，它的假设是投资者会利用套利的机会获利，既如果两个投资组合面临同样的风险但提供不同的预期收益率，投资者会选择拥有较高预期收益率的投资组合，并不会调整收益至均衡。

③存贷款利率

截至2013年12月,我国存贷款利率水平,见表81。

表81　我国存贷款利率水平(截至2013年12月)

类型	利率(%)
一、城乡居民和单位存款	
(一)活期存款	0.35
(二)整存整取定期存款	
三个月	1.10
半年	1.30
一年	1.50
二年	2.10
三年	2.75
二、各项贷款	
一年以内(含一年)	4.35
一年至五年(含五年)	4.75
五年以上	4.90
三、个人住房公积金贷款	
五年以下(含五年)	2.75
五年以上	3.25

基于表81,对比美股同期的收益率,不难发现,投资美股的预期收益率也高于我国存贷款利率。

④股票市场

截至2013年12月,中国股票市场的相关数据,见表82。[①]

---

① 参见http://www.qqjjsj.com/gpsj/89871.html,最后访问日期:2020年12月19日。

表 82　中国股票市场的全行业股息率(截至 2013 年 12 月)

行业代码	行业名称	最新股息率	股票家数	其中未分红家数	最近一个月平均股息率	最近三个月平均股息率	最近六个月平均股息率	最近一年平均股息率
A	农、林、牧、渔业	0.2	44	24	0.2	0.29	0.3	0.25
B	采矿业	1.95	75	32	1.85	2.06	2.02	2.23
C	制造业	0.69	1770	526	0.68	0.74	0.67	0.71
D	电力、热力、燃气及水的生产和供应业	1.8	90	24	1.73	1.81	1.66	1.7
E	建筑业	0.95	73	15	0.91	0.98	0.97	0.99
F	批发和零售业	0.59	151	51	0.57	0.65	0.59	0.63
G	交通运输、仓储和邮政业	1.27	84	13	1.21	1.26	1.21	1.26
H	住宿和餐饮业	0.35	11	7	0.38	0.46	0.31	0.37
I	信息传输、软件和信息技术服务业	0.26	151	24	0.24	0.28	0.23	0.25
J	金融业	3.13	50	5	3.04	3.23	2.84	2.78
K	房地产业	0.88	133	41	0.92	1.01	0.87	0.94

续表

行业代码	行业名称	最新股息率	股票家数	其中未分红家数	最近一个月平均股息率	最近三个月平均股息率	最近六个月平均股息率	最近一年平均股息率
L	租赁和商务服务业	0.36	28	9	0.35	0.39	0.34	0.44
M	科学研究和技术服务业	0.33	20	4	0.33	0.38	0.34	0.29
N	水利、环境和公共设施管理业	0.32	31	10	0.33	0.35	0.28	0.32
O	居民服务、修理和其他服务业	—	0	0	—	—	—	—
P	教育	—	1	1	—	—	—	—
Q	卫生和社会工作业	0.15	5	1	0.14	0.18	0.17	0.2
R	文化、体育和娱乐业	0.34	36	9	0.38	0.43	0.4	0.4
S	综合	0.2	25	13	0.22	0.25	0.25	0.28

通过表82，对比美股同期的收益率，不难发现，美股预期的投资收益率高于投资中国股票市场的预期收益率。

根据全球资本市场的实践和数据以及中国市场相应的实践和数据，投资善的法域之公司的收益率显然高于投资于恶的法域之公司的收益率，也明显高于其他可替代的投资渠道(包括但不限于国债以及其他有价证券、银行存款、房地产、原油、黄金、基础金属和农产品等大宗商品)的收益率，进而有力地支持了我们鼓励被股权杠杆控制公司的中小股东走出去，投资于股权高度分散，基本不存在控制股东或者实际控制人，对中小股东保护较好的善的法域之公司的判断。

综上，针对但不限于股权杠杆控制公司的实际控制人享有超额收益；涉嫌内幕交易、操纵市场和其他证券违法行为；利用所有权金字塔和特殊目的实体等进行财务造假行为等问题，为了更好地保护被股权杠杆控制公司的中小股东，可以鼓励他们走出去投资于股权高度分散，基本不存在控制股东或者实际控制人，对中小股东保护较好的善的法域之公司。因为投资上述善的法域之公司的收益率显然高于投资于恶的法域之公司的收益率，也明显高于其他可替代的投资渠道(包括但不限于国债及其他有价证券、银行存款、房地产、原油、黄金、基础金属和农产品等大宗商品)的收益率。上述对策建议，既符合比较公司治理领域相关的经典理论，而且全球资本市场的实践和数据以及中国市场相应的实践和数据也给出了有力支持。

结　语

公司实际控制人的产生，以公司所有权与控制权的分离为前提，以公司治理结构为载体，是现代公司法律制度发展的必然结果。现代公司制度中，实际控制人是公司法律制度中与股东、董事、高级管理人员等同样重要，甚至更为重要的主体。股权杠杆控制，是公司实际控制人控制公司最重要也是最常见的形式。然而，我国理论界和实务界对于公司实际控制人股权杠杆控制的界定还有待明晰，对于其存在的原因以及规制的必要性，缺乏全面、深入的分析；对于与公司实际控制人股权杠杆控制相关的违法行为，缺乏明晰、多维的认识；对于其滥用控制权损害公司、股东及债权人等的利益相关主体合法权益的情形，也缺乏行之有效的对策。鉴于此，本书通过对公司实际控制人股权杠杆控制的研究，得出以下结论。

一、公司实际控制人的定义

(一)公司实际控制人的定义,从广义上,是指无论是否是公司的股东、董事、监事或者高级管理人员,通过投资关系、协议或者其他安排,能够实际支配公司行为的人;从狭义上,仅指并无公司股东、董事、监事或者高级管理人员之身份,但通过投资关系、协议或者其他安排,能够实际支配公司行为的人。所谓股权杠杆控制,即公司实际控制人虽然直接或者间接持有公司较低比例的股权,甚至不直接持有股权,但控制绝对多数或者相对多数的投票权。

(二)股权杠杆控制的定义,指公司实际控制人虽然直接或者间接持有公司较低比例的股权,甚至不直接持有股权,但控制绝对多数或者相对多数的投票权。

(三)股权杠杆控制的方式,股权杠杆控制公司的实际控制人往往凭借所有权金字塔、类别股、股权信托、代理投票和联合投票等方式直接或者间接持有公司较低比例的股权,甚至不直接持有股权,但控制绝对多数或者相对多数的投票权,进而掌握公司的控制权。

二、公司实际控制人股权杠杆控制的原因

公司实际控制人股权杠杆控制的原因,可以通过隧道效应、特权消费和建造个人帝国等方法攫取排他、高额的金钱利益与非金钱利益,而随之而来的成本却由中小股东、公司以及其他利害关系人分担。申言之:

(一)隧道效应,可以细分为经典隧道效应和杠杆化隧道效应,(1)在经典隧道效应中,大股东/控制股东侵占被控制公司中小股东财产的金额与大股东/控制股东的持股比例呈负相关,即大股东/控制股东的持股比例越低,在其他条件不变的情况下,其侵占被控制公司中小股东财产的金额就越高。(2)在杠杆化隧道效应中,实际控制人侵占整条控制链上中小股东的财产金额与实际控制人的杠杆化率呈正相关，即实际控制人的杠杆化率越小高，在其他条件不变的情况下，其侵占被整条控制链中小股东的财产金额就越高。相应地，实际控制人侵占整条控制链上中小股东的财产金额与实际控制人在控制链最后一层的间接持股比例呈负相关，即实际控制人在控制链最后一层的间接持股比例越低，其侵占被整条控制链中小股东的财产金额就越高。

（二）特权消费，鉴于现代公司所有权与控制权的分离，为了防范经营者，特别是高级管理人员对于公司控制权和利益的攫取，股权杠杆控制公司的实际控制人在公司治理的过程中，往往利用其优势的表决权直接选举自己作为公司的董事长、首席执行官或者其他高级管理人员。此时，股权杠杆控制公司的实际控制人同时又是公司的直接经营者，自然可以享受上述特权消费。

（三）建造个人帝国可以攫取的金钱利益和非金钱利益

1. 参与公司治理的成本越低，收益就越高。（1）只考虑金钱利益，股权杠杆控制公司的实际控制人从公司攫取金钱利益的收益率与其在公司的直接持股比例呈负相关，即其直接持股比越低，在其他条件不变的情况下，攫取金钱利益的收益率就越高。（2）即使考虑非金钱利益，股权杠杆控制公司的实际控制人从公司攫取金钱利益和非金钱利益的收益率与其在公司的直接持股比例仍呈负相关，即直接持股比越低，在其他条件不变的情况下，攫取金钱利益和非金钱利益的收益率就越高。

2. 相同的投资金额，可以控制更大规模的公司资本。（1）公司没有债务融资的情形，公司的总资产规模与股权杠杆控制公司的实际控制人在公司的直接持股比例呈负相关，即直接持股比越小，在其他条件不变的情况下，通过杠杆效应撬动的公司资产规模就越大。（2）公司有债务融资的情形，公司的总资产规模与股权杠杆控制公司的实际控制人在公司的直接持股比例仍呈负相关,即直接持股比越小,在其他条件不变的情况下,通过杠杆效应撬动的公司资产规模就越大;公司的总资产规模与该公司的负债股权比率呈正相关,即负债股权比率越大,在其他条件不变的情况下,公司的资产规模就越大。相应地,公司的总资产规模越大,其公司债务融资的总额可能也就越大,因为在其他条件不变的情况下,公司可以抵押或者质押的财产更多,在资本市场(债权融资)的信誉也更好。随着债务融资总额的增长,如果公司权益资本的总额保持不变,则公司的负债股权比率也随之增长。当然,公司的公司债务融资总额和负债股权比率不可能无限地增长下去,因为畸形的债务融资总额和负债股权比率,会最终导致公司的债权人风险过高,其要求的风险溢价超过公司的盈利能力和承受范围,即债权融资市场上没有债权人愿意向公司提供债务融资或者公司不愿意从债权融资市场上寻求债务融资。

3. 相同的融资金额,可以节省更多的融资成本。(1)公司没有债务融资,且其债务融资成本低于股权融资的情形,如果资本市场上的债务融资不是稀缺的,公司的融资应该理性地选择债务融资,因为其成本相较于股权融资的成本为低。但是,对于股权杠杆控制公司的实际控制人而言,情况可能不同,如果采取股权融资,其通过建造个人帝国,可以从公司攫取的金钱利益与非金钱利益之和大于其所承担的股权融资的成本,则该股权杠杆控制公司的实际控制人会理性地选择总成本较高的股权融资,因为其通过建造个人帝国攫取的金钱利益与非金钱利益更高,而且由公司的其他中小股东分担股权融资成本。反之,如果采取股权融资,股权杠杆控制公司的实际控制人通过建造个人帝国,可以从公司攫取的金钱利益与非金钱利益之和小于其所承担的股权融资的成本,则该实际控制人会理性地选择总成本低的债务融资,而且由公司的其他中小股东分担债务融资成本。(2)公司有债务融资,且其后续成本低于股权融资的情形,与情形(1)基本相同。(3)公司有债务融资,且其后续成本高于股权融资的情形,此时资本市场上的债务融资是稀缺的,公司没有债务融资的选择,只有股权融资这一个唯一的选择,因为其债务融相较于股权融资的成本为高。对于股权杠杆控制公司的实际控制人而言,如果采取股权融资,其通过建造个人帝国,可以从公司攫取的金钱利益与非金钱利益之和大于其所承担的股权融资的成本,则该股权杠杆控制公司的实际控制人会理性地选择股权融资,因为其通过建造个人帝国攫取的金钱利益与非金钱利益更高,而且由公司的其他中小股东分担股权融资成本。反之,如果采取股权融资,股权杠杆控制公司的实际控制人通过建造个人帝国,可以从公司攫取的金钱利益与非金钱利益之和小于其所承担的股权融资的成本,则该实际控制人会理性地选择不融资。

4. 建造个人帝国,股权杠杆控制公司的实际控制人可以攫取排他的非金钱利益包括但不限于社会声望、名誉、心理满足、政治权力和社会影响力:(1)通过裙带关系扶植个人亲信;(2)控制或者影响整个国民经济;(3)获得极高的社会荣誉和影响力;(4)成为政府首脑或者左右国家政治。

三、规制公司实际控制人股权杠杆控制的法理基础

(一)法理学上的正义观

公司实际控制人的股权杠杆控制,无论是作为一种意志、精神取向,还是作为实际措施、制度性手段,显然不能使公司中的各方(包括公司本身)获得其应得的东西,实际控制人反而通过隧道效应、特权消费和建造个人帝国等方式,攫取本该属于公司及其中小股东和其他利害关系人的利益。因此,公司实际控制人的股权杠杆

控制是不正义的，与 Plato 的正义观、Aristotle 的正义观和 John Rawls 的正义观均不相符，从法学理论上有规制其的必要性。

（二）民法学上的公平和诚信原则

股权杠杆控制公司的实际控制人与公司其他利害关系主体（如中小股东、债权人和雇员等）参与公司治理的机会显然是不平等的，实际控制人利用股权杠杆控制，攫取了公司的控制权，在公司的经营管理中居于支配和主导地位，而其他利害关系主体几乎没有话语权。股权杠杆控制公司的实际控制人与公司其他利害关系主体可以从公司获得的利益显然也是不均衡的，实际控制人可以攫取排他的金钱利益和非金钱利益，而其他利害关系主体甚至公司本身，都沦为实际控制人的傀儡，获得的利益远小于实际控制人。可以说，公司实际控制人的股权杠杆控制，不符合诚实市场主体的道德标准。股权杠杆控制公司的实际控制人攫取排他的金钱利益和非金钱利益，往往以损害、侵占公司其他利害关系主体的利益为前提或者基础；实际控制人惯常使用的手段也往往具有隐蔽性、欺骗性或者强迫性。因此，公司实际控制人股权杠杆控制的存在，与民法学上的公平和诚信原则不符。

（三）公司治理的相关理论

可以将公司其他利害关系主体（如中小股东、债权人和雇员等）视为委托人，将股权杠杆控制公司的实际控制人视为其他利害关系主体治理公司的代理人，因为根据本书之前的分析和论述，不难发现，实际控制人才是整个公司经营管理的决策者和支配者。但是，股权杠杆控制公司的实际控制人（代理人）可能为满足自身利益而作出不良或不负责任的行为，诸如隧道效应、特权消费和建造个人帝国等行为显然会对公司其他利害关系主体（委托人）的利益造成伤害。因此，一般公司治理中信息不对称、所有权与控制权的分离和代理成本等问题,以及随之而来的道德风险和委托代理问题依然存在,甚至更加严重。完全契约,依然对上述问题的解决显得无能为力。股权杠杆控制公司的实际控制人通过所有权金字塔、类别股、股权信托、代理投票和联合投票等方式攫取公司的控制权;进而通过隧道效应、特权消费和建造个人帝国等方式,攫取本该属于公司以及其他股东(以及债权人)的利益,其所追求的显然是其自身利益的最大化,而非其他股东(以及债权人)利益的最大化,甚至其他股东(以及债权人)利益的损失,是其利益最大化的必要条件。在公司治理的过程中,股权杠杆控制公司的实际控制人相较于追求自身利益最大化,显然不会重视其他利益相关者,导致他们彼此之间的利益冲突难以平衡。另外,股权杠杆控制公司的实际控制人对公司董事会的架空与控制,也不符合公司治理的实务准则。

四、规制公司实际控制人股权杠杆控制的经济学基础

公司实际控制人、股东和债权人满足经济人假设,风险中立,股东和债权人之间存在完全信息,公司的收益与资本结构无关,规模效益不变,满足帕累托最优,投资者和公司在次强有效率的市场环境中,通过超额收益、股息和利息的方式分享公司收益。通过股权杠杆控制公司的实际控制人、股东以及债权人的风险——收益曲线,不难得出以下结论。

1. 无论是否处于是理想收益点,股权杠杆控制公司的实际控制人都享有超额利润,相较于股东和债权人,相同风险水平下收益更高,相同收益水平下风险更小;

2. 鉴于公司的收益最终在股权杠杆控制公司的实际控制人、股东和债权人之间分配,三者之间对于上述利益的争夺,可以视为一个零和博弈,因此,股权杠杆控制公司的实际控制人可能的超额利润来源:一是侵害债权人利益,二是侵害股东的利益;

3. 股权杠杆控制公司的实际控制人风险与收益的关系违反风险与收益呈正相关的基本经济学原理，有必要对其进行法律规制，从而保护股东、债权人和公司其他利害关系人的合法权益。

五、规制股权杠杆控制公司实际控制人的现实需要，其涉嫌证券违法行为和财务造假行为，具体内容如下

（一）与股权杠杆控制相关的疑似证券违法行为

1. 变更实际控制人相关交易与内幕交易

完全有理由怀疑上市公司通过定增重组、股权转让变更实际控制人的内幕消息在正式进行相关信息披露之前已经泄露，否则疑似内幕交易的时段股价和交易量突然连续量能堆积缺乏合理的解释和有力的支撑。虽然上述疑似内幕交易的时段，股权杠杆控制公司的实际控制人自身直接持股没有变动，但是法定强制信息披露显然不可能穷尽该控制人所有的近亲属、主要社会关系成员和其他利害关系人。股权杠杆控制公司的实际控制人，天然具有追求其自身利益的最大化的动机和能力。面对内幕交易的非法暴利，加之法定强制信息披露的局限性和证券市场监管的有限性，股权杠杆控制公司的实际控制人作为内幕信息最核心的知情人、最强有力的控制者和潜在的影响、制造者，完全有铤而走险，泄露内幕信息给近亲属、主要社会关系成员和其他利害关系人（如直接或者间接受该控制人控制或者重大影响的自然人、法人与非法人组织），甚至直接或者间接控制上述主体进行内幕交易、牟取非法暴利的倾向性和可能性。

2. 变更实际控制人相关交易与操纵市场

完全有理由怀疑上市公司通过定增重组、股权转让变更实际控制人的过程中存在操纵市场，否则疑似操纵市场时段股价和交易量的异常变化缺乏合理的解释和有力的支撑。与前述内幕交易的倾向性和可能性类似，面对操纵市场的非法暴利，加之法定强制信息

披露的局限性和证券市场监管的有限性,股权杠杆控制公司的实际控制人作为上市公司最强有力的控制者或者影响者,完全有理由也有能力铤而走险,与操纵市场的庄家配合,甚至直接或者间接控制上述主体操纵市场、牟取非法暴利。

当然,鉴于精力能力和文章篇幅所限,笔者无法研究整个A股市场上与股权杠杆控制公司的实际控制人相关的证券违法行为。本书的个案分析也是初步的、不完善的,但是至少从一个侧面说明了从商法特别是公司法、证券法的维度,规制股权杠杆控制公司的实际控制人相关证券违法行为的重要性、必要性和紧迫性。

(二)与股权杠杆控制相关的疑似财务造假行为

1. 构建的所有权金字塔

纵向持股关系,不合并财务报表的情形下,母公司实际上通过股权杠杆——所有权金字塔控制着子公司,可让其为自己筹资,或通过关联方交易转移利润,然而子公司的负债却并未反映于母公司的资产负债表中。横向的交叉持股关系,例如,在从母公司到子公司的多个层次上相互交叉持股通过建立复杂的公司体系。通过纵向和横向持股关系,拉长控制链条,将债务留在子公司账上,将利润显示在母公司账上,以自上而下传递风险,自下而上传递收益。

2. 设立特殊目的实体

在符合一定条件的情况下,母公司可不将与子公司作用类似的特别目的实体纳入合并报表的编制范围。母公司利用这个会计惯例的漏洞,设立数以千计的特别目的实体,进行表外融资,从而达到隐瞒、掩盖负债和损失,夸大、虚构收入和利润等非法目的。具体包括:(1)利用会计准则的漏洞,掩盖损失、输送利益;(2)利用与SPE的关联交易,虚构利润、虚增价值;(3)利用金融衍生品与SPE的组合,确认收益、输送利益。

当然,鉴于精力、能力和文章篇幅所限,笔者无法穷尽所有与股权杠杆控制相关的财务造假行为,本书的个案分析也是初步的、不完善的,但是至少从一个侧面说明了从商法特别是公司法、证券法和会计法的维度,规制股权杠杆控制公司的实际控制人相关财务造假行为的重要性、必要性和紧迫性。

六、规制公司实际控制人股权杠杆控制可能的路径

(一)从认识论维度,类比地提出"流寇型—坐寇型"公司实际控制人,即将股权杠杆控制公司的实际控制人进一步细分为"流寇型"和"坐寇型"两大类。通过对"流寇型—坐寇型"公司实际控制人理性选择的分析和对"流寇型—坐寇型"公司实际控制人及公司利害关系人的利益分析,只有当"坐寇型"公司实际控制人通过维持和治理公司可以攫取的利益与其维持并治理公司的成本之差大于"流寇型"公司实际控制人可以劫掠的利益时,才会发生从"流寇型"公司实际控制人到"坐寇型"公司实际控制人的转变;反之,"流寇型"公司实际控制人会理性地选择维持现状。较之"流寇型"公司实际控制人,公司利害关系人更愿意投资"坐寇型"公司实际控制人股权杠杆控制的公司并与其长期共存,因为无论是"坐寇型"公司实际控制人还是公司的利害关系人都实现了自身利益的最大化,符合帕累托最优原则,而且还创造了社会财富。因此,从认识论的维度规制公司实际控制人的股权杠杆控制,应该鼓励"坐寇型"股权杠杆控制公司的实际控制人,抑制"流寇型"股权杠杆控制公司的实际控制人。

(二)从方法论维度,鼓励行动主义机构投资者引进来与走出去投资善的法域之公司。

1. 行动主义机构投资者引进来,针对但不限于股权杠杆控制公司的实际控制人享有超额收益;涉嫌内幕交易、操纵市场和其他证券违法行为;利用所有权金字塔和特殊目的实体等进行财务造假行

为等问题,机构投资者相较被股权杠杆控制公司的广大中小股东和其他弱势利害关系人,拥有更加丰富的政府、市场和社会资源、积极参与公司治理的经验、获取和分析相关信息的投研能力、推进诉讼等相关纠纷解决机制的实力。行动主义机构投资者的存在本身,对于股权杠杆控制公司的实际控制人而言,就是一个震慑和制约;对于被股权杠杆控制公司的中小股东以及其他弱势利害关系人而言,也是投资决策的重要指标。因此,从方法论的维度规制公司实际控制人的股权杠杆控制,我们不仅要引入行动主义机构投资者,并降低其积极参与公司治理的成本,还要尽可能提高其在公司的持股比例。

2. 鼓励走出去投资善的法域之公司,针对但不限于股权杠杆控制公司的实际控制人享有超额收益;涉嫌内幕交易、操纵市场和其他证券违法行为;利用所有权金字塔和特殊目的实体等进行财务造假行为等问题。为了更好地保护被股权杠杆控制公司的中小股东,可以鼓励他们走出去投资于股权高度分散,基本不存在控制股东或者实际控制人,对中小股东保护较好的善的法域之公司。因为投资上述善的法域之公司的收益率显然高于投资于恶的法域之公司的收益率,也明显高于其他可替代的投资渠道(包括但不限于:国债及其他有价证券、银行存款、房地产、原油、黄金、基础金属和农产品等大宗商品)的收益率。上述对策建议,既符合比较公司治理领域相关的经典理论,而且全球资本市场的实践和数据以及中国市场相应的实践和数据也给出了有力的支持。

七、续论——公司到底为何物、公司到底是谁的

行文至此,本书语境下不难回应,若公司沦为实际控制人(包括但不限于股权杠杆控制公司的实际控制人)攫取排他、高额的金钱利益与非金钱利益,甚至进行疑似违法行为的工具,则公司显然是

实际控制人的。但是,社会生活特别是与商法息息相关的社会生活极其复杂多样,而且不断变化发展。

一直以来,总有一个问题困扰着我们——公司到底为何物?为什么它能如此神奇地解决融资与发展(多重目的出资人的集合)、控制与协调(控制权与多重利益关系的平衡)、变动与存续(股权转让、企业并购重组与百年老店)这些十分复杂的问题。公司从传统走向未来,其本质会否发生根本性改变?因为现代世界在一定程度上可以说是“公司的世界”,公司的规模在不断扩大,公司的数量在不断增多,公司的财富在不断累积。因而,公司已经成为社会中对经济、政治等方方面面具有举足轻重作用的一种力量,一种在过去每一个孤立公司中所不曾有的聚合力量。“公平对待雇员和顾客,摆脱短缺和污染物,生产高质量的产品,深谋远虑地利用自然资源,平等的就业条件,有益于健康的工作场所,如此等等,这些问题必须公正地和直截了当地处理。”正如丹尼尔·贝尔在其《后工业社会的到来》一书中所言:“把营业公司看成仅仅是一种经济工具,就是完全不理解过去半个世纪的社会变革的含义。”企业的经济作用和社会作用之间的这种密切关系表明,大企业陷入困境不是因为它缺乏创造利润的足够资本或自由,而是因为不能把社会的利益同公司的经营结合起来。

虽然在传统观念看来,公司是一个市场中的“经济人”,它应当是自私自利的,应当以追求公司(或者股东)利润最大化为己任,而不需要去考虑公司的社会责任。但今天,我们必须看到,公司在追求自利的目标时,已经在其中加入了“利他”的效用函数。公司自治,需要谋求来自公司各方利害关系人的支持。也就是说,人们越来越多地关注公司对股东以外相关利益者的利益平衡问题,或者说关注公司是否将社会责任的目标置于公司自治与发展的决策中。

而最为关键的是,公司的管理者应当认识到,企业组织由社会产生并且要得到社会的接受是很重要的。彼得·格鲁克在其《管理实践》一书中指出,“重要的是管理者应当意识到他们必须考虑公司政策和公司行为对于社会的影响。他们必须考虑一定的行为是否有可能促进公众的利益,有利于社会基本信仰的进步,有利于社会的稳定、强盛与和谐”。这就是说,公司作为一个自治体,其自治行为是否合理、妥当,其自治后果能否被社会接受,其能否作为一个独立的自治体求得生存和长足的发展,在很大程度上与公司能否履行社会责任有关。

中国的公司无法脱离世界潮流,它不能始终停留在自我逐利的阶段,不能总是无视公司的社会责任,不能让那些无良商人堂而皇之地存在而不受法律制裁与道德谴责。中国的公司要在社会责任方面有所突破,要在全社会达成基本共识,小到公众股东利益、员工利益、债权人利益、消费者利益的维护,大到资源运用、环境保护、代际平衡的考量,都是公司应当追求的目标。也许,现在是时候应当重新审视公司的本质问题,即公司到底是谁的?

以上,可能是我和丽君下一本书要探讨的,敬请期待……

写在后面的话

用“三十功名尘与土，八千里路云和月”来描述我遇见丽君之前的三十多年再贴切不过了，形单影只，等闲、悲切，白了少年头。用“身无彩凤双飞翼，心有灵犀一点通”来描述我们相识、相知、相爱的三年多也再恰当不过，2017 年 2 月 26 日，合肥华润万象城五层的四川火锅，二层的港式甜品，我们的生活从此活色生香、甜甜蜜蜜。更加难能可贵的是，除了生活上对我无微不至的关心、照顾，丽君早已超越了红袖添香的境界，成为我学术上的良师益友。《解构公司实际控制人股权杠杆控制》，是我们智慧的结晶，更是我们爱情的结晶。这本书的法律部分由我主笔，财务部分由丽君主笔，经济和金融部分则是我们共同撰写。书稿即将付梓之际，恰逢我们的宝宝君瀛在我们结婚三周年纪念日降临，需要感谢的太多。

首先，我们特别缅怀我的硕导王保树教授。斯人已乘黄鹤去，华夏空余商法学。王老师治学严谨、成就卓著、睿智豁达、高风亮节；他与人为善、助人为乐、风趣幽默、平易近人。老师的深邃思想、杰出贡献和崇高德行必将激励我们在中国特色社会主义法治道路上栉风沐雨、砥砺前行。

衷心感谢我的博导朱慈蕴教授和丽君的硕导姚文韵教授一直以来的传道、授业、解惑，老师们的言传身教使我们受益终生。老师们为人平易谦和，处事宽宏磊落，治学精益求精。老师们的学术思想、治学精神和卓越人格，于我们而言，高山仰止，景行行止，虽不能至，然心向往之。

衷心感谢丽君工作中的导师李曦光博士，他坚持系统观念指导各项工作，不时鼓励丽君做好本职工作的同时，不辍学术研究，提点丽君居安思危，站在大财务、业财融合、法财融合的高度看问题，更是百忙之中，利用元旦假期为本书作序，无私分享关于公司治理和金融稳定以及开发性金融的洞见，让我们受益匪浅、获益良多。

衷心感谢法律出版社以及编辑似玉女士对本书出版的用心和支持，从选题构思，到研究写作，直至最后成稿，都浸透着她的智慧和汗水。

衷心感谢我们挚爱的父母和其他亲人们，你们是我和丽君在学习、工作和生活中的坚实支柱，大爱如山、昊天罔极。

衷心感谢我们所有的同窗、同事和朋友们，你们是我和丽君在学习、工作和生活中的坚强后盾，鼎力支持、无私帮助。

衷心感谢清华和南财，是你们造就了我们“自强不息、厚德载物”的气度，“自谦、自信、务实、超越”的风骨。

衷心感谢国家开发银行和安徽省投资集团，是你们赋予了我们“增强国力、改善民生”的使命，“梦想、责任、忠诚、一流”的格局。

最后，衷心感谢伟大的祖国，是您为我们营造了和平、发展的环境，奠定了道路自信、理论自信、制度自信、文化自信的基石。

武　胤　高丽君

2021年7月1日于合肥